宽　容

［美］亨德里克·威廉·房龙　著
吕楠　译

北方文艺出版社

图书在版编目（CIP）数据

宽容 /（美）亨德里克·威廉·房龙著；吕楠译
. -- 哈尔滨：北方文艺出版社，2018.9（2020.8 重印）
ISBN 978-7-5317-4060-5

Ⅰ.①宽… Ⅱ.①亨…②吕… Ⅲ.①思想史 – 世界
Ⅳ.① B1

中国版本图书馆 CIP 数据核字（2018）第 168440 号

宽 容
KUANRONG

作　者 /［美］亨德里克·威廉·房龙	译　者 / 吕　楠
责任编辑 / 路　嵩　张贺然	封面设计 / 琥珀视觉
出版发行 / 北方文艺出版社	网　址 / www.bfwy.com
邮　编 / 150008	经　销 / 新华书店
地　址 / 哈尔滨市南岗区宣庆小区 1 号楼	
印　刷 / 三河市嵩川印刷有限公司	开　本 / 880×1230　1/32
字　数 / 169 千	印　张 / 9
版　次 / 2018 年 9 月第 1 版	印　次 / 2020 年 8 月第 2 次印刷
书　号 / ISBN 978-7-5317-4060-5	定　价 / 38.00 元

序　言

　　人们在宁静悠远的山谷里幸福快乐地生活着。
　　山谷的东南西北皆被永恒的山脉包围着，亘古绵长。
　　承载着知识的小溪在深邃荒凉的山谷中缓缓流淌。
　　它从荒凉的山脉流向沼泽，
　　从往昔，至来日。
　　这条小溪没有江河的波澜壮阔，但于需要尚少的村民们来说，已是足够。
　　夜晚，牲口饮水过后，村民们便席地而坐，一起谈天说地，共享天伦之乐，惬意满足。
　　老人们总爱待在阴凉的角落里，对着一本神秘而又古老的书冥想，现在终于被搀扶出来。
　　他们向着自己的儿孙们念叨起晦涩难懂的词语，但孩子们却一心只想玩远方撷来的美丽石子。
　　这些词语的含义往往迷糊难懂。
　　不过，这本书是由千年前的一个古老部族写下的，神圣不可亵渎。
　　在这与世隔绝的山谷中，人们倾向于尊重那些从远古流传下来的东西。
　　否认先祖智慧的人，会为君子所不齿。
　　因此，人与人之间相处和谐。

可人们的生活中也伴随着不安：园中的果实，如果得不到自己应得的那份，该如何呢？

深夜，小镇狭窄小巷中，一些人在低声诉说着那些往事，诉说着那些敢于提出问题的男男女女。

这些男男女女离开了以后，至今未归。

高墙挡住了太阳，还有一些人试图翻越那遮天蔽日的悬崖，却只落得个尸骨散落无人收的下场。

日升月落，岁月周而复始，一年又一年过去了。

宁静幽深的山谷里，人们在无知山谷中的生活一如寻常。

直到……外面漆黑一片，一个游子撕裂黑暗远方蹒跚归来。

他的指甲已被磨破。

双脚上缠满了染血的布条，是这一路披荆斩棘的印记。

跌跌撞撞，他敲响了村口小屋的门，没等到回应。

而后他就昏了过去，在摇曳的烛光中，被战战兢兢地抬到简陋的小床上。

翌日清晨，全村的人都知道：他回来了！

邻居们站在他身边，叹息着摇着头，心里想着，这样的结局早已注定。

那些想要离开这座山的人，终将失败和屈服。

村子的另外一边，古板的老人们摇着头，低声咒骂着。

实在不是村民们生来就如此残忍，但毕竟祖宗的规矩摆在那里——如有违者，严惩不贷。

等他的伤一好，就必须接受审判。

这些古板的老人本想手下留情，宽容处理，尤其是每每记起他母亲那双充满哀求之意的眼睛之时，每每回想起他那30年前就迷失在茫茫沙漠的父亲之时……

然而，法律终究是法律，人人都要遵守。

古板的老人们就是法律忠诚的执行者。

古板的老人们把游子抬到集市，人们都恭敬地站在周围，鸦雀无声地等待着。

他由于又渴又饿，还有些虚弱，因此老人们让他坐下。

但他拒绝了，无视老人们让他噤声的命令。

他把后背朝向老人们，双目在周围搜寻着与他志同道合之人。

"听我说"，他的声音虚弱却坚定，"听我说，大家都开心起来吧！我刚从山的另一边回来，我曾踏上了另一片新奇的土地，我感受到了其他民族的善意，看到了神奇的景色"。

"小时候，父亲的花园是我的全世界，自我降世伊始，花园东、西、南、北四面的范围就已划定。

"只要我问边界的另一边是怎样的，大家就只会摇摇头，嘘声一片。可我决定要追本溯源，于是他们就带我来这悬崖边，看那些敢挑战上帝权威的人尸骨无存的下场。

"'可这都是骗人的！上帝喜欢的是勇敢的人！'我喊着。古板的老人们走了过来，向我讲述着那些祖宗留下的古书中的权威的道理。他们说，上帝已经决定了天地万物的命运。这个山谷是属于我们的，我们掌管它。野兽、花朵、果实、鱼虾也都属于我们，我们的意念支配着这些。但这座山是上帝的，按照命运，我们对山那边的一切无权窥视，直至时间的尽头。

"他们撒了谎，欺骗了我，现在也是这样欺骗你们的。

"山的那一边不但有丰沃的牧场，那边的男男女女同样是血肉之躯，那边的城市经历千年的修建雕琢，绚丽非常。

"我已经发现了一座更美好的家园，幸福的曙光若隐若现。跟我走吧，我带你们去那儿。在那儿，去见证神明无处不在的微笑。"

他的话音刚落，人群中传来一声恐怖的叫喊。

"他这是在亵渎神圣，亵渎！"古板的老人们叫喊着，"他罪有应得，惩罚他吧！他已然全无理性，竟敢挑战千年前的法律，死有余辜。"

人们举起了沉甸甸的石块儿，让他在痛苦中咽下了最后一口气，砸死了他。人们将他的尸体扔下山崖，借以警戒世人，妄想怀疑先祖智慧的人只有这个下场。

不久之后，村里突临大旱。潺潺的智慧之源枯竭了，牲畜渴死了，田野里的农作物枯萎了，无知山谷中饿殍遍地，哀鸿遍野。

然而，古板的老人们仍然很有自信，他们预言：这些都会好起来的，那些神圣的宝典里都是这样写的。并且，他们已经年老，并不需要太多的吃食。

冬天来了。

村里人烟稀薄，十分寂寥。

多半的村民都因为饥饿和寒冷而绝望地死去。

山的另一边是活着的人的唯一希望。

但法律却说："不行！"

村民们该何去何从？

一日夜里，叛乱一触即发。

那些习惯了逆来顺受的人终于受够了失望，生出了些许勇气，促使他们向权威发起了一次最激烈的抗争。

古板的老人们抗争着，却徒劳无功。

他们被推至一边，嘴里还喋喋不休，埋怨时运不济，辱骂孩子们没有良心。但是，当最后一辆马车将要离开村子时，老人们叫住了车夫，强迫他带他们一起走。

未知的旅程，就在这一刻，开始。

距离上次那个游子归来，已有两年之久，因此找到他曾开辟的道路也绝非易事。

无数的人为此而死，活下来的人们踏着这些尸骨，找到了第一座用石子堆砌的路标，才算迎来了黑暗后的光明。

幸亏那位游子有先见之明，他已经用火在丛林、荒野、乱世中烧出了一条宽敞的路。否则村民们不知要吃多少苦头，这条路一步步引领人们走向新世界的康庄大道。

人们面面相觑。

"到头来他是对的，"人们说道，"他对了，古板的老人们欺骗了我们。"

"他说了真话，那些古板的老人撒了谎。

"他的尸体在山崖下腐烂，而那些古板的老人现在却坐在车里，哼着那些老掉牙的调子。

"我们杀了他，他却救了我们。"

"我们感到十分内疚，倘若当初我们知道的话，那么……"

历劫重生的人们决定在这里定居，人们解下了马和牛的枷锁，将他们赶入牧场，建起了自己的房子，规划着自己的土地。从此以后，很长一段时间内，村民们又过上了幸福快乐的生活。

几年后，他们建起了一座新的大楼，将它作为智慧老人的住宅和那些先驱的英雄家。

怀揣着这样的念想，一支肃穆的队伍再次回到了早已荒废的山谷中。然而，山崖下的游子的尸骨已消失无踪。

原来，饥饿的狼狗们早已把尸体拖进自己洞穴。

人们将一块小石头放在那位先驱出游者足迹的尽头（就是后来的那条大路），在石头上刻上他的名字，以感谢游子把村民引向了新的自由，是他带领人们脱离黑暗，迈向了光明的自由。

石头上还标注，这块石头由前来感恩悼念的后人们所建。

这样的故事过去有，现在有，但是我们希望将来不要再有了。

目 录

001	第一章　无知的残酷
009	第二章　希腊人
039	第三章　桎梏的开始
048	第四章　诸神的黄昏
063	第五章　禁　锢
071	第六章　纯洁的生活
080	第七章　宗教法庭
094	第八章　求知的人
104	第九章　文字狱
110	第十章　关于写历史书的普遍问题以及这本书的个性特征
113	第十一章　文艺复兴
120	第十二章　基督教改革运动
130	第十三章　伊拉斯谟
142	第十四章　拉伯雷

150	第十五章　旧时代，新说法
166	第十六章　再洗礼教徒
174	第十七章　索兹尼一家
182	第十八章　蒙　田
187	第十九章　阿米尼乌斯
195	第二十章　布鲁诺
200	第二十一章　斯宾诺莎
210	第二十二章　新的天国
220	第二十三章　太阳王
223	第二十四章　弗里德里希大帝
226	第二十五章　伏尔泰
242	第二十六章　百科全书
249	第二十七章　革命的不宽容
257	第二十八章　莱　辛
268	第二十九章　汤姆·佩恩
273	第三十章　最后一百年

第一章

无知的残酷

公元527年，弗雷威尔斯·阿尼希尔斯·查士丁尼成为了东罗马帝国的统治者。

这位出身塞尔维亚农民家庭的国王来自斯科普里，对书本知识一窍不通。他查禁了历史悠久的雅典学院，古雅典哲学学派正是由于他的强制命令才一蹶不振的。同样也是他，关闭了唯一的一座埃及寺庙。自信仰基督教的僧人们入侵尼罗河谷后开始算起，这座庙已经有百年的历史了。

这座寺庙坐落在一个名为"菲莱"的小岛上，距离尼罗河的第一个瀑布不远。自人类记忆之初起，此地就是朝拜女神爱西斯的圣地。不知为何，非洲、希腊、罗马的诸神早已无声地成为过去，只有她还灵光不灭，生生不息，与日益壮大的基督教信仰分庭抗礼。到了公元6世纪，这里仍然是人们研究古老而又神圣的象形文字的唯一场所，只有很少的教士还在这里从事着在其他地方早已被遗忘的事业。

现在，正是这样一个目不识丁的"皇帝陛下"，这座寺庙和周边的学校成为了国家财产。其中的神像、雕像被送入了君士坦丁堡的博物馆，教士和象形书法家通通被关进了暗无天日的监牢。

后来，最后一位象形书法家因饥饿和寒冷而死去，历史悠久的象形书法技艺便自此失传。

实在可惜可叹！

如果查士丁尼这个该死的家伙再做得绝一点儿，把几位书法家遣送到"挪亚方舟"那样安全的地方，后世的史学家们也不至于为理解象形文字而呕心沥血却不得其法至此。得益于商博良这位天才，我们虽然可以再次拼出古老的埃及词汇，但还是无法理解这些内容流传后世的意义。

留着怪异大胡子的巴比伦人为我们留下了一座座刻满宗教文字的制砖厂，他们曾真诚地呼唤："未来，谁能理解上帝的箴言"。他们曾夜以继日地向诸神祈祷，试图传达和解释神的法律，将神的旨意镌刻在最神圣的城市的花岗岩柱子上。他们如何看待这些神呢？他们有时心胸宽广，鼓励教士们研究天国，探索世上的陆地和海洋；有时又残暴无比，像刽子手一样。人们若稍有疏漏，忘记了现在已无人提起的宗教礼仪，也许就会遭受最骇人听闻的惩罚。这又是为什么呢？

他们究竟是怎么想的？他们对神明怀着怎样的敬意？他们为何要如此行事？时至今日，我们依旧无从得知。

我们向尼尼微派了探险队。他们在西奈沙漠里发掘出遗迹，上面注释的楔形文字绵延几英尺。无论在美索不达米亚还是埃及，我们都在尽力搜寻打开智慧之库的钥匙。

一个偶然的机会，我们发现了宝库的后门，它一直向人们敞开，随时可以进入。

但是，这个小小的后门并未坐落于阿卡达或孟斐斯周围。

它藏在树林的深处。在异教徒寺庙层层遮蔽的木柱之下，窥见它迎接我们的双臂。

我们的先祖们在搜寻易于劫掠的目标时，见到了他们所说的

"野人"和"蛮族"。

他们的偶遇并不令他们感到愉悦。

在没有摸清白人的真实意图之前，土著们便急匆匆地高举着长矛弓箭，用自己的方式欢迎陌生人的来访。

这些白人却报之以火枪加大炮。

此后，没有偏见的平和交流就已十分难见了。

在白人眼中，野人常被描述成信仰鳄鱼和枯树的一群既肮脏又懒惰的人，仿佛他们受到何种灾难都是理所当然的。

直至公元18世纪，这样的僵局出现了转机。让－雅克·卢梭率先用凄迷的朦胧之泪来看待世界。那个时代的人被他的这一思想触动，也纷纷拿出手帕擦拭眼泪。

他们最喜欢讨论的话题变成了愚昧无知的野蛮人（即使他们从未亲眼见过野蛮人）。野蛮人是周遭纷杂环境的牺牲品，是人类种种美德的浓缩品，而这些美德在白人世界里，盘桓三千年的腐败的制度已使人们丧失了这些美德。

现在，我们对这些了解得更清楚了，起码在某些特定的领域里是这样的。

我们对原始人类和对高级家禽的研究其实差不多。

通常情况下，有付出就会有回报。野蛮人其实就是我们在恶劣的环境中的投影，区别在于，他们不过还未被上帝教化而已。通过仔细地观察研究土著，我们逐渐了解到在尼罗河河谷和美索不达米亚半岛上崛起的早期社会形态；通过对部落文明的深入研究，我们得以窥见人类在五千年岁月中点滴形成的奇特天性。现如今，这些性格却被深深地埋在浅薄的礼仪和习惯的外壳之下。

这些发现并不能一直使我们自豪下去。但是另一方面，我们看清了自己已经脱离的恶劣环境，赞赏自己曾取得的许多成就，这都使我们更有勇气面对现有的挑战。除此之外，我们还明白了要对滞后发展的异族人们持宽容的态度。

这本著作不是人类学手册,这是一本献给宽容的书。但宽容是一个很大的命题。

偏离主题对我们有巨大的吸引力,但是一旦偏离之后,只有天知道我们会到达哪里。

所以,请允许我以半页的篇幅阐述一下我对宽容明确的定义。

语言是人类发明的最有欺骗性的东西之一,它所做的所有定义都是片面的。因此籍籍无名的学生就该信奉某一本书,因为大多数能看懂这本书的人已经接受了它的权威性。

我所说的书就是《大英百科全书》。

该书的 26 卷 1052 页这样写道:"宽容(源于拉丁文:tolerare):允许别人自由地判断和行动,耐心公正地容忍不同于自己或传统的观点。"

也许宽容还有其他的定义,但是单就这本书的目的而言,我还是将《大英百科全书》里的这段话作为线索。重新回到关于野人的话题,并向您揭示宽容在有记载以来最早的社会形态中存在的痕迹。

人们普遍认为原始社会结构简单,原始人所使用的语言不过是几声意味不明的呢喃,原始人原有的一定程度上的自由,也在世界变得"复杂"时慢慢消失。这五十年来,探险者、传教士以及医生在中非、极地地区以及波利尼西亚进行调查,得出了和上面完全相悖的结论。原始社会十分复杂。原始语言的时体态的变化甚至比俄语和阿拉伯语还要多,原始人现在是奴隶,曾经和未来还是奴隶,他们活得十分悲惨,生于恐惧,死于战栗。

另外,一说起原始人,大家脑海里都会出现这样一个画面,通常是一群红色皮肤的人自由自在地徜徉在草原中打猎,追逐着野牛。可事实和我说的这种情况相去甚远。

那么，问题来了，为什么会是这样的呢？

我读过许多有关于奇迹的书籍，但是从没有读过一种奇迹：人类是怎样活下来的。

人类这种哺乳动物，手无寸铁，却可以抵抗住细菌、大象、冰雪和炎热的攻击，最后主宰天地万物，究竟是通过什么方式做到的，碍于篇幅，暂不多言。

但有一点是肯定的，这不是一个人的功劳。

那时候，人们为了成功，不得已牺牲自己的个性，融入纷繁的部落生活。

能够统御原始社会的只有一点：至高无上的求生欲望。

这带来了很多困难。

其他的一切欲望都要靠后，第一欲望就是活下去。

个人无足轻重，集体却至关重要。部落是人类活动的堡垒，依靠群体的力量，成为一个独立体，为其自身谋取利益，排斥外来物，以此保证安全。

但是实际问题要复杂得多。我刚才说的只是我们目之所及的世界，在人类社会发展初期，不可见的世界要更加复杂。

为了充分理解这件事，我们需要谨记，原始人和我们大有不同，他们不了解因果之道。

如果哪天我坐到了有毒藤上，我会责怪自己太疏忽，找人去叫医生，让孩子们赶快挪走那些毒藤。了解事物的属性，知道事情的因果关系让我能快速做出判断，因此我明白有毒的植物会引起皮疹，医生会给我开药治疗，清除毒素以后，痛苦就会结束。

而原始人却不然。他们不会将皮疹和毒藤联系起来。在他们的意识里，过去、现在、将来相互纠缠，理不清。首领死去变为上帝，邻居死去变为神灵，他们是部族中看不见却仍然存在的成员，时刻和活着的人们在一起。他们与死人一起吃饭睡觉，一起看守大门。面对这样特殊的同伴，究竟是要取悦还是要保持距离，谁也说不清。活着的人最后还是会因为惧怕神明的报复而惶惶不可终日。因为活人不知怎样和神灵相处，他们怕稍有不慎，上帝便会对其进行惩罚。

因此，他们不会把事情的反常归因于根本，而是归因于神灵涉足。他们发现胳膊上起疹子的时候，不会说："该死的毒藤！"，而是会小声嘀咕："我开罪了上帝，他在惩罚我。"他跑到医生那里，不是去开药，而是去要一张符，要一张能够抵御上帝惩罚的符。

至于让他们起疹子的毒藤，他们却放任不管，而是让它继续生长。如果有个白人一把火烧了它，他们还会觉得白人在惹麻烦。

因此在某个社会中，大家如果都认为事物是由看不见的神灵操控的，想要将社会维持下去，就必须绝对服从能够平息上帝之怒的律法。

按照原始人的想法，律法的确是存在的。先祖创立了律法，将它传承至今，那么这一代人最神圣的使命就是将它完好地传给下一代。

我们觉得这十分荒诞，因为我们所信奉的是进步、发展与源源不断的改进。

然而，"社会进步"是最近才有的概念。从前低级社会的特点是，人们认为现状十分完美，不需要再进步，因为那些人没有见过其他的世界。

也许有人会问，假设上述一切为真，原始人又会用什么手段防止律法和社会形态的变更？答案很简单，那就是对藐视公共条例的进行及时的惩罚，再直接一点：严刑和独裁。

如果因此我说野人和土著最不宽容，也不是想贬低他们，因为在他们所处的环境之中，专制和独裁在所难免。如果他们姑息违反用来保障他们安全和生活的戒律的行为的话，那么他们就会陷入无尽的灾难，这是极大的罪过。

但是（这个问题值得讨论），只有那么几个人，是怎样通过口口相传就保护住了那一整套律法呢？而今天，我们拥有数千万警察和军队的巨大精力，推行一点普通的法律却都困难重重。

答案仍然很简单，因为原始人要比我们聪明许多，他们可以预估到武力不可推行之物，然后再给这些问题烙上一个名为"禁忌"的封印——是不是比我们聪明多了？

也许"创造"这个词不大合适，这些概念不是一时灵光乍现的产物，而是多年的实践积累的结果。无论怎样，非洲和波利尼西亚的原始人想出了"忌讳"这一概念，省去诸多麻烦。

"忌讳"一词最初从澳大利亚传入，我们多少都知道它的意思。现在的世界充斥着诱惑，也就是我们不能做的事，不该说的话。比如，在吃饭的时候谈论起刚做完的手术，将小勺放入咖啡杯，不拿出来。只是这些禁忌更多地是强调一种礼节上的忌讳，并不会牵扯到个人命运的层面上去。而对原始人来说，忌讳尤为重要。

它意味着这个世界之外的人或无生命的物体（在希伯来语中）是很"神圣"的，人们绝对不能冒着立即死去的危险以及遭受永恒磨难的代价去谈论或触碰这些。对于敢违抗先祖意志的人可以破口大骂，切忌表露怜惜。

时至今日，我们已无法肯定，究竟是神职人员创造了禁忌，还是禁忌造就了神职人员的诞生。传统比宗教的历史更为绵长，因此很可能在男巫师和女巫师之前就已经有忌讳存在了。然而巫师一旦出现，就立刻成为忌讳的支持者，而且是顽固派，以精妙的手法大肆盗用此概念，使之成为史前"禁物"的代名词。

在我们初次听闻巴比伦和埃及这两个名字时，它们还处于忌讳的急速发展时期。那时候的忌讳十分粗糙、原始，和之后在新西兰发现的不同，它是带有"汝不能……"字样的戒律。它们是用来约束人类行为的准则,严肃,带有否定意味,和我们熟悉的基督教"十诫"中的第六条如出一辙。

当然了,就算有所不同,这也不是宽容。

我们有时认为自己看到了宽容,其实那是由于无知导致的不关心的态度。

我们从没在国王和教士的身上看到一点点诚意(哪怕十分微小)去允许别人"自由行动和判断",或"耐心容忍公正看待不同于自己或传统的见解",而这些现在已经成为了我们的社会理想。

因此,有关史前的故事就先说到这里吧,毕竟我写这本书的原意并不在于研究所谓的"古代历史"。

直到个性被发现以后,为宽容的斗争才得以开展。

在现代最伟大的发现中,个性的发现要归功于希腊人。

第二章

希腊人

地中海一个不为人知的角落里，巴尔干半岛的南端，有一个神奇的地方。在近两个世纪里，它为当今世界的生活奠定了完备的基础，其中包括政治、文学、戏剧、雕塑、化学、物理还有很多很多。这是如何实现的呢？多少个世纪以来，人们无从知晓答案，而哲学家们的一生之中也会用或多或少的时间来找寻答案。

与化学家、物理学家、天文学家或医学家不同，历史学家盛气凌人，有点愤世嫉俗，他们通常认为人们试图发现"历史法则"的这一努力是居心不良的，因此对此表现出蔑视。他们觉得有些东西在研究蝌蚪、细菌、流星中有用，但在人类研究领域中没有丝毫用处。

也许是我错了，但我认为此类法则有其存在的必要性。至今，我们收效甚微，这是不争的事实。然而，我们在探索上下的功夫还不够。我们一直忙着积累事实，却没抽空将它们煮开，而后液化、升华，再从中提出所剩无几的智慧结晶，这些结晶对我们这种特殊的哺乳动物还确实有些价值。

我初涉这个新的领域，不免诚惶诚恐。在此我借科学家的一席名言，将历史原理解释如下。

按照现代科学家的理论，当所有物理、化学成分都达到理想的比例，可以形成第一个细胞时，生命（有生物，有别于无生物）自此开始。

用历史学解释上面这段话，就会得到以下相似的解释，即：

"在不健全的世界中，只有当所有的种族、气候、经济、政治条件达到或接近一种理想的比例时，更高级形式的文明才会突然地、自然而然地显现。"

对于这个观点，我可以详细地举出几个反例。

围绕这个解释，我举几个例子。

智商处于穴居人水平的种族不会兴旺，即使在天堂也不会。

如果伦勃朗出生在因纽特人的圆顶屋里，从早到晚只能盯着冰上的洞，那么他就无法画出图画；如果巴赫出生在这里，那么他就谱写不出受难曲；如果伯拉克西特列斯出生在这里，那么他就创作不出雕塑。

如果达尔文只能在兰开夏郡的工厂里讨生活，那么他就无法在生物学上做出贡献。如果亚历山大·格雷厄姆·贝尔只是一个被随意买卖的奴隶，生活在罗曼诺夫庄园的一个偏僻小村，那么他也无法发明电话。

古埃及是世界上第一个高级文明的发源地，气候适宜，但当地人的体质却不怎么健壮，也没有强烈的进取心，政治、经济条件更是一团糟。巴比伦河阿西利亚也是这样的情况。后来迁徙到底格里斯河和幼发拉底河流域内的闪米特人虽然身材高大，精力旺盛，气候也可以，但政治、经济环境却实在太差。

再来看看巴勒斯坦，气候环境真是不怎样，农业落后，除了大篷车道这个横贯国土沟通亚、非的地区之外，几乎没有商业活动。而且，耶路撒冷寺院的教士完全操控了巴勒斯坦的政治活动，这更是有碍于发挥个人积极性。

腓尼基的气候虽然无可挑剔，人们的身体也十分高大强壮，经济条件也比较理想，但这个国家同样遭受着厄运，那就是经济发展严重不平衡。一小撮的船主赢得了大部分的财富，形成了严密的商业垄断。这样下去，早期泰雅和西顿的政权就被巨富们收入囊中。贫穷的人民被剥夺了劳作的基本权利，被迫变得冷漠，最后，由于统治者的见识短浅、自私贪婪，腓尼基重走犹太教的老路，变为一片废墟。

总之，各个早期文明的中心里总是欠缺成功所需要的某些必备因素。

公元五世纪，希腊终于出现了奇迹，虽然持续时间很短，而且也不是出现在希腊的本土，是在爱琴海对岸的殖民地。

我曾在另外一本书中描述了一些具有桥梁作用的著名岛屿，它们联系了亚洲大陆与欧洲大陆。早在尚无文字记载时期，埃及、巴比伦、克里特商人就是通过这些岛屿来到欧洲大陆的。他们的到来使两地通商，又将先进的思想带到了欧洲，他们的足迹踏过小亚细亚西岸的一个狭长地带，这个地带的名字叫作爱奥尼亚。

此时距离特洛伊战争还有几百年的时间，希腊的一些部落占领了这片长达140多英里，宽仅15英里的狭长土地，建立起了殖民城市，其中出名的有：以弗所、福赛、艾丽斯来和米利都。这些城邦的周围，趋于完美和成熟的社会平衡促使文明高度发展，后世有的文明最多也只能与之并驾齐驱，却始终无法超越。原因有三：

第一，殖民城市中居住了来自十几个民族的最活跃、最勇敢的人。

第二，新旧世界交替和欧亚大陆互通贸易攒下的财富在这里。

第三，代表殖民主义者利益的政府给予了广大人民发挥自身才能的机会。

我之所以不提及气候，是因为对于只经营商业活动的国家来说，气候的影响不大。无论晴天还是下雨，都可以造船、将货物卸仓，只要没有寒冷到港口的水结冰，没有雨大到城镇被水淹没，居民们就不会对天气预报表示出太大的关心。

除了通商，沃尼亚的气候对知识阶层的发展也极为有利。在书籍和图书馆出现前，知识的传播只能靠耳听口说。城邦的水泵的周边区域成为了最早社会活动的中心，也成为了最古老的大学的所在地。

泰勒斯是西方思想史上记录下来的第一个人——真正创立现代科学的那个人的背景，值得我们怀疑。意思不是说他抢劫了银行或杀死了亲人之后，从没人知道的地方逃亡到米利都的。没人知道他的祖先是谁，是比奥夏人还是腓尼基人？是游牧人还是闪米特人？（博学的人类学家是这样说的）

这说明那时，这个位于麦安德山口的区区古城是一个十分繁华的世界中心。这里的人们来自四面八方（和如今的纽约类似），因此人们从不因彼此外貌不一而心存芥蒂，也从不刻意过问新来者的家底身世。这本书既不是数学史也不是哲学手册，就不必过多解释泰勒斯的思想了。值得一提的是，他倾向于以宽容的态度对待新思想。这种倾向曾覆盖了爱奥尼亚，当时，罗马还只是远在他方的一座泥泞河边的小城镇，不为人所知；犹太人还只是阿西利亚人的俘虏；欧洲的北部和西部还只是哀鸣遍野的荒原。

为了梳理出高级文明发展的原因，我们需要了解在希腊首领横渡爱琴海、劫掠特洛伊堡之后，希腊发生了什么变化。当年那些闻名遐迩的英雄在那个时代也只是初级文明的产物，他们就像那些好斗的孩子一样，将生命看作一场漫长、光荣的战斗，其中充满了刺激、决斗、赛跑和其他竞技比赛。而现在，我们为了面包和香蕉终日埋头苦干，参加这样的活动也是有心无力。

这些热血沸腾的武士们对其信仰的上帝的态度是坦诚而质朴的，这和他们对待生活中所有严肃的问题一样。公元前十世纪，奥林匹斯山上的诸神曾控制过希腊人的一切，他们拥有和普通人相似的形象。地球上的人是在什么时候、什么地点、如何与上帝分开的，一直无人知晓。但是，九霄云外的上帝对臣服于自己脚下的臣民所怀有的情谊一直都在，十分亲切，为希腊宗教带来了独特的魅力。

受过良好教育的孩子都知道，宙斯是拥有强大力量的众神之王，留着长胡子，时而带来狂风暴雨，世界都蒙上了阴影顿如末日来临。虽然孩子们在襁褓中就听大人讲过神灵的故事，可等他们长大了一点，能够独立阅读古老的故事了，他们就开始思考这些可怕的神灵的弱点。此时，他们眼中的那个神灵是在欢乐的家庭晚宴中出现在灯光下的人物形象。这些神灵不停地恶作剧，和凡人朋友们一起讨论政治，因支持方不同和相互争吵，因此，希腊人之间每次发生争论，都会引发天上诸神之间的唇枪舌战。

当然了，宙斯虽有人性的弱点，但仍然是个伟大的上帝和强大的统御者。为了安全起见最好不要招惹他，但这并不意味着他高不可攀。但是他还是很"通情达理"的，如今华盛顿会议中专从事院外游说的政客们尤其了解这个词的含义。宙斯的确通情达理，如果分寸掌握得当，也可以从他那里得到疏通。最重要的是，宙斯极富幽默感，没有太过于重视他自己和他管理的天国。

也许这不是评价宙斯的最佳话语，但却有其好处。古希腊从不制定森严的宗教律法，来规定凡人应该把什么看作真理，什么看作谬误。因为缺乏冷漠的教条和依靠绞刑来推行教义的专业教士，全国的民众都能够依据自己的好恶来定义自己的宗教思想和天国的意义。

塞萨利人主宰奥林匹斯山不远处，他们对于邻居奥林匹斯诸神的崇拜自然不如住在远方的科拉尼亚湾小村子的阿比索人多。雅典人以为自己有了雅典娜女神的保护，就可以对宙斯无礼。而阿卡狄亚人虽居住在远离商道的山谷里，他们坚守着最质朴的信仰，他们讨厌以轻浮的态度处理跟宗教有关的大事。弗西斯的居民们每日对德尔法朝拜，以此维持生活，所以他们坚信阿波罗（这位在利益的土地上接受朝拜的天神）是最伟大的天神，远处而来的人，只要兜里还有几个德拉马克，都该用来去给阿波罗朝贡。

犹太人只信奉一位上帝，这也是它和其他民族的区别。当时犹太人都聚集在一个城市中，队伍日渐壮大，最终战胜了所有能与之比肩的朝圣之地，此后对宗教的垄断长达一千年，因此人们才只信奉那一位上帝。

希腊却不具备这样的条件。雅典人民和斯巴达人民都希望自己的城邦成为整个希腊人民都承认的都城，但都没有成功，徒增内战而已。

这个民族的个性如此之强烈，推动了其独立思考精神的发展。《伊利亚特》和《奥德赛》曾被称为"希腊人的圣经"。事实上，它们和《圣经》大不相同，只是普通读物而已，不属"圣书"之列。这两本书讲述的是英雄们的冒险经历，当时的希腊人认为这些名噪一时的英雄是他们上一辈的先祖。其中汇集了很多宗教知识，因为天神们都住在凡人的争论中站队，无一例外地把自己的职责抛诸脑后，只享受着那场发生在自己地界的亘古罕见的大厮杀。

希腊人从未考虑过一件事——荷马的著作是不是或直接或间接地在宙斯或雅典娜或阿波罗的启示下写成的。荷马史诗是文学史上灿烂的一页，它在漫长的冬夜里，陪伴人们阅读，并且使孩子们为自己的民族感到自豪。

这就是所有，这就是一切。

这座城市弥漫着知识和精神自由的气息，散发着来自世界各地的船只上散发出来的海腥气味，镶嵌着雍容华贵的东方丝绸，飘荡着衣食无忧的人们的欢声和笑语。泰勒斯诞生了。他在这里工作，在这里学习，也在这里辞世。他探索出来的结论若与他人的结论存有极大分歧，那么你要了解的是，其思想影响具有一定局限性。一般来说，米利都人都知道泰勒斯，就像纽约人都知道爱因斯坦一样。你如果问纽约人爱因斯坦是谁，他会回答你，爱因斯坦是那个长头发、叼烟斗、没事拉拉小提琴的家伙，这个家伙还写过一个人从火车这头走到那头的故事，刊登在了星期日报纸上。

这个叼烟斗、会拉小提琴的奇人捕捉到了转瞬即逝的真理之光，最终推翻了（至少也是极大地改变了）过去六千年形成的科学定论。然而，这件事未能引起那些悠闲的纽约人的注意。只有在自己喜欢的击球手失球，也就是试图推翻万有引力定律受阻时，他们才会想起世界上还存在数学这个学科。

古代历史教科书在设置内容时常常会避开这个难题，只用一句"米利都的泰勒斯（公元前640年—公元前546年）是现代科学的奠基人"来一笔带过。甚至我们可以想象到，当时的《米利都报》上登出如下大字标题：

"本地大学生发现了真正意义上的科学"。

我不清楚泰勒斯到底是于何时、何地，如何跨过前人的铺垫，独自开创新途径的，但有一点可以肯定：他生活在的不是没有知识的空白世界里，他的智慧也不是天马行空的产物。公元前七世纪，人们已经开始探索新的科学领域，现存大量的数学、物理学、天文学资料，供学者随时参考。

这边泰勒斯还在不断学习，而另一边巴比伦的占星师已经开始瞭望天空。

埃及的建筑师在精心计算后，将两块重达百万吨的花岗岩放到了金字塔墓室的中心，制作成墓室上方的屋顶。

尼罗河谷的数学家们认真研究了太阳活动，预测出旱、雨两季的时间，为农民提供了参照历法，规范了农业劳动时间。

然而，人们虽自己为这些实际问题提供了答案，却仍然将自然的力量视作上帝无形意志的体现。他们认为上帝掌管着季节、星球、海潮，和总统的议会议员掌握着农业部、邮电局、财政部是一回事。

泰勒斯是反对这种观点的，但是他和当时大多数受过良好教育的人一样，懒得一个个解释或者公开争辩。如果海滨的水果商贩碰到日食时，被这奇怪的景象吓倒在地，嘴里念叨着宙斯的名字，那也是他自己的事情。泰勒斯也只是会一笑而过，绝对不会去告诉他说，稍微懂得天体运行知识的小学生都可以预测到在公元前五八五年五月二十八日时，月球刚好运动到太阳与地球之间，这导致米利都城会有几分钟的黑暗时刻。

在这次著名的日食发生的下午，波斯人和利迪亚人正在战场上拼杀。人们认为，双方后来停止相互杀戮是光线不够的缘故。坊间传说，这就像几年前耶和华在亚雅仑山谷施行的神迹一样，为了让利迪亚人获得胜利，神明特意熄灭了天国之光。只有泰勒斯心里明白，这不过是以讹传讹。

泰勒斯所达到的境界（他最大的成就）就是敢于认为一切自然现象都是受永恒法则支配的，是永恒的意志的具体体现，而不是一直存在于人们想象中的天神去任意支配的结果。他认为，即便那天下午发生的事只有以弗所大街上的狗打架，哈利奇举行了一场婚礼，此外没有更重大的事，日食也会发生的。

泰勒斯通过科学观察的方法，得出了一个符合逻辑的结论。他认为万物产生于一条普遍必然的法则，并推测（在某种程度上，这个推测是正确的）——万物源于水，水包围着万物，水从世纪之初便与世共存了。

遗憾的是，我们没有任何泰勒斯留存下来的亲笔文稿，那时可能他已经可以用文字去记录他的思想（希腊人从腓尼基人处学会了字母），但现在他的文稿已不见踪迹。我们对他的印象全是从与他同时代的人写的书中得到的，凤毛麟角中才得以对泰勒斯的个人生活有所了解。泰勒斯是位商人，和地中海各处的人都有接触。插一句，早期的哲学家大部分都是商人，这也是那个时代的一大特点。哲学家是"智慧的爱人"。他们从不回避一个现实：生活的秘密藏在生灵之中。他们认为"为智慧而求智慧"的观点，与"为艺术而学艺术""为食而吃"的谬误观点一样，荼毒了无数人的思想。

在他们眼中，世界上有几种类型的人，好的、坏的、不好不坏的，这是衡量事物的最高标准。因此，他们在闲暇时去耐心地研究人这种讳莫如深的动物，并且不是凭借先入为主的臆测，而是研究人的本来面目。

因此他们能够和其他人友好相处，从而大面积地扩大了自己的影响。这要比反反复复地对他人进行说教，指点他们通向大同世界的捷径更奏效。

他们甚少要求人们严守清规戒律，却以自身为榜样向世人表明：一旦我们真正了解了自然界的力量，就必然会获得灵魂深处的安宁，带我们通向幸福。哲学家在自己的圈子里左右逢源之后，就有了充分的自由去研究、探索、调查，甚至可以深入到只有上帝才能插手的领域中去探险。泰勒斯作为这个新福利的开拓者，把一生的才华和精力都献给了这项有意义的事业。

虽然他对希腊人眼里的世界做出了分解，分别研究了每一个细小的部分，并公开质疑了古往今来大部分人一直认为的理所当然的事情，但人们还是允许他躺在床上，安静地离去。也许当时有人让他对自己不同寻常的理论做出解释，但如今我们已无从考证了。

有了泰勒斯在方向上的指引，追随者纷至沓来。

比如阿那克萨哥拉，在三十六岁时离开了小亚细亚，来到了雅典，一直做"诡辩家"，也在希腊的几座城邦里做私人教师。他对天文方面的知识颇有研究，在讲课时指出：太阳不是人们公认的那样，是一辆由天神驾驭的马车，它实际上是一个比整个希腊还要大上一千万倍的赤红色的大火球。

这一理论并未为他招来灾祸，天国也没有因为他的大胆而对他处以雷刑。于是他进一步大胆设想：在月球的表面上覆盖着山脉和山谷。最后他甚至暗示：这个世界上存在一种"种子"，它是天地万物的起源和归宿，从天地开辟之日起就存在了。

然而，阿那克萨哥拉的这一观点触碰到了一个危险的领域。由于他所谈的正是人们熟知的东西，后来不少科学家也经历过类似的事情。太阳和月亮离地球太远，一般的哲学家觉得怎么称呼它们都无所谓。但这位教书匠提出万物的成长都起源于一种叫作"原物质"的东西，这无疑是有些夸张了。他的判断与天神的故事是相悖的。天神的故事讲述的是天神在经历了一场巨大洪水之后，把小石头变成了无数的男人和女人，使世界重新兴旺起来。希腊所有的小孩子都早在童年时期就听说过这个故事，因此它是无比庄严的，怀疑它的真实性会危害现存社会的安宁，也会使孩子们对长辈的智慧产生怀疑，因此这是万万不可以的。于是，阿那克萨哥拉成为雅典长辈们严厉针对的对象。

如果当时的政体是君主制或早期共和制，那么城邦的统治者还有能力保护一名宣传不被大众所接受的理论的教师，使他不被愚蠢无知的古雅典农民迫害。但那时是雅典民主制发展的顶盛时期，个性自由的观念早已根深蒂固了。另外，当时受到大众轻视的伯里克利正是这位天文学家的高徒，这又为法庭治罪提供了方便之路，人们借机掀起了一场反对旧式专制统治的政治运动。

有一名教士名叫奥菲特斯，在人口最稠密的郊区当行政官。他提出了一条法律，这条法律通过了。该法律要求："要立即对一切不相信现存宗教者和一切与神明持不同见解者治罪"，根据这条法律，阿那克萨哥拉被投入监狱。不过后来，城市中的开明势力获胜。阿那克萨哥拉只缴纳了一笔数量不多的罚款就获得了释放。他搬到了小亚细亚，在那里度过了自己的晚年生活，直到公元前四二八年，与世长辞。

此事说明，统治者想要压制科学理论发展的想法是无用的。阿那克萨哥拉虽被逼离开雅典，但他的思想传给了下一代。两个世纪后，亚里士多德承袭了他的思想，并以它为基础进行自己的科学假设。一千年漫长的黑暗时期结束后，亚里士多德的思想又直接传承给了伊本·路西德（通常被称作阿威罗伊），阿拉伯一位伟大的医生。他曾在位于西班牙南部的摩尔大学中大肆宣扬亚里士多德的理论，并将他的理论和自己的观察结果相结合，写下了多部著作。这些作品即刻通过庇里牛斯山被运往巴黎和布伦大学，并被译为拉丁语、法语、英语三个版本。西欧人和北欧人悉数接受了书中的观点，这些观点如今已成为科学入门书籍中必备的部分，在他们眼里就如同乘法口诀表一样有益无害。

让我们把话题切回到阿那克萨哥拉。在他被审判后，大概过去了一代人的光阴，希腊科学家终于可以教授与民间迷信相异的知识。公元前五世纪末，又发生了一件事。

这次受害者是普罗塔哥拉。他是一位流浪教师，来自希腊北部的爱奥尼亚殖民地的阿布德拉城。由于德谟克里特出生于此，所以这个地方的名声不太好。德谟克里特是一位见解独到的"微笑哲学家"，他提出过一条法则："有价值的社会应该以最小的痛苦为代价，给绝大多数人提供最大的幸福。"此言一出，人们就视他为激进分子，认为他应该受到安全系统的监视。

普罗塔哥拉受他这一思想的影响颇深。他去了雅典，经过几年的研究，向世人宣布：人是衡量世界万物的准则；生命转瞬即逝，神是否存在本来就是未知的，因此人们不应该把宝贵的时间花在神的身上，应该用尽全力去使生活变得更加美好。

这个理论无疑一语中的，理所应当地比以往的任何文字、谈话都更能撼动人们以前所信奉的东西。而且，这个理论面世之时，恰逢雅典和斯巴达之间战争的成败攸关之际，人们陷入战败和疾病的水深火热之中，已然走投无路。显然，这不是怀疑上帝是否具有超能力，激起上帝的怒火的好时机。因此普罗塔哥拉由于"不敬神"被大众指控，勒令其必须改变自己的理论，使之合乎律法。

倘若伯里克利在世，是可以保护他的，但可惜那时他已经去世了。虽然普罗塔哥拉是科学家，但他却实在不想以身殉道。

于是他逃走了。

不幸的是，他的船在驶往西西里的航程中触礁了。他应该是当场溺亡了，因为从那以后人们再也没有听到过他的任何消息。

另一个遭到雅典人狠毒迫害的人是戴阿哥拉斯。事实上他并不是哲学家，而是一位青年作家。在一次官司中，他发现上帝没有帮助他，因此他就将个人的不如意都宣泄在了上帝身上。后来的很长一段时间里，他苦苦沉思，郁郁寡欢，思想上发生了很大变化。他开始到处亵渎、诽谤希腊北部人所敬仰的"神圣玄机"。他如此胆大妄为，因此被判处了死刑。然而在行刑的前一天，这个可怜的家伙找到机会逃跑了。他逃到了科林斯，却仍然诅咒着奥林匹斯的天神们，最后怒急生悲，一命呜呼。

希腊人对异说的难以容忍，愈演愈烈，直到发展到了无以复加的程度。其中最臭名昭著的要数法庭对苏格拉底的死刑判决。关于这件事，我们有详尽的记载。

只要提及世界的停滞不前，提及古代雅典人的心胸狭隘尤胜于后人，人们就必然以苏格拉底为例来证明希腊人的冥顽不灵。但是今天我们在经过详细的考察之后，对实际情况更加了解了。这位街头演说家很有才华，一生平凡，又不受人待见。他为公元前五世纪古希腊盛行的思想自由之风做出了极大的贡献。

当时的人们仍然相信神是存在的，苏格拉底称自己是代表上帝的预言者。尽管雅典人对他所说的"神灵"（即在他的内心深处提醒他应该如何说、如何做的声音）不甚了解，但却完全明白一个事实：他对周围的人们所深信不疑的东西是持否定态度的，对传统习俗也毫不在意。最后，统治者杀死了这位老人。而实际上，他的神学观点与审判的结果几乎没有任何因果关系，正所谓欲加之罪何患无辞！

苏格拉底是一位石匠的儿子。他的父亲有很多孩子，收入却十分微薄。因为没有办法负担两千元一节的课程，苏格拉底从小没接受过正规的学校教育。苏格拉底没有钱读正规的大学，因为那个时代的哲学家都对钱看得很重，他们每讲授一门课程就要收取两千块的费用。而且，在苏格拉底眼中，追求那些空虚的纯真理、研究那些无用的科学现象就是在浪费时间和精力。在他看来，一个人只要善于为自己树立坚定的信念，没有学过几何学又如何呢，即使了解了慧星和行星的运行规律也拯救不了灵魂。

他个子矮小、鼻梁塌陷、衣冠朴素，白天在街头与无业游民辩论，晚上回家听妻子唠唠叨叨（他的妻子为了养活全家，只能在家里做替人洗衣的活计，而她的丈夫却认为谋生是生活中不值得一提的细枝末节）。他曾多次参战和远征，是位受人尊敬的军人；他也曾是雅典公民大会的前议员，当时有众多的教师，却只有他为了自己的信仰而站出来受难。

为了洞悉该事件的全貌，我们必须先来了解一下在苏格拉底为人类知识的进步痛苦挣扎时，雅典的政治状况是如何的。

苏格拉底用尽一生的努力（他被执行死刑时已经七十多岁了）想要告诉人们，他们正在浪费光阴，过着毫无意义的生活。他们在虚无缥缈的快乐和胜利上耗费了太多的时光，堂而皇之地挥霍着伟大上帝的各种恩赐，只为使自己的虚荣心和野心得到满足，哪怕只有几个小时而已。他对"人的命运是崇高的"这一观点深信不疑，因此他打破了旧哲学界设置的所有条条框框和禁令，他在这条道路上走得甚至比普罗塔哥拉还远。普罗塔哥拉告诉人们："人是衡量世间万物的尺度。"苏格拉底则认为："人的无形意识是（或许是）世间万物最后的尺度；塑造命运的并非上帝，而是我们自己。"

苏格拉底在法官面前的演讲（准确来说法庭上共有五百名法官，他们都是苏格拉底的政敌们挑选出来的，其中有些人还颇通文字），对于任何听众来说（无论他们是否对苏格拉底持同情怜悯的态度），都是通俗易懂的道理，都能起到振奋人心的作用。

这位哲学家表示："世人无权随意左右或强行夺去他人信仰的自由和思考的权利。"他又说："只要一个人拥有自己的道德和信念，即使没有朋友的赞同，没有金钱、妻子和家庭的支持，依然能够取得成功。但是如果不彻底深入地研究问题，任何人都不要妄想能够得出正确的结论。因此讨论任何问题时都要有充分的自由，不受官方一丝一毫的干涉和控制。"

遗憾的是，这位被告所阐述的是错误的时间里的错误观点。早在伯罗奔尼撒半岛战争爆发之初，雅典的富人和穷人之间、主人和仆人之间的关系便已势如水火，斗争一触即发。可苏格拉底是"温和分子"，他是一个自由主义者，既洞悉了双方的矛盾，又试图寻找中立的方法来使一切有理智的人士都能满意。很显然，这种态度得不到任何一方的支持，只不过那时候双方都将对方当作首要的敌人，没时间来对付他。

直至公元前四〇三年，那些彻底的民主派人士完全控制了王国，赶走了贵族，此时也就轮到苏格拉底了。

他的朋友知道了这一切，劝苏格拉底尽早逃离这座城市，认为这才是明智的做法。

苏格拉底平生树敌众多，同时也交友广泛。在半个多世纪里，他一直充当"言语评论家"的角色，是一个十分聪明正义之士，他忙着把那些自我标榜为雅典社会支柱的人的面具和骗局暴露于阳光之下，他十分擅长做这些，甚至乐此不疲。过了不久，他的名字在希腊家喻户晓。他上午谈到的一些趣事，到了晚上全城的人就都知道了。还有人为他编纂了戏剧并找人出演。他被捕入狱时，全希腊的人都对他一生中的大事小情了如指掌。

在这场审判中，那些起主导作用的人（例如那个不识字却因为通晓神意而卖力叫嚣的粮油贩子），深信审讯苏格拉底是他们的社会职责，他们在为城邦除去一个所谓的"知识界"中的危险分子，一个只能教会奴隶懒惰、犯罪和不满的人。

有意思的是，即使在这种环境下，苏格拉底依然用其精湛的口才辩解，最后甚至陪审团中的绝大多数都倾向于将他释放。他们表示，只要苏格拉底不再去辩论、争吵、说教，不再干涉别人喜欢什么，不再无休止地去纠缠着质问他们，就可以得到赦免。

但是苏格拉底拒绝接受这个条件。

"我做不到！"他喊道，"只要我的良心和我那来自心灵的声响还在指引着我继续向前，让我为人们指引通向智慧的道路，我就要继续将我的想法告诉每一个我遇见的人,后果如何我不在乎。"

这就没办法了,法庭只能判处这个强硬的囚犯死刑。

苏格拉底被判死刑,缓刑三十天。因为今年派去戴洛斯朝拜的圣船还没有返航,按照雅典的法律,在此期间不能行刑。在这整整一个月的时间里,苏格拉底没表现出丝毫焦虑,只一心钻研改进他的逻辑体系。他有过很多次机会逃跑,但他都没有。因为他已经没有什么遗憾了,他已经履行了自己的职责,感到很累了,准备离开这尘世。直到行刑的那一刻,他还在和朋友们讨论,希望用自己追求的真理引导他们,不要把智慧用在物质世界上,而是要多丰富精神世界。

接着,他喝下毒药,躺到了床上。从此以后,让一切争辩伴随着他最后一口呼吸,尘埃落定。

苏格拉底之死让他的学生们心有余悸,他们一度离开过去的活动场所默默度日;可后来等到他们看到一切都归于平静,就又回来,重新开始公开讲学。在苏格拉底这位老哲学家死后的十多年后,其思想比以前传播得更为广泛。

这是争夺希腊半岛领导权的战争结束的五年后,这座城邦正处于严重困难时期。在那场战争中,雅典人一败涂地,斯巴达人获得了最终胜利,体力击败了智力。不必说,好景不长也是意料中的事。斯巴达人从没有写下一句值得载入史册的话语,也从未对人类知识的发展做出过一丝一毫的贡献(除一些军事战术外,这些战术已应用到现代足球比赛当中)。斯巴达人认为,他们推倒了雅典的围墙,击垮了雅典的舰队,已然大功告成了。但是,雅典人那与生俱来的敏锐思想却没有因这次战争的失败而丧失。伯罗奔尼撒半岛战争结束后的第十年,来自世界各地的船只就又集结在了古老的比雷埃夫斯港。在希腊组建的联合舰队中,雅典的海军将领再次充当了先锋。

而且，伯里克利的努力虽然没有受到同时代人的认同，但却使雅典成为了世界文化的中心，就像公元前四世纪的巴黎那样。罗马、西班牙、非洲的富裕人家都想让孩子接受前沿的教育，倘若孩子得到准许去参观卫城周围的任意一所学校，家长就会觉得无比荣耀。

我们现代人想要准确地理解古代社会是很困难的。在古代的世界里，人们将生存看得至关重要。

受早期基督教的影响，罗马人和希腊人被视作灭绝人性的代名词。那时的基督教是一切其他宗教的死敌，他们随心所欲地信奉一些不伦不类的天神，空闲时间就吃喝玩乐，喝萨莱诺酒，与埃及舞女共诉衷肠，甚至到战场上残杀无辜的日耳曼人、法兰克人和达西雅人，仅仅为了满足自己禽兽般杀人的欲望。

不可否认的是，无论是希腊还是罗马，都有很多商人和发战争横财的小贩，在罗马可能更多一些。他们将苏格拉底在法官面前阐述的伦理道德观念抛诸脑后，大量敛财。正因为这些人很有钱，其他的民众才不得不对他们忍气吞声。但是这些人在社会中丝毫没有威望和地位可言，因此没有人将他们奉为时代的缩影。

我们发现了埃帕菲罗迪特的公寓，他和尼禄一起把罗马及其殖民地洗劫一空，从而得以腰缠百万贯，跻身富人行列。我们看着这座由老投机商用横财建造起来的宫殿废墟（里面有四十多间房间），忍不住摇头感叹："真是腐败啊！"

现在，让我们坐下来读一读爱比克泰德的书。爱比克泰德曾是老恶魔埃帕菲罗迪特的奴隶。可在我们读了他的书以后，却明显感觉到他拥有高尚显赫的灵魂，这样的人实属难得，古今少有。

我知道，人们喜欢在家里随意地对自己的邻居或邻邦加以评论，但请你在做出评论的时候不要忘记，哲学家爱比克泰德是他所生活的那个时代里最具特色的代表，就像朝廷中的势利小人埃罗菲罗迪特一样。二十个世纪之前，人们追求完美的生活的欲望并不亚于现在的人们。

当然了，有一点毋庸置疑，那就是那个时代的"完美"与今天的"完美"的概念有着天壤之别。那时的"完美"被刻上了欧洲社会的烙印，与东方社会毫无关联。但是，那些所谓的"野蛮人"毕竟是我们的祖先，他们逐步建立起了自己的意识，并把这些意识作为生活中最崇高的追求。是他们将这些意识慢慢地发展为生活哲理，并使之为世人所广泛接受。如果他们认为为人正直，吃穿节俭，身体健康，收入适中就可以知足了，我们也不妨认可这个哲理。灵魂的归宿问题并未能激起那些"野蛮人"多大的兴趣，他们只是认为自己是一种有知识的特殊动物，凌驾于地球上的其他动物之上。虽然他们常常谈论上帝，但那种谈论也只是和我们现在频繁地使用"原子""电子""乙醚"这类的词语一样。在他们眼中，必然有一个词语可以概括万物的起源，因此爱比克泰德眼里的宙斯只是一切未解难题的代号，就像欧几里得在做数学题时使用的 X 和 Y 一样，可以含义无穷，也可以微不足道，随你怎么想。

那时，人们最感兴趣的是生活，其次才是艺术。

他们按照苏格拉底创造和推行的分析方法研究着生活百态，最终取得了瞩目的成果。

有的时候，他们过于追求完美的世界，从而走荒唐地走到了极端，实在是很遗憾。不过人人都会犯错，这也是可以理解的。而在古代众多理论家中，柏拉图却是唯一对这种极端思想表示不会宽容对待的人，因为他对完美的精神世界爱得炽热。

众所周知，柏拉图这个年轻的雅典人是苏格拉底的得意门生，也是他把苏格拉底的话用文字记载下来的。

他把苏格拉底说过的话及其思想灵感，汇集成册编成对话，可以当之无愧地被称作"苏格拉底全书"。

完成这项工作之后,他就开始对其老师理论中的一些晦涩难懂之处做出解释,力求详尽,从而撰写出了一系列洋洋洒洒的文章。后来他多次开课授业,将雅典公平正义的理念向世界传播,而不再仅仅局限于希腊。

在这个过程中,他用尽全力,极度忘我,那种执着足矣与圣徒保罗相媲美。不同的是,圣徒保罗一生颠沛流离、历经千难万险,由北到南,由西向东,把上帝的福祉传播到地中海的每一处角落,而柏拉图则是一直坐在花园里那舒适的座椅上,等世界各地的人前来拜谒。

他的家世好,出身高,财产充足,因此他才可以这样做。

首先,他是地道的雅典人,按照他母亲的血统归类的话他属于索伦一脉。其次,他成年后就继承了一笔客观的财产,足够他丰衣足食。最后,由于他口才出众,任何得到允许在柏拉图大学听过他讲课的人,哪怕只听过几次,都自愿翻山越岭地来到爱琴海。

在其他方面,柏拉图则和当时大部分的青年人一样,并无不同。他虽参过军,却对军事不感兴趣。他参加过竞技运动,善于摔跤和赛跑,却从未取得过什么傲人的成绩。和当时的青年一样,他花掉大把的时间去国外旅行。他曾穿越爱琴海,停歇在埃及北部,虽然只有寥寥数日,却也重温了他那大名鼎鼎的祖父——索伦生前曾走过的路。不过后来他回国后就再没有出去过了,而是在雅典郊区里传授他的教义,那是位于赛菲萨斯河畔一座美丽花园的安静角落,他在那里一教就是五十年之久,"柏拉图学园"之名由此而来。

最初柏拉图是数学家,后来逐渐转型成为了政治家。在政治这一领域里,他的理论为现代政治机构的建立奠定了理论。他是一名坚定的乐观主义者,始终相信人类在不断地进化。他认为,人的生命过程是一个从低级向高级的爬升过程，世界的发展是从美好的实体到美好的制度，再由美好的制度产生美好的思想这样一个过程。

他这类似于纸上谈兵的想法听起来倒是很有吸引力，但是当他尝试着把这些想法转化成具体原则，来为他理想共和国的建立提供理论基础时，他那追求公平和正义的热情开始变得异常澎湃，以至于再无心其他。那些纸上谈兵的乌托邦建设者一直将柏拉图提出的理想国的理念当作人类最高的追求，认为那是一种完美无瑕的境界。不论是放在过去还是放在现在，这个奇特的共和国组织中都存在着许多对人的偏见，这些偏见是一些退伍的上校所独有的。他们收入颇高，生活舒适，却喜爱参政议政，且极为鄙视下层社会的人民，想要凭借这种方式来显示自己"地位"之高，炫耀只有处于"上流社会"的他们才有这些特权。

柏拉图的著作在西欧中世纪学者间备受推崇，但不幸的是，这些饱学之士似乎是故意忘记了历史背景的不同，硬把柏拉图勾画理想国时的政治环境，与他们当时生活的12世纪、13世纪对等起来，把举世闻名的共和国打造成向宽容宣战的可怕武器。

比如，按照基督教的教义，柏拉图根本算不得一个虔诚之人。他对祖先们膜拜神明的做法深恶痛绝，把它们看成是马其顿的乡巴佬，粗俗不堪。他对特洛伊战争的史册中记载的有关神明的丑恶行径感到不齿。随着岁月的流逝，他年复一年地坐在橄榄树下思考，对家乡各个城邦之间愚蠢的争吵越来越感到怒不可遏。他看到了旧民主理想的彻底失败。他开始相信，对于一般平民来说，信仰宗教是必须的，不然他理想中的共和国就会立即陷入到一片混乱之中。因此，他坚持理想社会中的立法机构必须制定出针对所有人的行为准则，无论是普通百姓还是奴隶，都必须服从这些规定，否则将被判处死刑、监禁、流放。看起来，这一主张似乎是对苏格拉底一直强调的宽容精神和宗教信仰自由的全盘否定。其实柏拉图理论的本意也是如此。

并不难看出这两个人世界观不同的原因。苏格拉底出身于普通民众，而柏拉图却惧怕生活。他为了逃避让人生厌的丑恶世界，躲到了自己主观臆想的理想国之中。当然，他知道自己的梦想根本不可能实现。城邦分立，各自为政的时代中所发生的一切，不论是想象中的还是实际存在的东西，都已成为历史了。集权统治的时代已经悄然开启，整个希腊半岛会很快并入庞大的马其顿帝国里，其统治范围从马里查河一直延伸到印度河畔。

然而，在这个古老的希腊半岛上自由独立的各个民主城邦尚未被征服者收归囊中之时，出现了一位绝世独立的伟大的思想家，他使得那一代已经灭绝的希腊民族被全世界怀念。

我说的这位思想家就是亚里士多德，他出生在斯塔吉拉，是一个神童。在当时那个时代，他就已经通晓了许多别人不知道的事，为人们知识的积累做出了很大的贡献。他的著作就像一湾智慧的源泉，让此后整整五十代的欧洲人和亚洲人无须经受绞尽脑汁搜肠刮肚之苦，便能从中尽情汲取丰富的知识。

亚里士多德在十八岁那年就离开了他的家乡——马其顿，来到雅典的柏拉图学园上学。毕业后，他四处讲学。直到公元前336年，他才回到了雅典，在阿波罗神庙附近的一座花园里创办了自己的学校。这个学校就是后来著名的吕克昂学园，世界各地的学生纷纷被吸引而来。

奇怪的是，雅典人并不愿意在自己的城里多建一些学园，那时，雅典城邦那传统的商业重地的地位已经开始逐步丧失。大量精力充沛的市民都搬迁到亚历山大港、马赛和其他一些南方、西方的城市。留下的都是些穷人或懒惰成性的人，他们是老一辈自由民中守旧一派的残余。这一派人既为处于苦难中的共和国雪中送炭，却也加速了它的衰败。只是他们没想到，这位"臭名昭著"的亚里士多德竟在老师过世十年后重返旧地，继续公然传授那些仍然不为人们所接受的关于世界起源和神明威力有限的主张。对此，老守旧派的人煞有介事地否定、指责、低声咒骂，认为他把这城邦变成了自由思考和无视信仰之地。

如果这些守旧派执意要计较，就会把这位门生赶出去。但是他们明智地选择了克制自己。这是因为，这位身体健壮、双目近视的绅士以饱览群书和衣着讲究而闻名，是当时政治生活中举足轻重的人物，并非是雇几个流氓打手就能随意赶出城邦去的小人物。亚里士多德是马其顿御医的儿子，和小皇子们一起受过教育。他刚一完成学业，就被任命为皇储的家庭教师，整整八年的时间，他每天都和年轻时期的亚历山大在一起。这样，他就拥有了史上最强大的统治者的友谊和帮助。而且，在亚历山大前往印度前线期间，管理希腊各省的大臣对他也是关怀备至，生怕这位皇帝陛下的好友受了伤害或委屈。

可惜好景不长，当亚历山大去世的消息传到希腊时，亚里士多德的生命便朝不保夕了。他想起了苏格拉底的遭遇，不愿意重蹈覆辙。他和柏拉图一样谨慎，避免把哲学和现实政治混为一谈。但是，众所周知，他厌恶政府的民主形式，不信任平民掌权的能力。所以当雅典人怒气冲天地把马其顿的军队赶出国境时，他不得不即刻横渡埃维亚湾，逃亡到加而西斯。然而，就在他离开人世的几个月后，马其顿人平定了叛乱，再次征服了希腊。

由于事情已经过去许久了，现在要追根究底，找出亚里士多德对神不忠不敬的事实是非常困难的。不过按照一般情况，在一个业余演说家遍布的国度里，他的活动必然与政治纠缠在一起，有着千丝万缕的联系。他不得众望，与其说是因为他散布的新异端邪说会使雅典受到宙斯的严厉惩罚，倒不如说是由于他对少数几个地方实力派的偏见很深，甚至不屑一顾。

不过，这个背景并不重要。

各城邦各自为政的日子已经走到了尽头。

过了不久，罗马人接手了亚历山大在欧洲的功绩，希腊从此变成了他们掌管的一个省份。

争执和斗争至此平息，因为在许多事情上，罗马人的心胸甚至比黄金时代的希腊人还要宽大。他们允许臣民自由思考，但是不允许人们质疑那些为方便而设立的政治原则，因为罗马政权之所以从史前时期就能长盛不衰，都是这些原则的功劳。

但西塞那一代的人的思想与伯里克利追随者所推崇的理想之间存在着些许微妙的差别。希腊思想体系的老一代代表人物把宽容精神建立在某些明确的结论上，而这些结论又是他们经过几个世纪的辛苦实践和费心思考才总结出来的。而罗马人则认为，他们用不着探讨这方面的内容。他们对探究问题一事毫无兴趣，甚至还以此种态度为荣，他们对实用的东西更感兴趣，注重行动，蔑视高谈阔论。

如果异国人愿意在下午坐在老橡树下，讨论统治的理论或者月亮对海潮的影响，罗马人是欢迎的。

但是，如果异国人的知识理论在实践中是可行的，那就会受到罗马人的重视。至于哲理探讨、唱歌、跳舞、烹饪、雕塑、科学等等一类的东西，最好还是留给希腊人或其他外国人去做吧！慈悲的朱庇特之所以创造了他们，就是为了让他们去做这些正统的罗马人不屑去做的事情。

罗马人的任务则要全力以赴地管理好不断扩大的领土，训练足够的外籍步兵和骑兵来保卫边境，巡查连接西班牙和保加利亚的交通要道。通常情况下，他们要花费很大力气去维持千百个不同部落和民族之间的和平。

但是，荣誉终究还是要由无愧于这个称号的人获得。

罗马人通过不断的努力，创建了一套完备的统治系统，这个系统以别样的形式一直延续到今日，这可谓是丰功伟绩了。那时在罗马的统治下，人民只要缴纳必要的赋税即可，他们只要在表面上对罗马统治者定下的为数不多的行动准则表示尊重，继而就可以享受到很大程度的自由。他们可以随心所欲地选择信仰什么或不信仰什么。可以信仰一个神，也可以信仰十几个神，甚至可以供奉有着各种神的庙宇，这些都是自由的。但是，不管他们选择信仰什么，在这个世界级的大帝国里杂居着的形形色色的人们必须永远牢记的是，"罗马统治下的和平"的实现是因为一条原则——"待人宽容如待己"。在任何情况下，他们都不应该干涉别人或自己大门内的陌生人的事，即使偶然遇到自己信仰的神遭到亵渎的情况，也不必找官府讨要说法。因为正如提比略大帝在一次重大的纪念活动上所说："如果哪位神认为亵渎他之人必须要受到惩罚，他自己就动手了。"

靠了这样一句随意的宽慰之言，法庭就可以拒绝处理所有此类案件，并要求人们不要把涉及个人见解的问题带到法庭上来解决。

如果说一群卡帕迪西亚商人在哥罗西人的地盘居住，那么他们就有权利继续信仰自己的神，有权利在哥罗西的镇子里建造起自己的庙宇。反之亦然，假如哥罗西人因为类似的原因而搬到卡帕迪西亚人的地盘居住，他们也一定会得到同样的权利和同等的信仰自由。

人们时常在争辩时说道，罗马人之所以能够摆出一副超凡豁达的宽容姿态，是因为他们对哥罗西人、卡帕迪西亚人以及其他所有拉丁姆地区之外的野蛮部落的人都同样蔑视。这个说法可能是正确的，我不敢确定。但是，五百年来，欧洲、亚洲和非洲的绝大部分文明和半文明的地区都盛行着宗教彻底宽容的理念。罗马人发展了一种统治艺术：最大限度地减少冲突，以创造更多实实在在的成果。这是艺术，也是事实。

但是，永存的东西是不存在的。至少，靠武力建立起来的帝国是不牢靠的。

罗马既征服了世界，又毁灭了自己。

罗马帝国年轻战士尸横遍野，那数千个战场上散落着累累白骨。

五百年来，罗马社会中的精英们都把智慧浪费在管理从爱尔兰海到黑海的殖民帝国之中。

最后，恶果到来了。

以一邦之力统治全世界，这项不可能完成的事业在人力和脑力上彻底拖垮了罗马人。

随后，又一桩可怕的事情发生了。罗马的人们逐渐厌倦了生活，失去了生活的热情。

他们已经拥有了他们曾梦寐以求的全部住房、游艇和马车。

他们还拥有了全世界的奴隶。

他们尝遍了全世界范围内的美酒，踏遍了万水千山，得到了从巴塞罗那到底比斯的各色娇娘。世上所有著作都已收归进他们的图书馆，人间最美丽的绘画装点着他们的墙壁。他们用餐的时候有世界上最优秀的音乐家为其演奏。他们在童年时接受最出色的教授、教育家的教育，他们也学到了最有用的知识。结果，所有的美味佳肴都味同嚼蜡，所有的图书都变得索然无味，所有的美女都丧失了魅力，甚至生存本身也成了一种负担，很多人宁可选择一个体面的机会，翩然离去。

剩下的只有一种安慰！那就是对未知和无形世界的憧憬。

然而，可叹诸神在多年前就已过气，稍有头脑的罗马人都不会再相信童谣里唱的主神宙斯或爱神维纳斯。

于是，以伊壁鸠鲁和芝诺为代表的享乐主义学派和斯多亚学派的哲学体系应运而生，这些哲学体系宣扬仁爱、克己、无私和奉献。

但是，这些哲学思想过于空洞。芝诺、伊壁鸠鲁、爱克比泰德和普卢塔克的书遍布于街头书店里，书里面，他们的道理倒是讲得娓娓动听。

不过从长远看来，这种纯理性的思想缺乏罗马人所需要的营养，所以他们开始追求一种可以作为精神食粮的"情感"。

由此说来，纯哲学的"宗教"（如果我们把宗教思想和追求有意义的高尚生活的愿望联系起来，这确实是一种极具哲学色彩的宗教）只能满足一小部分人，并且这些人几乎都来自上流社会，早已享受到优秀的希腊老师对他们进行个别授课的特殊待遇。

而普通老百姓却视这些冠冕堂皇的哲学思想如草芥一样轻贱。他们的思维模式也发展到了这样的阶段，认为大部分的古代神话都是粗俗愚昧的他们的先祖们所编造出来的产物，幼稚不堪。但是他们的思想境界仍然不及那些所谓的知识分子，因为他们还没有否认上帝的存在。

到头来，他们跟所有一知半解的人一样，表面上一本正经地供奉着官方认可的神明，背地里却为了追寻"真正的幸福"而加入到宗教行会里。在过去的两个世纪里，这种宗教行会在台伯河畔的古城中受到热烈的欢迎。

我前面用的"行会"一词源于希腊，原意是一群"受到启示的"人的集会——这群男男女女为了不把本行会最神圣的秘密泄露出去，必须做到"守口如瓶"。只有行会的真正成员才能知道这些秘密，这种秘密就像大学兄弟会的咒符和"独立教"的符咒一样，使人们紧密地联系在一起。

其实，在公元1世纪时，行会只不过是一种特殊的崇拜形式，是一种说法,一种教派而已,希腊人或罗马人(请原谅这里的时间有些不严谨)已经离开长老教会,加入基督科学教会,就会告诉邻居他去参加"另一个行会"了。"教堂""英国北部教会"和"贵族院"相对来说是新发明的词语,在当时可并不为人所知。

如果你恰好对这个问题特别感兴趣,想弄明白罗马当时的情况,就请在下周六买一份纽约的报纸来看看,任意一份就可以。报纸里起码有四五栏的内容,都在介绍十多个从印度或波斯或瑞典或中国等国家引进的新教义、新组织,这些公告旨在为人们带去健康、富有和使灵魂得以永恒拯救的希望。

罗马和我们如今生活的大都市一样,外来宗教和本地的宗教并存。因为它与世界各地有着千丝万缕的紧密联系,因此这也是不可避免的。弗里基亚人从小亚细亚北部覆满青藤的山上开始,对神母有着崇拜之情,把神母尊为所有天神之母。他们对神母的崇拜往往采用的是一些不合乎礼仪的、放荡的表达形式。因此,罗马当局不得不采取武力关闭神母庙,最后还通过了一项严苛的法律:禁止进行任何传教活动。因为这种宗教只会鼓励民众宿醉和做出一些丑行。

埃及是一块充满着矛盾和神秘色彩的古老土地,它为人类创造了五六个怪诞的天神。在罗马时代,奥赛利斯、塞拉皮斯和爱西斯就像阿波罗、迪梅特和赫耳墨斯一样为人所熟知。

至于希腊人,他们在几个世纪之前,就创造出了抽象真理和以道德为基准的行为雏型体系。这时,他们又向坚持偶像崇拜的异国居民传播了闻名的艾蒂斯、迪奥尼修斯、奥尔费斯和艾多尼期的"宗教行会"。从公共道德的角度来说,这些神中没有一个是完美的,但他们却普遍受到人们的欢迎。

一千年来,腓尼基商人常常光顾意大利海岸,使罗马人熟悉了他们信奉的最高上帝巴尔(耶和华的大敌)和其妻子艾斯塔蒂女神。在老年时期，所罗门为这位奇妙的女神在耶路撒冷中心建造了一个祭坛，使他忠诚的臣民十分震惊。这个令人敬畏的女神在争夺地中海第一把交椅的漫长苦战中，被迦太基城拥护为其保护神，在亚洲和非洲的庙宇都被毁坏以后，她又俨然以基督教圣人的身份重返欧洲。

最后，还有一位神明不得不提。他的名字在军队中享有盛名，从莱茵河出海口到底格里斯河的发源地，在一整条罗马的战斗锋线上，很多残砖败瓦之下，都有他破碎的雕像。

他就是伟大的米特拉斯神。

据我们所知，米特拉斯原是管理光、空气和真理的亚洲神。我们的祖先占有了里海这片牧草肥沃的平原时，他就一直在这里受人间香火，使人类在山峰峡谷之间得到了栖身之所，这里便成了日后为人所知的欧洲。我们的祖先认为，这个天神是一切善的创造者，并且相信，这块土地的统治者得以安享太平，完全是依靠米特拉斯的恩赐。有时，他会将一缕荣光降临到身居要职者的身上，作为恩赐的证明。他虽然早已离去，连名字也被忘记了，但是自中世纪起，那些仁慈的圣人头上的光环就一直提醒着我们这个在教堂问世一千年前就存在的古老传统。

尽管在很长的一段时间内，米特拉斯深得人们的崇敬，但要稍微准确地了解他的一生却难上加难。这也是有原因的。早期基督教传教士对米思拉斯神话恨之入骨，痛恨程度远超一般神话的仇恨百倍。他们明白印度神是他们最大的对手，便竭尽所能，毁掉一切能让人们想起他的东西。他们成功了，所有米特拉斯的寺庙荡然无存。米特拉斯教派曾风靡罗马500年，其地位足可媲美在当代美国盛行的卫理公会和长老会，但就是这样一个历史悠久的教派，在基督徒的大清洗下，却连一座庙宇、一纸记载都没能留下。

不过，当时人们还没有发明炸药，不可能将建筑物彻底铲平，人们通过仔细搜索一些废墟和亚洲古地得到的资料，填补了这项空白。现在，我们已经掌握了有关这个有趣天神及其轶事的相当精确的资料。

米特拉斯的故事可以追溯到很久很久以前。一天，米特拉斯从一块岩石中神秘地脱胎而生。他睡在摇篮里时，附近的几个牧羊人还会过来向他参拜，送他礼物逗他开心。

天神自孩提时代开始就经历了形形色色的惊奇冒险，不禁让人想起希腊孩子心目中的英雄赫拉克勒斯以及他的事迹。不过，赫拉克勒斯生性残暴，而米特拉斯却生性善良。有一次他与太阳神进行摔跤比赛，他把太阳神打倒在地。他虽然获胜了，却表现得十分大度，与太阳神成为了手足兄弟，以致旁人常常将二人混淆。

当罪恶之神发起干旱、想要毁灭整个人类的时候，米特拉斯将箭射向了一块岩石，顿时水如泉涌，干裂的土地得到滋润。继而，艾赫里曼（罪恶之神的名字）又想以一场洪水来达到其邪恶目的。米特拉斯知晓此事后，就把这件事告诉了一个人，让他造一只大船，带上亲属和家禽，这样就又把人类从毁灭中拯救出来了。他为了拯救人类，使其不因自身的种种愚蠢行为而遭到恶报，不遗余力。他后来升入天国，永远掌管着正义和公正。

想要加入米特拉斯教的候选人必须通过一项复杂的试练，然后象征性地进食一些面包和红酒，来纪念米特拉斯和太阳神当年一起享用的著名晚餐。接着，他们还必须接受圣水的洗礼，做很多我们现在看来根本毫无意义的事，这种宗教形式早在一千五百年前就已经覆灭了。

一旦加入米特拉斯的行列，所有虔诚的信徒都将被一视同仁。他们在同一个布满烛光的祭台前一起祷告，唱同一首圣歌，一同参加每年十二月二十五日的节目，来庆祝米特拉斯的生日。而且他们在每周的第一天什么工作都不做,就是为了纪念那位伟大的天神。直到今天,我们仍然称那一天为"星期天"。这些信徒死后,尸体要摆放整齐,等到最终审判日的到来,届时好人将得到公正的报答,恶人则被丢入不熄的熊熊烈火之中。

这些形形色色的神秘教会取得了成功,米特拉勒斯精神在罗马士兵中产生了深远影响,这表明人们对宗教是非常感兴趣的。实际上,罗马帝国在最初几个世纪里,一直在不停地寻找能够在满足大众精神需求的东西。

公元47年,发生了一件事。一叶扁舟离开了腓尼基,向前往欧洲陆路通道起点的佩尔吉城驶去。船上的乘客中有两个人,他们没有带任何的行李。

他们的名字是保罗和巴纳巴斯。

他们是犹太人,但其中有一个人拿的是罗马护照,却通晓非犹太族人的智慧。

一次永垂青史的旅程就此展开了。

基督教踏上了征服世界之路。

第三章

桎梏的开始

　　基督教迅速征服了西方世界，人们有时以这件事为佐证，来证明基督教思想来源于神。我并不想加入到这个辩论当中，只是想指出，当时大多数的罗马人都处于水深火热的生活之中，早期传教士四处传教，吸引了很多人，这些都促进了基督教的发展，这和窘苦生活导致神学的成功是一样的道理。

　　至此，我已向读者勾勒出了一幅罗马的图画——士兵、政客、企业富翁和科学家们组成了一个世界，这些幸运儿住在拉特山的山坡上、坎帕尼亚山峰的峡谷里或是那不勒斯的海湾之中，享受着快乐文明的生活。

　　然而，这并不是罗马的全部。在城郊那些像牛毛一样多的贫民窟里，却很少见到诗人歌颂太平盛世、演说家把奥克塔维安比作丘比特的繁荣盛况。

　　放眼过去，全是一排排凄凉惨淡的平房，那里面人头攒动，臭气熏天。劳苦众生的生活不过是无休无止的饥饿、流放和痛苦。在这些男男女女的眼中，只有那个朴实的木匠的传说才是真实可信的。传说他住在大海彼岸的小村庄里，辛勤劳动换来了每日的衣食；他热爱贫苦之人，因此被残酷贪婪的敌人杀害了。的确，穷困的罗马人当然听过米特拉斯、伊希斯和阿斯塔蒂的大名，但这些神早在千百年前就已经远离人群，只偶尔出现在祖先留下的只言片语里。

可是，拿撒勒的约书亚——基督——有希腊传教士之称的救世主，不久前还活在世上。当时有很多活着的人都知道他，在提比略皇帝当政时期，谁要是偶尔去过叙利亚南部，也许就曾听到过他的演说。

当然，还有一些其他的事。街角的面包匠和邻街的水果贩在阿皮恩大道旁的黑暗小花园里，曾与一个叫彼得的人谈过话；有的渔夫到过戈尔格塔山附近，他们也许看到过先知被罗马政府的士兵钉在十字架上的惨状。

我们要弄清人们突然热衷于新信仰的原因，就必须记住这些。

正是亲身的接触，也就是人与人之间最亲密的感情，使基督教的教义远远优越于其他的教义。基督教的爱表达的是各个国家里深受压迫、权利被剥夺的人们的呼声，因此得以向四面八方传播。基督的教义与后人所记录的内容是否一致倒并不是很重要，因为奴隶们有自己的耳朵和内心的判断，能够理解。他们在基督对光辉未来所许下的诺言前兴奋不已，庆幸着自己有生以来第一次看到了希望的光芒。

他们终于等来了使他们获得自由的话语。

在世界强权面前，他们再也不显得那么卑贱可鄙了。

反之，他们成为了受到慈父宠爱的小孩。

他们会继承世界的一切。

他们也要分享一直住在萨姆尼别墅的深宅里的那些趾高气扬又霸道的人的欢乐。

新信仰的力量应运而生。基督教是第一个使普通人得到均等机会的宗教。

当然，我并不想把基督教说成是一种灵魂的感受，一种生活和思考的方式。我是想说，在腐朽的奴隶制社会里，这种好消息必然会一传千里，燃起大众感情上的熊熊烈火。但是历史的发展（个别情况除外），是不记述普通人的心灵经历的，无论是自由人的还是奴隶的。如果这些可怜的人被分成不同的民族、行会、教会、军队、兄弟会和同盟，并开始服从一个统一的指挥，积累起足够的财富就要缴税，还要被强征入伍，东征西战。只有在这些时候，他们才会受到编年史家的注意和重视。因此，尽管我们对早期基督教会了解甚多，却对其真正的创始人所知甚少。这的确很遗憾，因为基督教早期的发展在任何史籍里都不失为最有趣的内容之一。

基督教堂终于在古老帝国的废墟上拔地而起，它是两个对立利益相互结合而成的产物。其中一个是耶稣仁爱、慈悲和理想的代表，另一个是狭隘、僵化的地方主义的代表，在它的束缚下，耶稣的同胞们从一开始便与世界上其他地方的人隔离开了。

通俗一点讲，这种狭隘僵化的地方主义使罗马人的效率和犹太人的专横融为一体，结果建立了压抑思想的恐怖统治，虽然它行之有效，却又不合情理。

为了弄清来龙去脉，我们追溯到保罗生活的年代和耶稣遇难后的五十年，我们必须把握住一个事实：基督教的兴起始于一场自犹太教内部发起的纯民族主义改革运动。而这场运动带来的威胁针对的不是别人，正是犹太人土地上的统治者。

耶稣在世时当政的法利赛人就清楚地知道这一点。他们自然十分害怕煽动性的宣传鼓动会威胁精神垄断，因为这种垄断只是建筑在武力维持的基础之上。为了使自己不被赶走，他们惊慌失措，不得不采取行动，在罗马当政者还没来得及插手干涉之时，就把这些牺牲品送上了绞刑架，处以极刑。

谁也说不清，假如当时耶稣不死，他会采取什么对策。他遇害过早，还没能把信徒组成一个教派，没有写下只言片语去告诉后人应该如何做。

然而，这倒是件好事。

没有明文规定，没有明确的教条，这反而使门徒们可以自由地遵循耶稣的精神，而不是遵循白纸黑字的教规了。如果他们被一本书束缚了，势必会把全部精力用在理论争论上，沉缅于对让人困惑的句号、冒号的研究中。

当然，如若这样，那么除了几个专业学者外，就没有人会对这个新信仰产生兴趣了，基督教就会步其他众多教派的后尘，以详细的文字纲领开始，最后以警察把那些争吵不休的理论被扔到大街上而结束。

在近三十个世纪后的今天，我们才了解到基督教对罗马帝国造成了多大的打击。但令人惊讶的是，既然它对国家安全的威胁就像是匈奴和哥特的侵略一样，为什么罗马当政者不采取武力镇压呢？他们当然知道，正是那个东方先知在家奴中引起了骚动，女人们也喋喋不休地谈论天国之王会很快重现于世，许多老人还一本正经地预言，这个世界会在一团火球中灰飞烟灭。

不过，这已经不是贫苦阶层第一次为了某个宗教而发狂了，而且很可能也不是最后一次。警方会严密注视着动态，不让这些贫穷的狂热者扰乱帝国的安宁。

情况的确是这样的，警方戒备森严，但却没有找到诉诸武力的把柄。这个新宗教的追随者进行活动的方式很值得推崇。他们并不想推翻政府，起初，有几个奴隶还期望上帝的博爱和人与人之间的兄弟之情会终止旧式的主仆关系。圣徒保罗赶忙解释，他的王国是一个看不见摸不着的灵魂王国，凡世的人最好对一切都逆来顺受，接受现实，以期在天国里获得好报。

同样，许多妻子都在抗争着罗马法典中对婚姻的规定，她们归纳出结论说，基督教这个词和解放、男女平等是同义词。此时保罗又站出来，用一连串似是而非的道理恳求他亲爱的姐妹同侪们不要走向极端，以免保守的异教徒对教会心生疑惑，并说服他们继续过着半奴隶式的生活。因为自从亚当和夏娃被逐出天堂后，这一直就是女人们的本分。所有这些都表明基督教对法律极其尊敬，很值得效仿，因而当政者准许基督教传教士自由往来，因为他们的说教最符合当政者的口味和愿望。

但是，一如历史中经常出现的情况，平民百姓的宽容精神逊于统治者。他们生活贫困，只要能够积累财富，他们的良知就会妥协让步，以此实现生活上的富足。

由于数世纪以来，古罗马的最下层人都沉缅于恣意吃喝和打架斗殴，都毫无例外地服从于上述规律。起初这群面容严肃的人停止了以粗俗的方式取乐，那些男男女女开始全神贯注地倾听关于耶稣的神奇故事。耶稣像普通的罪犯那样，被钉死在十字架上，很不光彩。这些人把为投掷石块泥土的流氓高声祈祷看作是自己的责任。但罗马传教士却不能超然地看待这个新的发展趋势。

当时帝国奉行的宗教是国教，它包括某些特定场合的隆重祭祀，信徒要为此缴纳现钱，而这些钱又流进了教堂头目的腰包。如果成千上万的人不去旧的圣地，而走向另一个不名一文的教堂，教士的收入就会大大减少。这当然会使他们恼怒，于是他们大肆诽谤，咒骂那些不信奉传统神灵的异教徒，说他们背叛了祖先的上帝，为纪念异邦的先知而进香。

但城市中的另一阶层人更有理由憎恨基督教。这些人是托钵僧，和信奉伊希斯、伊斯塔尔、巴尔、西布莉和阿提斯神话里那些印度瑜伽信徒、僧侣和圣职者一样，他们年复一年地挥霍罗马中产阶级的金钱，过着骄奢淫逸的生活。倘若基督教跟他们一样，为自己提供的所谓"天启"定价收费，那他们也只会视之为竞争对手，不会有如此滔天的怒气——生意毕竟是生意，偶尔让别人分一杯羹也未尝不可。然而基督徒却出了些该死的主意，竟拒绝收报酬，还把自己的东西送给别人，给饥饿者送吃的，把无家可归的人请到家里住，而且分文不取。他们做得实在过分了，如果没有私下的收入或尚未被发现的财源，是做不到这样的。

这时的罗马已经不是自由民的城市了，它是从帝国各地云集而来的成千上万丧失了土地的农民的临时栖身之所。这些下层民众只知道服从左右大多数人行为的神秘法则，而对于行为与众不同的人却很反感，对无缘无故想过正派、节制生活的人存有戒心。在他们看来，见面打招呼喝杯酒，或者偶尔帮人付个酒钱的都是佳友善邻，而那些自命清高，不愿涉足斗兽场，看到战俘被拉到卡比托利欧山游街却不欢呼的，都是普通人的公敌。

公元64年，一场大火烧毁了罗马的贫民区，它成为了对基督徒进行第一次有组织进攻的借口。

开始时，有人谣传说，是喝得醉醺醺的尼禄皇帝异想天开，下令在首都放火，毁掉贫民窟，以便按照他的计划重建罗马。然而大家知道得更清楚。这场火是犹太人和基督徒放的，因为他们总是谈论天国大火球的降临会把罪人的世界化为灰烬。

这种说法一开始就引得谣言四起。有老妇人说她曾经听过基督徒跟死人对话；又有人说基督徒专门拐骗小孩，然后把他们的喉咙割开，将他们的血涂抹在阴森古怪的祭坛上。当然，没人亲眼目睹这些丑恶的行为，但这是因为基督徒过于狡猾，已经用钱收买了警察。这次他们被当场抓住了，必须为他们自己的罪行接受惩罚。

我们无从得知有多少虔诚的教徒被私刑处死，或许保罗和彼得也是受害者，因为从这以后，我们就再也没有听到过他们的名字。

自不必说，这场民众性的可怕的大发泄一无所获。殉道者临刑前凛然的态度是对新的信仰和死去的基督徒们最好的宣传。一个基督徒死了，却有十多个异教徒争先恐后地补上了他的位置，前仆后继，生生不息。尼禄皇帝在他短暂无用的一生中做了唯一一件体面的事（于公元68年自杀）以后，基督徒马上重返旧土，一切依然如初了。

这时的罗马当政者发现了一个大秘密，他们开始怀疑，基督徒和犹太人并不完全一样。

我们也很难责怪他们的错误，近百年来的历史研究日趋清晰地表明，犹太人集会堂其实是一个宗教信息的交流中转站，新信仰是通过它传到世界各地的。

不要忘记，耶稣本身是犹太人，他一直不折不扣地履行祖先制定的古老律法，只对犹太听众布道。有一小段时间，他曾离开过故土，不过也只有那一次。但是他为自己制定的使命却是与犹太人共同完成的，当然也是为了犹太人才这样做的。普通罗马人根本无法从他的言行间分辨出基督徒与犹太人的区别。

耶稣实际上完成了如下事实：他已经清楚地看到祖先的教堂里充满弊病陋习，也曾经大声抗议过，并有效地做了斗争，取得成功。但是他为之奋斗的只是内部的改革，从来没有想到自己会成为一个新教派的创始人。假如当时有人提到这样的事，他还会认为十分荒谬。但是，就像在他前后的许多改革者一样，他逐渐陷入了进退两难的境地。从这方面来说，他的英年早逝未必是一件坏事，起码他不会遭遇和马丁·路德等改革者一样的命运，经历跟他们一样茫然无助的心情——本只想着为"内部"办点好事，却突然发现自己成为了组织"外部"一个新团体的头领。

在耶稣死后很多年，基督教（当时这个名字还没有形成）仅仅是某个犹太小教派，只在耶路撒冷、朱迪亚村和加里利村有几个信徒，且只在叙利亚省内传播。

是犹太血统的罗马公民盖尤斯首先认识到这个新教义有可能成为世界性的宗教。他饱受磨难的经历告诉我们犹太基督教是怎样激烈反对这个宗教世界化的。他们只愿意它在本国享受统治地位，只允许本族人加入其中。他们十分厌恶敢于一视同仁地向犹太人和非犹太人宣讲救世之理的人。保罗最后一次到耶路撒冷来的时候，如果没有罗马护照的保护，肯定会被义愤填膺的同乡撕成碎片，步耶稣的后尘。

不过，派出半个营的罗马士兵去保护保罗还是有必要的，士兵把他安全地送到港口城市，他可以从那儿乘船回罗马去参加从来没有发生过的著名审判。

他死后没过几年，他一生都在担心并且不断预言的事情，终于发生了。

耶路撒冷被罗马人摧毁了，在过去耶和华庙的所在地建起了丘比特的新庙。城市的名字改为爱利亚首都，尤迪亚也变成了叙利亚巴勒斯坦的罗马省份的一部分。当地的居民，不是被杀就是被逐出家园，在圣城废墟的方圆数英里内，不准有人居住。

这座圣城给犹太基督徒带来了无穷多灾难，现在终于化为乌有了。在这以后的若干世纪中，在尤迪亚的小村子里发现了一些怪异的人，他们自称是"穷士"，正在以极大的耐心和终日不断的祷告等待即将来临的世界末日。他们是耶路撒冷老犹太基督徒中的幸存者。我们从十五、十六世纪的书中常常可以看到有关他们的记载，他们远离文明的世界，形成了一套以憎恨圣徒保罗为宗旨的怪诞教义。到了七世纪左右，我们就没再发现这些自称拿撒勒派和伊便尼派教徒的踪迹。伊斯兰教的胜利者把他们斩尽杀绝了。不过，即使他们再苟延残喘几百年，历史的车轮也无法倒退。

罗马把东南西北集于一个大的政治联盟下，从而使世界统一宗教的诞生变成可能。基督教简单又实用，教徒可以直接与上帝讲话，因此注定会获得成功，而犹太教、米特拉斯教以及所有其他参加竞争的教派必定要失败。但不幸的是，这个新的教派没有摈弃自身的不良特点，其行文很显然是与其宗旨背道而驰的。

一叶扁舟曾载着保罗和巴纳巴斯从亚洲来到欧洲，带来了希望和宽容。

但是另一个家伙也偷偷溜上了船。

它戴着神圣高洁的面纱，但面纱下的嘴脸却是残忍和仇恨。

它的名字是：宗教的专横。

第四章

诸神的黄昏

　　早期的教会是一个很简单的组织。随着时间推移，人们渐渐意识到世界末日并非迫在眉睫，最后的审判也没有在耶稣遇难后接踵而至，基督教还要在饱含热泪中继续挣扎，于是他们觉得建立一定形式的统治体系是有必要的。

　　最初，基督徒都是在犹太教堂聚会（因为全是犹太人）。由于犹太人和非犹太人产生摩擦，非犹太人就到别人家的空屋子开会，如果找不到能容纳所有虔诚（和好奇）的信徒的房子，他们就干脆露天或在废弃的采石场集会。

　　一开始的时候，聚会在安息日，即星期六举行。但随着犹太基督徒与非犹太基督徒之间的感情日趋恶化，非犹太基督徒便废弃了星期六安息日的惯例，把聚会改在死者复活的星期日。

　　这些庄严的仪式从一开始就完全体现了其大众性和情感性的特点。任何人只要觉得内心被圣火激励，都有权站起来跟大家剖白内心对信仰的证明。保罗认为，这些虔诚的弟兄"以雄辩的口才"为逻辑推论的出发点，还提出了他的二元论哲学思想。简，使这位伟大的圣徒心里充满了对前途的展望。由于他们当中大多人是平民百姓，没受过什么教育，他们即席的语言真诚得让人无可怀疑，但他们常常过于激动,像疯子一样大喊大叫。教会虽然能承受住宗教迫害,但面对荒唐之事却没什么办法。因此,保罗和彼得及其继承者们不得不努力建立一种有秩序的机制,平息人们因急于宣泄精神世界和神圣热情而引起的混乱。

开始时,这些努力几乎没有获得什么回报,因为固定化的规章制度与基督教的民主性格格不入。不过人们最后还是从实际出发,同意按照固定的仪式进行集会。

集会以一首赞美诗开始(用以安抚可能在场的犹太基督徒)。然后,全体教徒就高唱新近为罗马和希腊的信徒们谱写的颂歌。

唯一固定化的演讲是那篇耶稣总结了他一生哲学思想的著名祷文。然而在数世纪中,布道都是自发的,只有那些心里有话说的人才能登台说教。

随着集会次数的增多,对秘密团体总怀有戒心的政府当局开始出面干涉,于是基督教会决定推举出适当的人选,代表教会跟外界周旋。保罗曾高度评价过领导者的才能,他把他在亚洲和希腊走访的小团体比做惊涛骇浪中的小船,要想在惊涛骇浪的大海中求生,就必须得有绝顶聪明的舵手。

于是虔诚的信徒们又凑在一起,选出男女祭司。他们是整个团体的"仆人",要照顾好病人和穷人(这是早期基督徒主要关心的事),管理好集体财产,以及料理所有日常琐事。

到了后来,基督教信徒人数有增无减,业余祭司的管理工作变得复杂不堪,这时非有专职的祭司不可,于是几位"老者"被推举担当此任。他们希腊人称这些人"长老",按我们的说法就是"神父"。

过了些年,每个村庄和城市都有了自己的教堂,因此,推出统一的治理政策变得势在必行。人们选出了"总监督者"(即主教)来监督整个教区,并代表教区与罗马政府联系。

很快,帝国的各个主要城市里都有了主教,在安提阿、君士坦丁堡、耶路撒冷、迦太基、罗马、亚历山大和雅典，他们都是掌管大权的人物，几乎与行省的军政总督处于同样的地位。

当然，在开始阶段，主教掌管着耶稣当年曾经生活、受难、死去并广受尊敬的那部分地方，他最受尊敬。但是，自从耶路撒冷被摧毁、期待世界末日和犹太复国的一代人不复存在以后，可怜的老主教在他废墟一样的宫殿里被剥夺了原有的特权。

他作为虔诚信徒首领的位置很自然地被那个"总监"顶替了。"总监"住在文明世界的首都，守卫着西方大圣徒保罗和彼得当年献身殉教的地方，他就是罗马大主教。

这个主教与其他主教一样，也被称作"神父"或"圣父"，这是对圣职人员最常见的称呼，以示对他们的热爱和尊敬。然而，在以后的数个世纪里，"圣父"这个头衔在人们心目中只与主教的首领有关。在人们心目中，"圣父"即教皇，就算不加以补充，也绝对不会被错认成是君士坦丁堡或迦太基教区的主教。这是个顺其自然的发展过程。我们在报纸上看到"总统"一词时，绝无须再加上"美国"一词限定，因为我们知道这里指的是政府首脑，而不是宾夕法尼亚铁路局长、哈佛大学校长或国联主席。

"教皇"这个名字第一次出现在正式公文里是公元258年。那时罗马还是实力强盛的帝国的首都，主教的势力完全被皇帝吞噬。但是在以后的三百年中，恺撒的继任者们不断受到内忧外患的威胁，便开始寻找更安全的家园。他们在国土的另一端找到了一座城市，叫作拜占庭。它的名字源于一位传说中的英雄拜扎斯，据说特洛伊战争结束不久，拜扎斯曾经在这里登岸，拜占庭坐落在分割欧亚大陆的海峡之畔，虎视黑海通向地中海的商业要道，控制几家商业中心城市，在商业上享有重要地位，斯巴达人和雅典人曾为了争夺这个富足的要塞，拼得你死我活。

拜占庭在亚历山大时代以前一直是独立自主的地区，后来被马其顿吞并，再后来被罗马接收，成为其行省之一。现在经过十个世纪的资本积累，拜占庭被称为"金角湾"的海港里挤满了来自上百个国家的船只，因此它被选作帝国的中心。

罗马的居民被扔下，任哥德人、范达尔人、天知道还有其他哪些野蛮人的虐待和宰割。他们看到皇宫连续几年都空空如也，看到政府部门一个接一个地搬到博斯普鲁斯海峡之滨，看到首都的居民竟要受千里之外的国度所制定的法律的制约，都感到世界的末日已经来了。

但是在历史的长河中，任何事情都是失之东隅收之桑榆的。皇帝离开了，留下的教皇就成为了市镇中地位最高的人物，他们是实实在在的皇位的继承人。

他们十分努力地抓住了这个无束缚的好时机。教会的声望和影响吸引了意大利所有的有才之士，因此这些主教又变成了精明强干的政治家。他们感到自己就是某些永恒信念的代表，因此大可不必操之过急，而是采取缓慢渗透的方法，看准时机一招致胜。他们不像许多人因为迫于操之过急造成的压力，仓促出手，而后忙中出错，以失败告终。

然而呢，重要的是，神职人员所做的一切努力都是为了一个目的，他们也只会向这个目标坚忍不拔地前进，那就是宣扬上帝的荣光，使上帝意志的凡世代表——教会，拥有更强大的力量。

从那以后的十个世纪的历史可以证明，他们的努力没有白费。

当时野蛮部落洗劫欧洲大陆，风卷残云之下，帝国的围墙一面面倒坍了，断壁残垣，满目疮痍，数千个像巴比伦平原那样古老的体制像垃圾一样七零八落，只有教堂如磐石般矗立在那里。在每个时代中，尤其中世纪，它都犹如中流砥柱。

虽然最后胜利成了囊中之物，但是代价却很惨痛。

基督教虽然起源于马厩，却终结于宫殿。它最初是以抗议政府发轫的，神父们作为神与人之间毛遂自荐的中介，坚持普通人必须无条件地服从。基督教本来带有变革色彩，但日后不断发展，在不到一百年的时间里竟形成了新的神权政治集团。相比之下，古老的犹太国家反而成了温和而开明的国家，公民们生活幸福，无忧无虑。

然而这一切也是合乎逻辑，不可避免的事情。以下我将进一步说明。

大多数去罗马旅游的人都会去参观罗马斗兽场，瞻仰在那风蚀雨打墙内的圣地，数千名基督徒曾经在这里倒下，成为罗马专制的牺牲品。

不过，尽管确有几次场合发生了对新信仰倡导者的迫害，但这些跟宗教上的不宽容关系不大。

迫害完全是出于政治原因。

基督教作为一个宗教派别，享有最大程度上的自由。

但是，假如一些基督徒公开宣布自己由于宗教道德而拒服兵役，宣称自己是自觉自愿的反对派，在国家面临外来侵略的威胁时吹嘘自己的反战立场，而且不分场合地公开违抗土地法律，他们就会被作为国家的敌人处决。

基督徒是根据头脑中的神圣的信条行事的，但普通的警方法官不管这个，当他们试图解释自己的顾虑从何而来时，那位官员只会满脸狐疑，一窍不通。

罗马的法官到底不过是一介凡夫俗子，听着那些家长里短的鸡毛蒜皮之事，他也觉得十分无趣。长期积累的经验告诉他要远离所有神学争端，他还记得许多皇帝的敕令，敕令曾经告诫公职人员，处理新宗教问题时要讲策略。于是他企图在大堂辩论上说理。可是当全部争论集中到一个原则问题的时候，一切逻辑方法又都行不通了。

结果，长官们不得不面临这样的决断：是以国家赋予的权力判犯人无罪释放，还是为维护法律的尊严对犯人实施严刑峻法？不过，那些教徒坚信生命只有在死亡之后才会开始，允许他们离开这邪恶世界去享受天堂的快乐，他们只会欢呼雀跃而已。

于是，当局和基督徒之间那痛苦而漫长的游击战争爆发了。究竟有多少受害者，我们掌握的真实数字极少。根据三世纪著名神父奥利金的记载（他有些亲戚在亚历山大的一次迫害中被杀死了），"为信念而死的真正基督徒的数目还是可以很容易地统计出来的"。

另一方面，只要我们追溯早期圣徒的生活，就会发现许多鲜血淋淋的故事。我们不禁奇怪，一个饱受摧残迫害的宗教是如何保留下来的呢？

不论我提供的数字如何，终究会有人指控我为狭隘偏激的骗子。因此我且保留己见，让读者自己去下结论吧。通过研究皇帝德西乌斯、瓦莱里安的生平，读者能够对迫害最严重时期的罗马不宽容程度得出相对准确的看法。

此外，倘若读者还记得，就连马可·奥勒留皇帝这样开明且富有智慧的君主尚且不得不承认无法妥善处理基督徒臣民，就会察觉罗马帝国偏远地区的无名小吏履行职责有多难。基督徒不能也不愿意服从帝国为保全自身而制定的几项原则性法令，为了履行自己的职责，官员们要么昧着良心背弃自己的就职誓词，要么只能处死恰好也是基督徒的亲朋好友。与此同时，基督徒完全不被异教徒的假意关怀与劝说迷惑，继续稳步扩大自己的影响力。

与此同时，基督徒没有被异教臣民虚伪的伤感迷惑，步步为营，继续扩大自己的影响。

四世纪后期，罗马元老院里的基督徒上诉说，在异教偶像的阴影下面过日子实在有伤感情，在他们的请求下，格拉提安皇帝命人挪走胜利女神的雕像。于是，这座矗立在恺撒建立的宫殿里达四百年之久的神像从此就别院而居了。几位议员曾经表示抗议，但是无济于事，只造成其中几个人被驱逐和流放。

这时，远近闻名的忠诚爱国者昆塔斯·奥里利厄斯·希马丘斯挥笔写下了那封著名的信，信中提出了折衷的意见。

他问道："为什么异教徒和基督徒不能和平相处呢？说到底，我们都是世间的过客，居住在同一片大地上，仰望着同样的星空。每个人都在努力寻找终极真理，走哪条路去寻找真有那么重要吗？生存的奥妙高深莫测，通向答案的道路也不只一条。"

他并不是唯一认识这个道理、看出古罗马宽松的宗教政策传统正在受到威胁的人。与此同时，随着罗马胜利女神像的搬迁，在拜占庭避难的两个敌对的基督教派之间爆发了激烈的内讧。这场争论引发了世上最充满智慧的有关宽容的讨论。哲学家西米思蒂厄斯是讨论发起人，他对祖先信奉的上帝忠诚不渝，但当瓦林斯皇帝在正宗和不正宗的基督教臣民之争中有所偏袒时，他也感到有必要告知皇帝真正的职责所在。

他说："在美德之国里，任何统治者都休想在那里施展权威，更别说要控制宗教自由。压迫与强制只能带来建立在欺骗之上的伪善与皈依。因此，统治者最好还是容忍一切信仰，因为只有宽容才能防止公众冲突。况且，宽容是神的旨意，上帝已经表明希望有许多不同的宗教，人类用以理解神圣玄机的方法，上帝就能够独自裁判。上帝喜欢多样化的表示敬意的方式，喜欢基督徒采取某种仪式，也喜欢希腊人和埃及人的其他仪式。"

的确是金玉良言，但根本没用。

古代世界已随同它的思想、理想一起灰飞烟灭了，任何倒转历史洪流的企图都注定失败。生活意味着进步，进步意味着磨难。社会的旧秩序迅速分崩离析，土崩瓦解。军队只是一群图谋不轨的外国雇佣兵暴徒，边境发生公开叛乱，战火连天。英格兰及其他边沿地区早已落入野蛮人之手。

在灭顶灾难爆发的时候，数世纪以来一直从事国家公职的青年才俊发现，晋升之路基本都被堵死了，只剩一条，这条路就是教会工作。西班牙的基督主教可以行使地方长官的权力，基督教作者只要愿意毕生专门研究神学问题，肯定会赢得大批读者；基督教外交官只要愿意在君士坦丁堡宫廷上代表罗马大主教，或者接下危险的活儿，到高卢或斯堪的那维亚博得野蛮人酋长的友情，就可以步步高升；他们只要当上了基督教财务大臣，就能敛财致富。拉特兰宫的主人成为意大利最大的土地拥有者和那个时代最富有的人，靠的就是这样积累的财产。

我们在过去五年中已经见过相同性质的事情发生，一直到一九一四年为止，欧洲雄心勃勃而又不靠体力吃饭的年轻人几乎都步入仕途，在不同的帝国和皇家陆军、海军中任官职。他们把持法庭要位，掌管财政，或在殖民地做军事领导。他们并不奢望一夜暴富，但他们的官职为他们带来了巨大的社会威望，凭借些许聪明、勤奋、诚实，就可以赢得美满的生活和功成身退后受人尊敬的晚年。

而后，战争来临了，它把社会旧封建结构的残渣洗涤干净，下层阶层夺取了政权。一些正式官员已经年迈，无法再改变一生养成的习惯，于是把勋章典当出去，离开了人世。但绝大多数都随波逐流。他们从小接受教育，把从商看作低等的职业，不屑一顾。也许从商是不体面，但人们总得选择是进办公室还是进破房子。为信念宁愿饿肚皮的人相对是少数，因此，动乱发生几年后，我们看到大多数原来的文武官员都在做十年前不屑一顾的工作，经起了商。此外，由于他们中多数人的家庭世代从事行政工作，善于指挥别人，因此在新的生涯中总能进展得顺利些，反而比所期望的更幸福和富足。

今天生意场上的情形,就是教会在十六个世纪以前的写照。

一些年轻人的祖先可以追溯到赫尔里斯神、罗米拉斯神或特洛伊战争的英雄,要让他们接受一个奴隶的儿子、一个朴素牧师的教诲,确也不太容易;然而,出身奴隶的朴素牧师所奉献的东西,正是那些把祖先追溯到赫尔里斯神、罗米拉斯神或特洛伊战争英雄的年青人所渴望得到的。因此,如果双方都很聪明(很可能如此),就能很快学到彼此的长处,相处融洽。这是历史的又一条奇怪法则:表面的变化越大,本质就越是相同。

自古人类形成之时起,就似乎有一条不可避免的规律,即总有一小群聪明男女是统治者,一大群不太聪明的男女是服从者。两类人在不同时代中分别有不同的名字,一方代表力量和领导,另一方代表软弱和屈从。它们分别被称为帝国、教堂、骑士、君主和民主、奴隶、农奴、无产者。但是,操纵人类发展的这条神秘法则不受时间地点限制,无论是在莫斯科,还是在伦敦、马德里和华盛顿,都异曲同工。它常常乔装打扮成陌生的模样,披上拙劣的外衣,高喊对人类的爱、对上帝的献身以及为多数人谋取最大利益的谦卑愿望。但是在宜人的外壳下面却一直藏有并继续隐藏着那原始法则的严酷真理:人的第一职责是生存。讨厌说我们生在哺乳动物世界中的人听到此言一定暴跳如雷,也对这种论点很反感。他们称我们是"物质主义者""愤世嫉俗者"等等。他们一直把历史当作娓娓动听的神话故事,所以当发现这也是一门科学时就别提有多震惊,震惊于这门科学也得服从同样的、支配全宇宙的定律。他们也许还会反对平行线法则和乘法口诀表呢。

就个人而言,我奉劝他们还是服从规律为好。

这样,也只有这样,历史才能对人类有实用价值,而不是一伙从种族偏见、部落的专横和广大同胞的无知中坐收渔翁之利的人的帮凶和同伙。

假如有人怀疑这句话的真实性，便请在我几页前所写的这几个世纪的编年史中寻找证据吧。

他最好再研究一下最初四个世纪教会领袖的生平。

他肯定会发现，他们几乎无一例外来自古老的异教社会阶层，在希腊哲学家的学校里受过训练，只是到后来不得不选择一个职业时才随波逐流转到基督教会。当然其中有几个人是被新思想吸引，诚心诚意地接受基督的教诲，但大部分人从效忠世俗的大师转变到效忠天国之王，是因为晋升的机会多了许多。

教会从自己的角度始终是明智而善解人意的，因而并不过分细究许多新信徒是出于什么样的动机突然改奉基督教的，还小心谨慎地去迎合所有人的口味。有些人向往实利凡俗的生活，教会便提供机会使他们在政界和经济界大显身手。情趣不同的人对信仰更有感情，教会就尽可能地让他们离开喧嚣拥挤的城市，在安宁中深思冥想生存的邪恶，追寻他们认为对灵魂的永恒幸福至关重要的个人圣境。

开始时，这种信奉上帝、冥想的生活显得十分容易。

教会在建立后的最初几个世纪里，只是底层人中一条松弛的精神纽带，但是当教会继帝国之后成为世界的统治者、成为在意大利、法国、非洲拥有大片领土的强大政治组织之后，隐居生活的可能性便减少了，许多善男信女开始追忆"过去的好日子"，那时所有真正的基督徒都把毕生精力都花在慈善和祈祷上。为了重获幸福，他们人为地创造一些条件，以再现过去的盛况。

这场为修道院式的生活而发起的运动起源于东方，它对以后一千年的政治经济发展都产生了巨大影响，为教会镇压东方的异教徒或异端者的战争提供了一支具有奉献精神的、有用的突击队。

对此我们不必奇怪。

位于地中海东岸的国家的文明已经很古老了，人民已经精疲力竭。仅在埃及，自从第一批定居者占领尼罗河谷以来，就有十个不同的文明形态在此循环往复，交替更迭。底格里斯河和幼发拉底河之间的平原也是如此。生活的虚无缥缈和人类努力的白白浪费，路旁成千上万个庙宇和宫殿的废墟里都是徒劳无功的影子。欧洲年青一代接受了基督教，是因为它体现了他们对生活的迫切期望，使他们获得了具有持续感染力的精力和热情。但是，埃及人和叙利亚人对自己的宗教生活却有着截然不同的看法。

在欧洲异教徒中进行的初期传教工作已经完成了。不过，为了不使教徒的成果付之东流，个人的传教工作是不够的，必须得到就像百姓和官员们有组织的支持。于是僧人们扛着铁锹和斧头，捧着祷告书，来到德国、斯堪的那维亚、俄国和远方冰岛的荒野，耕耘，收获，布道，办学，把人们仅仅有所听闻的最初的文明种子播到那些遥远的国土上。

教皇——整个教会的执行官正是用这种方法激发了形形色色的人类精神力量。

做梦者能找到静静丛林中的幸福一样，有实际工作能力的人也同样找到了用武之地。人尽其才，物尽其用，没有浪费。它所产生的力量不可小觑，很快，皇帝和国王不得不屈尊聆听那些自称为基督信徒的臣民的意愿。

研究一下最后取得胜利的方法，也很有意思，因为它表明基督教的胜利是来自注重实际的目标，而不是（如一般人所认为的）心血来潮突然勃发的宗教狂热的结果。

对基督徒的最后一次大规模的迫害发生在戴克里先统治时期。

奇怪的是，在借助保镖统治欧洲的君王中，戴克里先本来不是最坏的那个，可是他却饱受古往今来的那些肩负统治人类的人的责难。其实，他对基本经济规律方面的知识一窍不通。

他发现自己的帝国正在四分五裂、分崩离析。他一生都从事戎马生活，深知罗马帝国的软肋就是它的军事体制的组织工作。这个体制把边沿地区的防卫任务交给殖民地的守军，而这些士兵早已经丧失斗志，变成了悠闲自得的乡下佬，照理应该把野蛮人挡在前线安全距离之外，但他们却把包菜、胡萝卜卖给那些人。

戴克里先无法改变风雨飘摇的体制，为解燃眉之急，他决定建立一支新野战军。这支军队由灵活机敏的年轻人组成，命令下达几星期内就能赶到帝国任何一个受到侵略威胁的地区。

这个主意倒是不错。不过，正如任何精彩的军事思想一样，需要的花销十分庞大，要以赋税的方式由内地老百姓承担。不出所料，百姓们群情激愤，高呼再缴钱就要破产了。皇帝回答说他们弄错了，并授予税收官只有刽子手才有的权力，但仍旧无济于事，因为各行各业的臣民兢兢业业苦干一年，到头来反而亏损，于是他们便纷纷抛弃家园、牲口，拥入城市成为无业游民。可是皇帝陛下却一不做二不休，下一道御旨来解燃眉之急，他大笔一挥，使所有政府机关和手工业、商业都成为世袭的职业。也就是说，官员的儿子注定要做官，不管愿意不愿意，面包师的儿孙尽管有音乐天赋或做典当业的才能也要继承父业，水手的儿子即便在台伯河划船都晕船也得在船板上漂流一生。苦力虽然在技术上是自由的，但终其一生都不得离开出生之地，无异于一般奴隶。这表明，古罗马共和国堕入东方专制主义已达到无以复加的地步。

谁要是以为自信心极强的统治者能够容忍由一小部分人根据自己的好恶去遵守或反对那些规定和法令，那就太可笑了。但是我们在指责戴克里先对基督徒的粗暴时不要忘记，他已经进退维谷，他有充分理由怀疑数百万人对帝国不忠，这些人受益于他的保护措施，却袖手旁观，丝毫不替国家分忧。

别忘了早期基督徒没有费心去做文字记录，他们认为世界随时会土崩瓦解，为什么要花钱费时间去写说不定不到十年就会被天堂之火吞噬的作品呢？但是新教并没能使预言兑现。基督的故事（历经一百年的耐心等待后）被人添枝加叶地口口相传，也已经改头换面，面目全非。虔诚的信徒不辨真伪，无所适从了。于是，人们觉得需要一本书真实地阐述这个教义，并附上一些简短的耶稣生平记载和保存下来的使徒的亲笔书信，这就是《新约》。

书中有一个章节叫《天启录》，其中某些引述和预言涉及一个建立在"七座山"上的城市。众所周知，罗马城自罗慕路斯以来就是建立在七座山上。这个奇特章节的匿名作者的确小心翼翼地把那个城市称为他深为憎恶的巴比伦，但还是没有逃脱帝国官员的理解力。书中把那座城市说成是"娼妓之母"和"世界之污"，饱浸着圣人和牺牲者的鲜血，是所有魔鬼和邪恶精灵的栖身之所，是所有肮脏、令人厌恶的禽鸟的笼子，还有许多诸如此类的不敬之词。

这些言论可以被解释为一个狂热分子的谵语，当他想到许多朋友在过去五十年间惨遭杀害，被怜悯和怒火蒙住了眼睛。然而宣读这些言论是教堂庄严礼拜式的一部分，在基督徒集会的地方日复一日地重复着，旁观者自然会认为，这是所有基督徒对台伯河上那座伟大城市的真实情感。我并不是说基督徒没有理由产生旁观者所说的感情，但我们也不能因为戴奥里先难以分享这种热情就责备他。

但这并不是全部。

罗马人开始越来越熟悉整个世界以前还闻所未闻的一个称呼，就是"异教徒"。起先"异教徒"的名字只是用于那些愿意相信某些教义的人，或称一个"教派"。但渐渐地，其含义缩小到指选择相信某种不"正确""合理""真实""正统"的教旨的人，用圣徒的话说即为"异端的、谬误的、虚假的和永远错误的"人。

少数几个坚持古老信仰的罗马人名义上免遭异端罪名的责难，因为他们仍然隔膜在基督教徒之外，而且严格来讲，他们的个人观点不足为论。同样，《新约》中的一些话也有伤皇帝的自尊，如"异端邪说是可怕的恶魔，犹如通奸、猥亵、淫荡、偶像崇拜、巫术、怒火、争斗、凶杀、叛乱、酗酒"，诸如此类不雅的字眼，出于礼貌我在这一页上就不一一列举了。

所有这些导致了摩擦和误解，继而导致了迫害。罗马监狱里又一次挤满了基督囚徒，罗马刽子手的纪录中又添加了不少基督徒烈士。血流成河，却无济于事。最后戴克里先彻底绝望了，放弃了统治地位，干脆回到达尔马提亚海滨的家乡萨洛马城，一心一意地在后院种起特大包菜，这个消遣甚至更加刺激，令他乐此不疲。

他的继承者没有继续镇压政策。相反，他看到用武力除去基督教已经无望，便决定在这桩糟糕透顶的交易中获取最大利益，想通过收买的方式来赢得敌人的好感。

这事发生在三一三年，君士坦丁大帝第一次以官方名义承认了基督教会。

如果有朝一日，我们能有一个国际历史修编委员会，所有皇帝、国王、总统、教皇、市长，凡享有"大"字称号的，都得在委员会面前申请这个特殊称号，那么站在这个法庭前面的候选人中的一位就是上面所提的君士坦丁皇帝。

这个狂野的塞尔维亚人在欧洲各个战场上挥舞长予，从英格兰的约克杀到博斯普鲁斯海峡沿岸的拜占庭，他杀死了自己的妻子、姐妹的丈夫、侄子，还屠杀了一些地位低下的亲戚。然而尽管如此，他在进攻最危险的敌人马克森提之前突然露怯，贸然决定争取基督徒的支持，反而赢得了"第二个摩西"的名声，亚美尼亚和俄国教会都推崇他为圣人。他生来死去都是个彻头彻尾的野蛮人,虽然表面上接受了基督教,但至死还试图用蒸祭祀羊的内脏来卜测未来。人们对这些都忽略不计了,只是盯着皇帝用来向他心爱的基督臣民"自由表达思想和集会不受干扰"示好的著名的《宽容法》。

我在前面已经讲过,四世纪上叶的教会领袖都是些务实的政治家,当他们终于迫使皇帝签署了这条值得纪念的法令后,就把基督教从名不见经传的教派一跃成为正式的国教。不过,他们知道成功是怎样取得的,君士坦丁的后裔对此也一清二楚,虽然他们极力用洋洋洒洒的华丽辞藻来掩盖,但机关算尽仍不能瞒天过海。

"救救我,强大的统治者",皇帝狄奥多西的牧首内斯特叫喊道,"把教会的全部敌人都交给我吧,我将给你天堂。与我站在一起,把不赞成我们教义的人打倒;我们也将与你在一起,打倒你们的敌人。"

在随后的两千年里,还有过其他交易。

这种无耻妥协寥寥无几,却使基督教从此大权在握,由此而登上权力的高峰。

第五章

禁 锢

就在古代世界的最后落幕之前,有一个人物出现在历史舞台上,他本该有更好命运的,却英年早逝,他的名声也不好,被称为"叛教者"。

我指的是朱里安皇帝,他是君士坦丁大帝的侄子,公元332年出生于帝国的新首都。公元337年,他著名的叔叔死了,叔叔的三个儿子立刻像饿狼一般投入血雨腥风的帝位和遗产的争夺战中。

为了不让别人分得他们的财产,他们下令杀掉所有住在城里和附近的亲戚。朱里安的父亲就是其中的受害者之一。他的母亲生下他后没过几年便离开了人世,六岁的他就这样成了孤儿。一个体弱多病的同父异母的哥哥与他分担了寂寞,两人在一起读书,所学课程的内容大部分都是宣扬基督信仰的好处,讲课的是善良但却没什么才华的尤斯比厄斯主教。

孩子们长大以后,大家觉得最好把他们送得远一些,在远方才不会引人注目,也不会重蹈小拜占庭王子们的覆辙。两个孩子被送到小亚细亚中部的一个小村庄里,生活很单调,但朱里安得到机会学到很多有用的东西,因为他的邻居都是凯帕多西亚的山民,善良淳朴,仍旧信仰着祖先传下来的神。

孩子在那里根本没有机会担任要职了。他要求能够专心研究生活，得到了允许。

他首先来到尼科美底亚，那是剩下不多的几个还在教古希腊哲学的地方之一。他的脑子里装满了文学和科学，从尤斯比厄斯那儿学来的东西全都被抛诸脑后了。

然后，他获准去雅典，在苏格拉底、柏拉图和亚里士多德待过的圣地从事学习。

与此同时，他的表兄也被残忍地杀害了。他的堂兄，君士坦丁唯一幸存的儿子君士坦蒂厄斯，想起来皇族就剩下自己和这个少年哲学家两名男丁，便亲切地把他接回来，还把自己的妹妹海伦娜嫁给了他，并派他去高卢抵御野蛮人的入侵。

看来朱里安从希腊老师那儿学到了的东西远比诡辩更有用。公元 357 年，阿拉曼尼人入侵法兰西，朱里安在斯特拉斯堡附近打垮了他们的军队，还把默慈和莱茵河纳入了自己的省份。他住进巴黎，图书馆里塞满了新近得来的心爱作家的书，尽管他平时十分严肃，但这次也是很快乐的。

当胜利的消息传到了皇帝耳朵里的时候，并没有什么代表庆祝的希腊火焰出现。相反，他们策划了一场阴谋，要除掉这个对手，因为他功高盖主。

可是朱里安在士兵中享有崇高威望。当士兵听说要把他们的总司令召回（客气地邀请他回去，回去就要斩首），他们便闯入他的宫殿，当场宣布他为皇帝，同时还威胁他说，如果拒不接受，就杀死他。

朱里安的脑子还是很清楚的，他慷慨领诺了。

即使已是在帝国的晚期，罗马的道路仍然是易守难攻。朱里安以迅雷不及掩耳之势，率领他的军队从法国中部冲向博斯普鲁斯海峡。但是在他到达首都之前，消息传来，他的堂兄君士坦蒂厄斯已经过世。

就这样，异教徒再次成为了西方世界的统治者。

朱里安要做的事情当然是不可能成功的。可是这样聪明的人竟然会认为，过去死了的东西可以借武力而复活，伯里克利的时代可以复苏，只要重建卫城的废墟、在荒芜的学园树林里重新住满教授、教授穿起过时的宽外袍、彼此用在地球上消失了近五百多年的语言交谈，就可以再现伯里克利时代，这也太奇怪了。

但是，这正是朱里安想要做到的。

在他在位的短暂的两年执政期里，他一直都想要重建当时大多数人都轻视的古老科学，想重新点燃科学的精神，那些人目不识丁，认为一切值得了解的东西都只记录在一本书里，独立的研究和调查只能导致信仰的丧失，引来地狱之火；他还想竭力激发那些经历涣散缺乏热情的人学会享受生活。

如果是那些比他更顽强的人面对他这种绝望的处境可能多半会疯掉吧，至于朱里安，他更是要崩溃了，但在短时间内，他至少暂时坚持了祖先的开明原则。安提阿的基督庶民向他投掷石块和泥土，可是他不愿意惩罚这座城市。不明事理的修士想激怒他，重演迫害的悲剧，但皇帝却一再告诫手下的官员，"不要再有人牺牲了！"

公元363年，波斯人的一支箭大发慈悲，结束了这个奇怪的生涯。

对于这位最后一个、也是最伟大的一个异教徒君主来说，这种结局是再好不过了。

如果他活得再长一些，他那份宽容的观念和他对愚蠢的憎恶会把他变成那个时代最不被宽容的人。而如今，他在医院的病床上能坦然回忆起在他在位的那段时光，没有一个人因为与他见解不同而被处死。可是，面对他这么一个博爱的胸怀，他的基督徒臣民却报以无穷尽的仇恨。他们大肆宣扬说是皇帝自己的士兵（一个基督徒士兵）射死了他，还用心谱写了一篇颂词来歌颂凶手。他们说，就在朱里安倒下之前，他忏悔了自己的错误，承认了基督的权力。他们使用了世界上最恶毒的语言，把四世纪盛行的贬义形容词都派了用场，极力诋毁这个过着苦行僧般简单生活的人，把所有的精力都用于让他的子民幸福的人。

朱里安被埋葬以后，基督教的主教们终于可以说自己是帝国的统治者了。他们立即开始着手对付反对他们权威的势力，欧洲、亚洲、非洲任何闭塞的角落都不放过。

在瓦林廷尼安和瓦林斯兄弟当政的公元364至378年，通过了一项法令，禁止所有罗马人向古代的神献祭。于是，异教徒们被剥夺了收入的来源，他们必须另谋生路。

不过与狄奥多西皇帝颁布的法律比，这些规定还算是很温和的，他不只是让所有臣民都接受基督教义，而且只能接受"统一的"或"天主教的"教规，他自己就是天主教的庇护者，天主教应该垄断人们的精神世界。

法律颁布以后，那些坚持"错误观点"的人，依旧坚持"愚蠢的异端邪说"不放的人，那些继续忠实于"可怕的教义"的人，将为他们恣意妄为的抗拒付出代价，他们不是被驱逐就是被判死刑。

从那时起，古代世界迅速地走向了死亡。在意大利、高卢、西班牙和英格兰，几乎异教徒的庙宇都不复存在了。它们被工程承包人拆毁，砖石用来建新的桥梁、街道、城墙、水利工程，或者被重建为基督徒的会场。成千上万座从共和国建立时就开始积累的金质和银质神像不是被没收，就是被盗，残存的雕像也被捣成了泥浆。

六个多世纪以来希腊人、罗马人和埃及人一直憧憬崇拜的地方——亚历山大的塞拉佩尤姆庙被夷为平地。从亚历山大大帝之时起就闻名于世的大学则没有关闭,继续教授古老的哲学,从地中海吸引了当地的大批学生。当亚历山大主教下令关闭它时,教区的修士们自行其事。他们闯入教堂,擅自使用死刑,把最后一位柏拉图派的伟大教师希帕蒂亚凌迟处死,把她残破不堪的身体扔到大街上喂狗。

在罗马,情况也好不到哪里去。

朱庇特的庙宇被关闭了,古罗马信仰的基础——《古罗马神言集》,被烧掉。最后朱庇特神庙成了一片废墟。

高卢,在著名的图尔主教的领导下,古代的天神被宣布是基督教义中魔鬼的前身,因此,是他下令让所有庙宇都从地球上消失的。

有时候会发生这种情况,在边远的乡间,有时农民会冲上来保卫自己心爱的天神,那么军队就被调来,用斧子和绞架平息"撒旦的暴乱"。

希腊的毁灭进程进行得较慢一点。但是,到了公元394年,奥林匹克运动会终于被取消了。希腊国家生活的中心——奥林匹克竞赛(不间断地持续了1170年)停止后,其余的东西毁灭起来就容易多了。哲学家被逐一驱逐出境,在查士丁尼皇帝的命令下,雅典的大学被关闭,基金被没收。最后剩下的几各教授丧失了生活来源,只能逃到波斯。乔思罗斯国王倒是友好地收留了他们,允许他们把余生平静地花在玩一种神秘的印度游戏——"象棋"上。

公元五世纪上半叶,克莱索斯陀大主教便毫不忌讳地宣称,古代作者和哲学家的书已经在地球上消失了。西塞罗、苏格拉底和荷马(更不必说被所有基督徒都憎恨的数学家和天文学家了)在成千上万的阁楼、地窖里湮灭,被人遗忘了。他们要再过六百年才能重见光明,在此期间,世界只能靠神学家施舍给它的一点文史资料,聊以果腹。

真是个奇怪的食谱（按医学界的话来讲），而且并不均衡。

基督教会虽然战胜了异教徒，却仍然被很多问题困扰着。大声叫嚷着，说高卢和卢西塔尼亚贫苦农民还是容易制伏的，他是异教徒，法律站在基督徒这一边。但要命的是，奥斯特罗戈斯、阿拉曼和朗戈巴德人宣称亚历山大城的教士阿里乌斯有关基督本性的观点是对的，阿里乌斯的劲敌亚大纳西的观点是错的；朗戈巴德人和法兰克人在是否坚持基督与上帝"本质不同，只是相似"的问题上吵得面红耳赤；范达尔人和萨克逊人认为内斯特所说的圣母马利亚只是"基督之母"而非"上帝之母"是正确的；布尔戈尼人和弗利西人认为耶稣具有双重性，一为人性，一为神性。这些头脑简单、武器强大的野蛮人虽然支持基督教，却不幸误入歧途。不过他们还是教会的坚定朋友和支持者，对于他们，不能用诅咒或用永恒的地狱之火去恐吓他们。对待他们，必须婉言相劝，指出错误，仁慈地表达出爱和奉献精神以便把他们带回到羊圈中。必须首先给他们一个明确的教义，明晰什么是对，什么是错，这样才能解决问题。

人们感到，要在形形色色有关信仰的说法上达成一致，这就产生了著名的会议，称为"全基督教大会"。自从四世纪中叶，这种会议就不定时地召开，决定哪些教义对，哪条教义包含异端萌芽，应被指为错误、谬论和异端。

联合会的第一次会议于公元325年在离特洛伊遗址不远处的尼西亚召开，公元56年后，第二届会议在君士坦丁堡举行，公元431年，第三届会议在以弗所举行。此后的会议接踵而来，又在君士坦丁堡举行过两次，在尼西亚开了一次，最后一次于公元869年又在君士坦丁堡召开。

从那以后，会议便在罗马或教皇指定的欧洲任何一个城市举行了。因为在四世纪，人们觉得虽说皇帝名义上有权召集此类会议（这一特权也迫使他为忠诚的主教出差旅费），可是权力博大的罗马主教提出的建议却必须予以高度重视。虽然我们根本不知道尼西亚会议是谁主持的，不过以后的会议都是由教皇主持的，圣会的决定不经教皇或他的代表的批准就没有效力，可以不执行。

于是，我们现在可以告别君士坦丁堡，到西方更宜人的地区去了。

有两种人，一直在宽容与专横问题上争吵，一方把宽容奉为人类的最高美德，而另一些人则把宽容斥为道德软弱之表现，对此，我并不想从理论角度过多地谈论这个问题。但是，必须承认的是，教会的支持者在解释为什么残酷惩治所有异教徒时，推理方式听起来头头是道。

他们是这样说的："教会和其他组织一样，就像一个村庄、一个部落和一片森林，必须有一名总指挥、一套宣誓忠于教会的人员都必须遵守明确的法规和细则。效忠教会就等于立誓尊敬总指挥、服从法规。如果他们做不到，那么以身试法的人将自食恶果。"

迄今为止，这些都是千真万确、完全有道理的。

如今，一个牧师如果不再信仰浸礼会教派的教义，他还可以改信道宗教派，假如他不再相信循道宗制定的教规，还可以转到唯一神教派、天主教派或犹太教，甚至可以信印度教和土耳其的穆斯林教。世界很大，已大开方便之门，随你选择，除去饥肠辘辘的家人外，没有人和他说不。

但这是蒸汽机、轮船、火车和充满无限经济机会的时代。

五世纪的世界却并不这么简单。要想找一处罗马大主教够不着的地方，很不容易。当然，人们可以去波斯或印度，正如许多异教徒所做的那样，但旅程遥远，活下来的机会微乎其微，就像本人和子孙后代遭到永久放逐一样。

最后，如果一个人真心地认为他对基督的看法是对的，说服教会修改一下教义只是时间问题，这时候，他又为什么要放弃自由信仰的权利呢？

这正是整个问题的关键所在。

早期基督徒，不管是虔诚信徒的还是异端分子，都认为思想的价值是相对的，而不是绝对的。

像数学家们为 x 绝对值的争论而把对方送上绞架那样，博学的神学家极力想说明无法解释的事情，努力把上帝的实质归纳成公式，也是荒唐可笑的。

但是，自认为正确和不宽容的风气控制了整个世界，直到最近才有所改变，在"我们无法知道谁对谁错"的基础上倡导宽容的人，都会有生命危险，所以他们一般把忠告小心翼翼地隐含在拉丁文里，而能够理解他们意思的人需要聪明绝顶，但是这样的人也没有几个。

第六章

纯洁的生活

这里讲一个题外话,是个数学小问题,不算跑题。

把一根绳子绕成圈,如图:

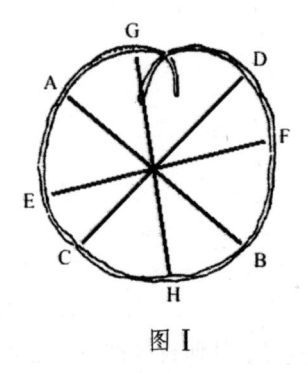

图 I

圆圈中各条直径当然是相等的。

AB=CD=EF=GH,以次类推,一直无限类推。

但是,把绳子两边稍微拉长,圆圈就变成了椭圆形,那么,完美的平衡立刻给打破了,直径不相等了。AB 和 EF 等几条线段大大缩短了,其他线,尤其是 CD,却被拉得更长了。

现在把这道数学题搬到历史领域或者数学领域中去。为了便于阐述，我们先假定：

AB 代表政治
CD 代表商业
EF 代表艺术
GH 代表军事

是完美的平衡，所有线段都相等，即对政治的关注与对商业、艺术和军事的关注基本相等。

但是图 II（它不再是圆圈）中，商业受到特别优待，代价是政治和艺术几乎完全消失，而军事却呈增长之势。

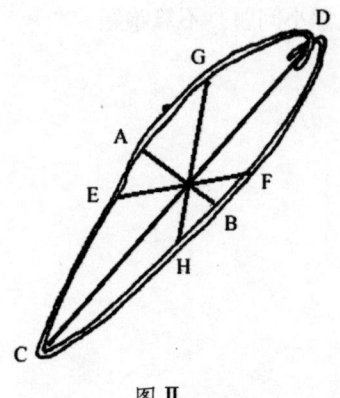

图 II

或者把 GH（军事）拉成最长的直径，其他直径都有可能消失。你会发现，这个灵巧的钥匙可以解决很多历史问题。

我们用希腊人来试试。

在一段不长的时间内，希腊人能够保持各行各业的完美圆圈。但是，不同政党之间的愚蠢争吵日益严重，国民剩余精力全用于无休止的内战。军队的用处，不再是被用来抵御外来侵略保卫国家。他们掉转武器攻击自己的邻居，仅仅因为这些人投了另一个候选人的票，或者觉得另一种稍有不同的税收形式更好，想稍微调整一下征税法。

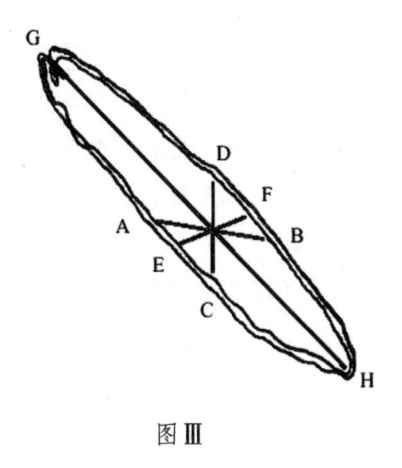

图Ⅲ

商业是这类圆圈中最重要的直径，它第一次感到困难，最后完全无法存活下去了，最后逃到世界上的其他地区去了，那里的业务量更稳定。

贫穷从城市的前大门进来，艺术便从后门溜走了。资本乘坐一百海里内最快的航船逃走，一去不返。随着知识成果成为昂贵的奢侈品，好学校难以维持下去，出色的教授纷纷出走罗马和亚历山大城。

剩下的都是那些二等货色，靠传统和一成不变的惯例生活。

之所以发生这一切，都是因为政治的线段太长，超出了比例，平衡的圆圈遭到破坏，其他线条如艺术、科学、哲学等等，都缩小到几乎为零。

如果把圆圈的问题应用在罗马身上，你就会发现，那条叫"政治权力"的特殊线段不停地增长，直到把其他线挤到消失为止。共和国光荣时期的圆圈消失了。剩下的只是一条细细的直线，也就是成功与失败之间的最短距离。

再举一个例子。如果你把中世纪教会的历史纳入这个数学中，就会发现下面的情况。

最早的基督徒曾经极力保持行为圆圈的完美。或许他们忽略了科学的直径，不过既然他们对这个世界的生活不感兴趣，也就未必要求他们对医药、物理或天文青睐有加。他们只想为最后审判日做好准备，把今生今世看作通往天堂候车厅，实用的科目对于他们当然没有什么吸引力。

不过，这些基督的忠实信徒努力（尽管做得很不好）要过好日子，他们勤奋刻苦，仁慈勤奋，大仁大义，诚实正直。

然而，等到众多的小社团一结为一个大组织，古老精神圆圈的平衡就被新的国际义务和责任粗暴地推翻了。他们的信仰是建筑在贫穷和无私的原则基础上的，一小群饿得半死的木匠和采石工很容易遵守这样的信条，可是罗马皇位继承人、西方世界的大祭司和整个欧洲大陆最富有的财主却不能像波美拉尼亚或西班牙省镇的小祭司那样寒酸地生活。

或者，用这一章的圆圈理论来解释，代表"世俗"和"对外政策"的直径无限延长，导致代表"谦卑""贫穷""无私"还有其他基督教基本美德的直线无限缩短。

我们这一代人有个有趣的习惯，那就是谈论到中世纪的愚昧时总带着一种同情，觉得他们生活在一团漆黑之中。的确，他们在教堂里用蜡烛照明，在摇曳不定的烛光下安歇，没有几本书，许多在我们语法学校和高级精神病院教的东西他们都不知道。不过，知识和智力是全然不同的两回事，这些出色的自由民一点不缺智力，他们创建的政治、社会体制我们至今还生活在其中。

即便很多时候他们对教会许多弊端陋习都显得束手无策，我们也不应该过于严厉地苛责它。他们至少对自己的信念还是充满信心的，只要是认为错误的，他们就起而反抗之，全然不顾个人幸福和舒适，还常常在断头台上了结自己的一生。

除此之外的事情我们就无法得知了。

确实，在公元后的一千年中，相对来讲，很少有人为自己的思想而牺牲。不过这不是因为教会对异端学说没有后来那么态度强硬，而是因为它有更重要的事情去做，顾不上在相对无害的持不同观点者身上费时间。

首先，在欧的洲许多地方，奥丁神和其他异教神仍然是最高的统治者。

其次，发生了一件很不妙的事，欧洲几乎遭到毁灭。

这件不愉快的事是名叫"穆罕默德"的新先知横空出世；一群人追随一个叫"真主"的新上帝出现了，他们的信徒征服了西亚和北非。

我们小时候看的文学作品里满是"异教狗""残暴的穆斯林"这样的字眼，这使我们留下印象，觉得耶稣和穆罕默德各自代表的思想是势成水火，完全相悖的。

其实，他们俩是同一种族，说同一语系的方言，都把亚伯拉罕奉为始祖，可追溯到同一个祖籍，那就是千年前的波斯湾海岸。

可是，两位大师的追随者虽是近亲，却又怒目相视，相互讽刺，彼此开战打了一千两百多年，至今仍未结束。

现在再做"假如"的猜想是没意义的，但的确曾有一回，罗马的劲敌麦加本可以轻易皈依基督教的。

阿拉伯人和所有沙漠居民一样，把大量时间用在放牧家畜上，因此有充裕时间讲行冥想。城里人可在常年不断的农贸集市上寻找快乐来麻痹自己心灵，而牧民、渔民和农夫却过着孤门寡居的生活，缺少一种比喧嚣和热闹更厚实的东西。

阿拉伯人在寻求灵魂拯救的过程中，曾尝试过好几种宗教，但对犹太教情有独钟。这原因很简单，因为阿拉伯尽是犹太人。公元前10世纪,所罗门国王的大批臣民受不了沉重的赋税和君主专制,逃到阿拉伯。到了300年后的公元前586年,尼布甲尼撒占领犹太王国,出现了第二次往南部沙漠地区搬迁的犹太人移民潮。

犹太教由此而声名远播。犹太人只追求唯一真正的上帝,这与阿拉伯部落的志向和理想不谋而合。

稍微读过穆罕默德著作的人都清楚地知道,麦地尼特从《旧约》中借用了大量智慧之言。

以实玛利(他和母亲夏甲被一起埋葬在阿拉伯内地的圣地)的后裔并不敌视拿撒勒的年青改革者的思想。相反,在耶稣谈到一个对所有人都充满父爱的神时,他们迫不及待地紧随其后。不过,他们不愿意接受拿撒勒木匠的追随者喋喋不休宣扬的奇迹。至于复活的说法,他们干脆就不相信。但总而言之,他们对新信仰有一定的仰慕之心,愿意任其发展。

但是,穆罕默德在一伙狂热的基督徒手里吃了不少苦头。这伙人缺乏判断力,没等他开口就斥责他是骗子是个假先知。除此之外,人们还迅速产生一个印象认为基督徒从事偶像崇拜,终于使沙漠居民对基督教嗤之以鼻。他们宣布自己热爱麦地那的赶骆驼人,因为他只讲一个上帝,而不是抬出三个神来混淆视听,一会儿合为一个上帝,一会儿又分为三个,全凭当时形势和主持教士的口味而定。

这样,西方世界便有了两种宗教,每个都宣称自己是唯一的上帝,其他的上帝都是假的。

这些冲突的观点是很可能会导致战争的。

穆罕默德死于公元632年。

在不到12年的时间里,巴勒斯坦、叙利亚、波斯和埃及相继被征服,大马士革成为大阿拉伯帝国的首都。

在公元656年年底之前,北非整个滨海地区都接受了安拉为自己的神圣统治者,穆罕默德从麦加逃到麦地那后不到一个世纪,地中海变成了穆斯林的一个内湖,欧洲和亚洲之间的一切联系都切断了,欧洲大陆被包围了,这种状态一直持续到十七世纪末。

在这些条件下,教会要把教旨传往东方是根本不可能的。它能指望的也就只有守住自己已经拥有的东西。它选中了德国、巴尔干各国、俄国、丹麦、瑞典、挪威、波希米亚和匈牙利都被选为精神上要开发的肥沃土地,总体上看,这项工作取得了巨大成功。偶尔也有像查理大帝那种类型的桀骜不驯的基督徒,虽然心底善良,但不够开化,会采取武力手段屠杀臣民,就因为这些臣民偏爱自己的神而不是外国人的神。不过,基督传教士多数都受到了热烈的欢迎,因为他们诚实正直,宣讲的东西简单明确,易于理解,为充满流血、冲突和拦路抢劫的世界带来了秩序、规矩和仁慈。

然而,当这一切都顺利发生的时候,教皇帝国的中心地带却祸起萧墙。(用本章开始时的数学语言来阐释)世俗的线段不断加长,直到教会的精神元素完全让位于纯粹的政治、经济考量。尽管罗马的权力日益膨胀,对以后十二个世纪的发展产生了巨大的影响,但某种分裂因素已现展露苗头,平民百姓和教士当中的智者商人也看出了这一点。

在北方的新教徒看来,教堂就是一个房子,七天中有六天空荡无人,每星期日人们去做礼拜,唱赞歌。我们知道有的教堂有主教,主教偶尔会在我们的镇上开个会,那时我们周围会有一群面孔和善的年老绅士,衣领都翻到后面,又会在报纸上读到他们宣称赞成跳舞,反对离婚,然后又各自回家,周围的生活依然是那样平静幸福,未曾受到干扰。

我们现在极少把这个教会(即使是我们自己的)与我们的生死以及所有社会经历联系在一起。

政府当然完全是另外一回事了,国家如果认为是出于公众利益,就可以拿走我们的钱,杀掉我们。政府是我们的统治者,是主人,但通常所称的"教会"要么是可以信赖的好朋友,即使与它发生争执也仍然是无关紧要的敌人。

但是在中世纪的情况却迥然不同。那时的教会看得见摸得着,它是一个呼吸着、存在着的组织,用各种政府做梦也想不到的办法决定着人的命运。早期教皇在接受感恩戴德的王公的土地时,放弃古老的贫穷理想的教皇,他们这样做的时候,也许并没有预见到可能带来的后果。起先,基督的信徒把世俗财产分一部分给使徒彼得的后继者,似乎有益无害、合情合理。但是仔细想一想,从约翰格罗斯到特莱比松,从迦太基到乌普拉沙,到处都有复杂的监督管理体制,有成千上万的秘书、牧师和书写员,再加上成百上千的不同部门的领导,他们都要有房子住,有饭吃,有衣服穿。再想想,还有穿过整个大陆的信使的费用,外交使者去伦敦及从诺夫哥罗德返回的差旅费,以及维持教皇的使臣在与世俗王公交往的排场而必需的花费。

虽然如此,当我们回顾一下教会本来代表什么,思考一下如果条件再好一些会是什么样子,这种发展的确是极大的遗憾。罗马很快成为一个仅带有微弱宗教色彩的超级大国,而宗教却只剩下断壁残垣,教皇已然成为世界独裁者,与他的奴役相比,先前那些皇帝的统治已经很温和了。

当然,当教会的成功已近在咫尺的时候,便出现了一些障碍,遏制了它统治世界的野心。

对救世主的真正精神的探索又一次在人群中复苏,这对于任何宗教组织都让人倍感恶心。

异教信徒自古以来就是存在的。

只要有唯一的占统治地位的信仰,就会有反对的人,人们会发表不同意见。争执与教会同日问世,它使欧洲、非洲和西亚划

分为敌对阵营长达数世纪之久

但是，多纳图派、撒伯里乌派、基督一性论者、摩尼教徒、内斯特教派之间血腥的争斗在本书中就不逐一列举了。一般来讲，各个教派都很偏执狭隘，阿里乌斯的信徒与雅典娜的信徒都专横暴虐，谁也没比谁好到哪里去。

况且，这些争执的根源总是围绕着神学中一些比较含混的问题，现在已经逐步被遗忘了，我不想把这些羊皮纸再从坟墓中刨出来，就连上帝也不会放过我。我写这本书，是想告诉孩子们一些关于我们的祖先为之牺牲生命的思想，提醒他们记住，教条主义的傲慢和不宽容在过去的两千年里造成了多么巨大的痛苦。

但是，当我的书跨入十三世纪，情况大为改观。

异教信徒不再只是正统思想的反对者，也不是只知道诡辩的人，不再是那个为《天启录》中个别词句的翻译错误或《约翰福音》某个神圣词语的拼写错误而纠结的人了

他成长为思想的宣扬者，捍卫着提比略时代拿撒勒村某个木匠为之而死的理想，你看，他的样子俨然成为了唯一真正的基督徒！

第七章

宗教法庭

公元 1198 年,塞格尼公爵洛太里奥继承了他那在位没几年的叔叔的光荣称号,世人称他为英诺森三世。

他是所有主宰拉特兰宫的人中最引人注目的人物。他登基时才三十七岁,是巴黎大学和布伦大学的优等生,富有、聪明、精力充沛、抱负远大。他把教皇的权力发挥到登峰造极的地步,可以恰如其分地宣称,他"不仅管理了教会,而且还管理了整个世界"。

他把日尔曼帝国的总督赶出了罗马城,收复了由帝国军队控制的那部分巴尔干半岛,最后把皇位继承人逐出教会,使那个可怜的王子已经发现自己四面楚歌,只得让出阿尔卑斯山这一面的所有地盘。这样,洛太里奥使意大利完全摆脱了日耳曼的干涉。

他组织了闻名的第四次十字军东征,虽说根本就没在圣地耶路撒冷露面,而是奔向君士坦丁堡,他们屠杀了城里的大批居民,把所有能带走的财物劫掠一空,总之其行径致使后来到希腊港口的十字军士兵无不忧心忡忡,生怕被当作亡命徒送上绞架。英诺森三世也对这些行径表示不满,因为这些行为伤了老人们的心。但他讲究实际,很快也就接受现实,任命了一个威尼斯人为君士坦丁堡牧首。这聪明的一招使东正教又一次落入罗马的管辖之下,同时又赢得了威尼斯共和国的好感,从此,威尼斯共和国就把拜占庭视为自己的殖民地来对待。

在宗教问题上,教皇圣座也显示出卓越的才华,他有铁血手腕,深谋远虑。

教会经过近一千年的徘徊犹豫,终于下定决心,坚持认为婚姻不仅仅是男人与女人之间的民事契约,而且是一桩最神圣的圣事,只有当神父在公开场合祝福后才生效。法国的菲力浦·奥古斯特和莱昂的阿方索九世曾一意孤行,按照自己的喜好治理国家,但很快被告知他们的责任所在,出于谨慎,他们马上遵从教皇的旨意行事了。

甚至在不久前才皈依基督教的欧洲北部,人们也明确意识到谁是真正的主人。哈康四世国王(同伙海盗们习惯亲切地称他为"老哈康")刚刚征服了一个小帝国,除了他自己的挪威外还包括了苏格兰的一部分、整个冰岛、格陵兰岛、奥克尼群岛、赫布里底群岛。但他在旧天主教堂加冕之前,也必须向罗马法庭交代清楚自己混乱的出身问题。

事情就这样发展下去,教会的势力呈盘根错节之势向前。

保加利亚国王不停地屠杀希腊战俘,偶尔还折磨拜占庭临时就任的皇帝。他根本不对宗教思想感兴趣,可是还不远万里跑到罗马,谦卑地请求做教皇圣座的臣仆。在英格兰,几个男爵搞出约束条件来约束国王,却被粗暴地告知他们的权柄无效,因为"是用武力取得的",接着又由于他们向世界公布的那份著名的文件《大宪章》而把他们逐出教会。

所有这些都表明,英诺森三世不会对朴实的纺织工和没有文化的牧羊人提出的要求置之不理,因为他们对教会的教规提出了质疑。

不过,我们马上就会看到,还是有人大胆质疑的。

要谈论异端邪说这个话题，实在很困难。

异教徒几乎都是穷人，没有什么搞宣传的本事。他们偶尔写几本小册子阐述见解去捍卫自己，反击敌人，但在当时的宗教法庭监控下，很容易被虎视眈眈的机敏的鹰犬发现，然后被立刻封杀。他们的敌人为了杀一儆百，欺世惑众，也写文章披露"撒旦的新阴谋"，我们对异端邪说的了解都是从审判记录和他们敌人的声讨文中逐渐发现的。

结果，对这些人的复杂印象，我们的脑海中就有了一幅拼凑而成的肖像，他们都是些使体面人感到恶心的小人，他们披头散发，衣衫褴褛，住在贫民窟深处一处空地窨里，不肯吃崇高的基督食品，完全吃素，只喝白水远离女人，念念有词地唠叨救世主第二次下凡的预言，谴责教士的市侩和邪恶，还恶意攻击万物的内在规律。

当然，许多异教徒的确令人讨厌，这也许是太拿自己当回事的人的共同命运。

毫无疑问，他们中的很多人以非神圣的热情追求神圣的生活，他们变得很脏，看起来像魔鬼一样，浑身恶臭，那些关于真正基督存在的怪诞思想把乡村的平静生活搅乱。

不过，他们的勇气和诚实还是值得佩服的。

他们得不到什么，却输掉了一切。

一如既往，他们仍然是输家。

但是，这个世界上的一切都可以变得有组织有纪律。最后，就是最讨厌组织的人也要组织一个社团来提倡无组织性，否则就会一事无成。中世纪的异教徒喜爱神话、沉湎于感情，他们也不例外。出于自我保存的本能，他们聚在一起，由于缺乏安全感，他们在自己的神圣教义外面披上了几层玄奥莫测的外衣。

但是，忠诚于基督教会的公众却不能区分这些教派。他们把所有异教徒捆绑在一起，称他们通通都是肮脏的摩尼教徒，或其他不雅的名字，觉得问题就解决了。

就这样，摩尼教徒成了中世纪的布尔什维克，当然，我不是用后一个名词来指一个定义明确的政党会员制，这个政党可是在几年前就成了旧俄罗斯帝国的统治力量。我是指一种含混不清的谩骂，现代人用它来泄私愤，因为房东如果嫌开电梯的小伙计把电梯停在错误楼层，就要向他要房租。

在中世纪的上等基督徒看来，摩尼教徒是最讨厌的人。但是，他们又没有真凭实据进行审判，于是后者就用异端这个罪名来指控他们。这个方法在私下聚会中倒颇有成效，可以绕开不引人注目的、漫长的法院程序，但常常欠准确，以司法的名义造成了很多冤假错案。

对可怜的摩尼教徒而言，创始人是最该受到指责的，他是波斯人摩尼——宽厚和仁慈的化身。他是历史人物，生在三世纪前叶的埃克巴坦那城，他的父亲帕塔克是颇有影响力的财主。

他在底格利斯河畔受过教育，他青年时代所处的社会就像是今天的纽约一样，集人海沉浮、语言混杂、虔诚伪善、唯物主义的、唯心主义于一体。东西南北的每一种异端、每一种宗教、每一种派系、每一个宗教分支在拜访这些美索不达米亚商业中心的人群里都有人信奉。摩尼倾听着各种说教和预言，把佛教、基督教和犹太教混在一起，兼收并蓄，杂糅上一点古巴比伦迷信的成分，提炼出了一套自己的哲学理念。

有时，摩尼会把教义扯向极端，而他本人不过是再现古波斯神话里的善神和恶神而已，这两位神一直在为争夺人类灵魂而战。摩尼把恶之神与《旧约》中的耶和华联在一起（于是耶和华就成为他眼中的魔鬼），把万福之神看作马太福音中的"天父"。而且，（这里可以体会到佛教的影响）摩尼相信人的肉体从本质上来说是可鄙的，所有人都应该不断磨砺体肤，用禁欲来摆脱世俗的野心，这样才能不陷入万恶之神的魔爪而被地狱之火焚身。他恢复了一大批禁忌，给追随者的食谱只是凉水、干蔬菜和死鱼。也许，关于吃死鱼的规定会使我们吃惊不已，不过教徒们一直认为鱼是海里的冷血生物，吃鱼对人的不死灵魂的危害小一些，比陆地上的热血强。此类人要他们吃小牛肉还不如去死，但他们吃起鱼来却津津有味，毫无恶心厌恶之感。

摩尼蔑视父女，这也说明他是个彻头彻尾的东方人。他禁止信徒结婚，主张逐步灭绝人类。

至于对犹太派创立的、洗礼者约翰发起的洗礼以及其他仪式，摩尼对之深恶痛绝。因而对于想要入教的人，在入会仪式上不是把身体浸在水里，而是要行按手礼。

25岁那年，这位奇人开始向全人类宣扬自己的思想。他首先来到印度和中国，获得相当大的成功。继而他转回故土，向周围人宣传他信条的福音。

可是，波斯祭司已经感到超凡脱俗的教义的成功使他们失去了大宗秘密收入，开始群起而攻之，请求对他施以极刑。起先摩尼受国王保护，但是老国王死后，后继者对宗教问题没有丝毫兴趣，摩尼落入教士阶层的手里。教士们把摩尼带到城墙下，钉死在十字架上，还把他的皮剥下来挂在城门上示众，以此警告倾慕这个埃克巴坦那先知异端邪说的人。

随着与领导人物的激烈冲突，摩尼教会土崩瓦解了。但是预言家的零碎思想却像众多的精神流星，洒落在欧亚广袤的土地上，在以后的世纪里在朴实贫苦的民众中制造混乱，民众不自觉地拣起了摩尼的思想，研究了一番后，发现它很合乎自己的口味。

摩尼教是何时、怎样进入欧洲的，我也不清楚。

它很可能是经过小亚细亚、黑海和多瑙河流传过来的。继而它翻过阿尔卑斯山，很快在德意志和法兰西受到热捧。新教义的追随者给自己起了个东方名字——凯瑟利,或者说"过纯洁生活的人",这个祸根在西欧四处蔓延,这个词与"异端邪说"可以相提并论了。

不过请不要认为"凯瑟利"因此形成了一个固定教派,根本没人试图另立一种新教派。摩尼教的思想对许多人产生了巨大影响,但这些人一口咬定自己不是别的,只是教会最虔诚的子弟,这使这种特殊形式的异端邪说非常危险,不易被察觉。

有些病菌的体积大得在省级卫生部门的显微镜下就能看到,相对来说由普通医生诊断因巨型病菌引起的疾病并不难。

但上帝保佑我们不受在超紫外线照射下仍能隐身的微小生物的侵害,因为这些小东西还要继承世界。

因此,用基督教的观点看,摩尼教是最危险的社会瘟病,它使组织的上层人物的头脑充满恐惧,可他们从未有过像现在这样的恐慌。

有一些声音不敢高过悄悄话的传闻,貌似早期基督信仰的最坚定支持者也的确表现出了这种病的征兆。就拿圣奥古斯丁来说,这位才华横溢、不屈不挠的十字架勇士在摧毁异教最后一个堡垒时身先士卒,贡献最大,但据说他内心里却向着摩尼教。

西班牙主教普里西林于385年被烧死了,他被控倾向摩尼教,是《反异端法》的第一个牺牲品,并为此而声名大噪。

就连基督教会的领袖们也渐渐被可怕的波斯教义吸引。

他们开始劝告非神职人员不要读《旧约》,后来在十二世纪颁布了著名法规,从此所有神职人员都必须独身。不要忘记受人爱戴的艾西斯,顽固的波斯理想很快在这位精神变革的主要人物身上留下了深刻的烙印,他深受波斯禁欲主义理想的影响,创立了崭新的修道会,为他赢得"西方释迦牟尼"的头衔。

但是当甘愿贫穷和灵魂谦卑的高尚理想慢慢渗入大众心灵的

时候,当皇帝和教皇之间的另一场战争剑拔弩张,当外国雇佣军各自扛着镶有十字架和苍鹰的旗帜为地中海岸珍贵的弹丸之地拼杀得你死我活的时候,当大批十字军携带从朋友和敌人那儿掠夺的不义之财满载而归的时候,当修道院长豢养一群阿谀之徒深居在穷奢极欲的宫殿的时候,当教士为了能吃上野味早餐而不惜草草结束早晨的弥撒的时候,一桩不妙的事情已经注定要发生,果不其然真的发生了。

毫不奇怪,对基督教现状的不满首先产生在法国的某一地区。这也难怪,在该地区,古罗马文化传统保留时间最长,文明尚未被野蛮淹没。

从地图上可以找到这个地方,它叫普罗旺斯,是地中海、罗讷河、阿尔卑斯山交界处的一个小三角区。腓尼基人的殖民地马赛过去曾是、现在依然是这个地区的重要港口,这儿有不少富裕的乡镇和村落,土地肥沃,阳光、雨水充沛。

当中世纪欧洲的其他地方还在洗耳恭听长头发的条顿英雄的野蛮故事时,普罗旺斯的民间歌手和诗人就已创造发明了新的文学形式即现代小说的前身。另外,普罗旺斯人与邻邦西班牙和西西里有着密切的贸易交往,这使人们能够及时接触到科学领域的最新图书,而此类书籍的数量在欧洲北部却是屈指可数的。

在这个国家,再现早期基督教的运动在十一世纪的头十年就已崭露头角。

但是无论怎样牵强附会,这些都不能构成公开反叛。只是在某些小村庄不时地有人开始暗示教士可以像教民那样生活得简朴一点,有人拒绝随爵士们奔赴疆场(啊,多么令人怀念的古代的烈士啊!),有人要学一点拉丁文,以便自己阅读福音书,有人公然宣称不赞成死刑,有人否认"炼狱"的存在,而早在耶稣死后六世纪,"炼狱"就被官方视为基督天国的一部分,有人(这是最重要的细节）拒绝给教会纳税分文。

只要一有可能，反对牧师权威的叛逆元凶就会被查出来，如果他们拒不改悔，还会被偷偷地杀掉。

但是邪恶继续蔓延，最后不得不召集普罗旺斯各地的主教开会，商量采取什么行动遏制这场具有高度煽动性的动乱。他们的争执一直延续到公元 1056 年。

这时已经清楚地表明，一般性的惩罚和开除教籍已起不到明显作用。要过"纯洁生活"的村民只要有机会在监狱铁窗里表现基督仁慈和宽厚的信条就高兴不已，如果有幸被判处死刑，他们会带着羔羊的温顺走向火刑柱。更何况，在这类事件中往往如此，一个烈士的位置总会马上被十几个怀抱圣念的新人填补上。

教会的代表坚持要采用更残酷的迫害，而地方贵族和牧师（了解自己臣民的天性）则拒绝执行罗马的命令，他们抗议说暴力只会鼓励异端分子硬起心肠拒绝理性，纯属浪费时间和精力。就这样，整个世纪都在教皇代表和当地贵族及教士之间的争吵中流逝。

到了十二世纪末期，这场运动受到了来自北方的激励。

在与普罗旺斯隔隆河相望的里昂小镇里住着一位商人，叫彼得·沃尔多。他一个很严肃的人，他善良、宽宏慷慨，满脑子只想追随救世主，近乎痴迷。耶稣教导说，要一个年轻富翁进天堂比用骆驼穿过针眼还难。整整三十代基督徒绞尽脑汁想弄明白耶稣说这话时的确切含意。彼得·沃尔多可没多想，他读到这一段就信了。他把自己拥有的一切都分给了穷人，然后退出生意场，不再积攒新的财富。

约翰写道："你们应当查考《圣经》。"

二十个教皇评论了这句话，仔细小心地定出条条框框，规定在何等条件下一个俗人才能不经教士指点自己研究《圣经》。

彼得·沃尔多可不这么看。

约翰既然说了："你们应当查考《圣经》。"

那么好吧，彼得·沃尔多就去查考吧。

他发现一些与圣杰罗姆的结论不相吻合的东西，他把《新约》翻译成自己的语言，把手稿的抄本在美好的普罗旺斯地区散发。

起先他的活动并未引起很大注意。对贫穷的热情似乎没有危险性。他很有可能被说服，建立一些新的修道院苦修制度，为愿意过真正苦日子的人提供便利，他还指责现存的修道院有点儿太奢侈、舒适。

罗马是很会为信仰热情过盛而常常闹出乱子的人找到适当发泄场所的，免得他们制造麻烦。

但凡事都得按章循例。如此说来普罗旺斯的"纯洁人"和里昂的"穷人"真是棘手万分。他们不但没有知会主教他们在干什么，而且出格地大胆宣布令人震惊的信念，说是无需专职教士的协助就能成为一个好基督徒。罗马的主教在自己的司法权限之外没有权力告诫人们应该做什么和信仰什么，就像鞑靼的大公或巴格达的哈里发一样没这个权力。

教会当时处于进退维谷的境地，实事求是地讲，也是等了很长时间才决定用武力铲除这种异端。

但一个教会如果遵循只有一种正确的思想和生活方式，其他的都是臭名昭著人所不齿的，那么当它的权威受到质询时，它就势必采取极端措施。

教会如果做不到这一点，也就无法生存，这层考虑迫使罗马教廷采取明确行动，制定出一系列的惩罚措施，使以后的持异见者都心怀恐惧。

阿尔比教徒（以阿尔比城命名的异教徒，该城是新教义的发祥地）和沃尔多教徒（因其创建者彼得·沃尔多得名）在国家中的政治地位并不高，因而没什么防御能力，就先拿他们开刀。

一个教皇的代表统治了普罗旺斯好几年，他把那里当作被征服的领土作威作福，结果被杀死了，但这仍然给英诺森三世以干预的口实。

他召集了一支正规十字军，向阿尔比派和沃尔多派开战。

在四十天内志愿加入讨伐异教徒的远征军的人可以在欠债中免交利钱，过去和将来犯的罪都可以赦免，也可以在一段时间内不受一般法庭的审判。这些恩惠煞是可观，大大吸引了欧洲北部的人。

攻打普罗旺斯的财丰物盛的城市能够得到跟去东方同等的精神、经济酬劳，得到同等的荣誉，服役时间还短得多，北欧人怎么会不去从军奔赴路程短一些的地方呢？

那时"圣地"已被人们遗忘，法国北部、英国南部、奥地利、萨克森和波兰贵族绅士中的败类纷纷拥往南方从而逃脱地方长官的辖制，顺带把钱箱装满，把一切灾祸全部推在富裕的普罗旺斯人身上。

被十字军绞死、烧死、斩首或大卸八块的男女老幼的数目众说不一，我也不清楚究竟有几万的死难者。在各处正式的刑场上，我们得到了一些具体数字，从两千人到两万人不等，视城镇大小而定。

贝济埃城被占领后，十字军士兵分辨不出哪些是异教徒，哪些不是，他们把皮球踢到作为精神顾问随军征战的教皇代表面前。

这家伙说："孩子们，去吧，杀光所有人。主知道谁是良民。"

有一个英国人叫西蒙·德·蒙特福特，是个久经沙场的正牌十字军。其残酷手段出了名地花样百出、别出心裁。作为对他的"功绩"的报答，他后来在他掠夺过的国家得到了大片土地，他的部下也按"功"分得赏赐。

剩下几个免遭杀戮的沃尔多教徒慌忙逃入人迹罕至的庇耶德

蒙山谷，建立了一个自己的教会，一直坚持到宗教改革时代。

阿尔比教徒可没那么幸运，经过一个世纪的虐杀，他们的名字从宗教法庭的报告中消失了。不过三个世纪之后，他们的教义稍做改变又卷土重来，倡议者是一个名叫马丁·路德的萨克森教士，由此引发的改革运动打破了教皇超级大国，破了一千五百年来的垄断统治。

当然，这一切都瞒过了英诺森三世机敏的眼睛，他还以为困难局面已经终止，绝对服从的原则大获全胜。《路加福音》中有一条著名的命令，讲的是有个人想开宴会，发现宴会厅没坐满，有的客人没来，于是这个人命令仆人："到大路上去，把他们拉进来。"现在这条命令又一次实现了。

"他们"，也就是异教徒，已经被强拉过来。

怎样留住他们是教会面临的问题，这个问题直到许多年后才得到解决。

由于地方法庭未能完成自己的使命，第一次用于阿尔比叛乱的那种特别审判法庭在欧洲诸国的首都成立。法庭专门审判所有异端邪说，后来人们干脆称它们为"宗教法庭"。

甚至在今天宗教法庭早已不起作用的时候，这个名称仍然叫我们感到隐约不安。我们仿佛看见：哈瓦那的阴暗地牢，里斯本的刑具室，克拉科夫的生锈铁锅和烙人的刑具，黄色的兜帽和黑色的面纱，以及下颌宽大的国王睨视望不到尽头的老人、妇女慢慢拖曳着脚步走向绞架。

十九世纪后期的几部通俗小说的确加深了这些残暴行径，我们可以把其中百分之二十五的内容归于作者的想象，百分之二十五归于异教徒的偏见，即使这样其恐怖性仍叫人觉得说这话的人言之有理：所有秘密法庭都是难以容忍的魔鬼，绝不能任其在文明社会里现身。

亨利·查理利在煞费苦心写成的八卷书中讲叙了宗教法庭的活动。我在这里把它缩减至两三页，寥寥数语肯定无法对这个中世纪历史中最复杂的问题做一个精辟论述，因为没有一个宗教法庭不能与如今的最高法院或国际仲裁法庭相比。

各个国家有各自的宗教法庭，用于各个不同的目的。

最著名的是西班牙的皇家宗教法庭和罗马的圣宗教法庭。前者处理地方性事务，监控伊比利亚半岛和美洲殖民地的异端势力。

后者的魔爪伸往欧洲各地，烧死过大陆北部的圣女贞德和南部的乔达诺·布鲁诺。

严格地讲，宗教法庭没有杀过一个人，这是真的。

由教士组成的法庭宣判之后，异教罪犯便被送到非宗教的当局手里，当局可以用合适的标准处置。不过当局如果没能判处他死刑，便会招致许多麻烦，不是被开除教籍就是失去教廷的支持。如果罪犯逃离了此难，不交给地方行政官，这类事也曾发生过，那么他受的磨难就更大，他会在宗教法庭监狱的单独囚禁中度过余生。

被火刑处死总比在石头城堡的黑洞里慢慢疯掉要好，许多无辜的囚犯便大包大揽承认各种罪名，以期被判处异端邪说罪而早日脱离苦海。

谈论这个题目时无可避免地带上来一定的主观色彩。

说来令人难以相信，在整整五个多世纪里，世界各地成千上万的良民一夜之间被从床上拉起来，仅仅因为好嚼舌头的邻居悄悄传了几句道听途说的话。就这样，他们在地牢里关上几个月或几年，眼巴巴地等待既不知姓名又不知身份的法官的审判。没有人告诉他们罪名和指控的内容，也不许知道证人的姓名，不许与亲属联系，更不许请律师。如果他们一味坚持自己无罪，就会饱受折磨直至四肢都被打断，其他异端分子可以指证他们，但证词如果对被告有利，绝不会被采纳。最后他们被判处死刑，其原因他们至死也不明白。

更不可思议的是，已经入土五六十年的男女也会被从坟墓中挖出来"出席"判罪，以这种方式定了罪的人的子孙后代还要在罪犯死去半个世纪之后被剥夺财产。

但事实的确是这样，因为宗教审判官正是靠分享所有被没收来的物品来中饱私囊，用以维持开支，这种荒唐事屡见不鲜，时隔两代的祖父据说干过某件事而导致孙子们被逼得一贫如洗。

凡读过二十年前沙皇俄国处于全盛时期的报纸的人都记得有一种暗探。这种暗探总是以引人注目的个性和"苦情"的样子出现，扮成地地道道的小偷或洗手不干的赌徒。他们故意悄悄散布是他们的苦难促使他们加入革命，这样他们就能赢得真正反对帝国政府的人的信任。但他们一旦探得新朋友的秘密，便向警察局告密，把赏金塞进腰包，再到另一个城市重演卑鄙的勾当。

在十三、十四和十五世纪中，南欧和西欧布满了这些居心歹毒的私人暗探。

他们维持生计的方式就是告发那些据说抨击了教会或对教义中的某几点持怀疑态度的人。

如果周围没有异端邪说者，暗探的工作就是凭空捏造几个出来。

他们心里有数，被告不论多么清白无辜，一上刑准能招供，这买卖可以毫无风险地一直做下去。

在许多国家中，人们可以匿名告发别人思想不端，这种制度使人们陷入了无尽的恐慌，就连最亲密无间的朋友都不敢相信，亲属之间也相互猜忌。

掌管宗教法庭大量工作的托钵僧人充分利用了他们造成的恐惧，近两个世纪以来，他们就靠这些来搜刮民脂民膏养活自己。

是的，我们可以毫无顾忌地说，宗教改革的主要原因就是广大民众对这些盛气凌人的乞丐深恶痛绝了,他们披着虔诚的外衣,闯入安份守己的公民家里,睡最舒服的床,吃最美味的食物,要求得到贵客的待遇,让他们过得舒舒服服。他们的唯一本领就是恫吓人们说,如果他们没有得到理所应当的奢华待遇,就要向宗教法庭告发施主。

教会当然可以答复说,宗教法庭只是起到一个精神健康官员的作用,立誓要尽的职责就是防止错误思想在群众中蔓延开来。教会说可以对因无知而误入歧途的异教徒宽大处理,后者可以对自己的观点不承担责任。它甚至还可以宣称除背教者和屡教不改的人之外几乎没有人被处死过。

但是这又怎么样呢?

一个伎俩可以把无辜的人变为死囚,随后同样的伎俩也能使他表面上悔过自新。

暗探和伪造者从来都是好朋友。

在奸细的行当中,伪造几份文件又算得了什么呢?

第八章

求知的人

现代的不宽容就像古代的高卢人,可分为三种:出于懒惰的不宽容,出于无知的不宽容和出于自私自利的不宽容。

第一种也许最普遍。它在每个国家和社会各个阶层都能看到,在小村庄和古老城镇尤为常见,并且不仅仅局限于人类。

我家的老马头二十五年的平静生活是在科利镇温暖的马厩里度过的,到了同样温暖的韦斯特波特谷仓却不干了。没别的理由,就因为他一直住在考利镇,熟悉这里的一砖一石,因此知道每天在风景如画的康涅狄格州的土地上漫步时,不会受到陌生景物的惊吓。

我们的科学世界煞费苦心地研究波利尼西亚已失传的语言,却很可惜地忽视了狗、猫、马和猴子的语言。不过,假如我们懂得杜德(我家的老马)与从前考利镇的邻居说些什么,就能听到一场空前激烈的不宽容之辞。杜德已经不是小马驹,在许多年前就已定型会和共产主义社会之间,有一个从前者变为后者的革命转变,所以它觉得考利镇的礼节、习惯和风俗样样顺眼,而西港的礼节、习惯和风俗则完全不对头,到死也难以接受。

正是这种不宽容使父母对子女的愚蠢行为摇头叹息,由此还产生了"过去的美好日子"这种荒唐神话，结果野蛮人也罢，文明人也罢，都穿上令人难受的衣服，使这个世界充满了多余的废话，也使抱有新思想的人成为人类的敌人。

不过即使这样，这种形式的不宽容相对来说还没什么危害。

我们大家或早或晚都要因为这种不宽容而受罪。在过去的几代中，它致使数以百万计的人背井离乡，从而它也使大片无人居住的土地变成人类永久定居点，不然的话，那里仍是一片荒凉。

第二种不宽容更为严重。

无知的人，就因为他的无知而变得非常危险。

但是，他如果还为自己的智力不足措辞辩解，他就成了神圣恐怖的化身。他在灵魂里建立起了花岗岩的堡垒，自我标榜一贯正确，从高高堡垒的尖顶藐视他的敌人（也就是不苟同于对他持偏见的人），质问他们有什么理由活在世上。

有这种苦恼的人既苛刻又无仁爱之心。他们常年生活在恐惧之中，很容易变得残酷暴虐，喜欢折磨他们憎恨的人，喜欢对他们怨恨的对象施以酷刑。一种奇怪的理念"上帝的选民"首先就诞生在这帮人当中。况且这些幻觉的受害者总是想象他们与无形的上帝有某种关系，以此来壮胆，当然，这也是为了给他们的不宽容增添一点神的赞许色彩。

譬如，他们绝不会说："我们绞死丹尼·迪弗尔，是因为觉得他对我们的幸福构成威胁，是因为我们对他恨之入骨，是因为我们就是喜欢绞死他。"他们是绝不会这样说的。他们凑到一起召开气氛庄严的秘密会议，一连几个小时、几天或几个星期详细研究上面说的丹尼·迪弗尔的命运，等到宣判时，可怜的丹尼本来也许不过是有点小偷小摸，却被郑重其事地判为胆敢忤逆神圣意志（这种意志私下传给了有解读这类神谕之专利的选民），对他执行判决是神圣的责任，法官也因为有勇气给撒旦的同伙判罪而光宗耀祖。

那些平常好性子的、好心的人也会像周围那些残暴、嗜血的人一样对这种致命幻觉着迷，这在历史学和心理学上已经司空见惯了。

一群群的人兴致勃勃地观看一千名可怜的牺牲者遭难，那些围观者肯定并不是铁石心肠的罪犯，而都是一些体面、虔诚的百姓，自己还觉得是在上帝面前从事一件荣耀的事情。

如果有人向他们提到宽容，他们还会表示反对，在他们看来就等于不光彩地承认自己道德懦弱，绝对是要避之唯恐不及的。也许他们自己就不宽容，但在那种情况下他们反倒以此而自豪，还振振有词，因为在潮湿寒冷的晨光里站着丹尼·迪弗尔，穿着一件黄色衬衣、一条缀有小魔鬼的马裤，一步一步缓慢而坚定地走向执行绞刑的市场。示众一结束，人们便回到舒适的家里，享用熏肉加青豆的大餐。

这本身不就足以证明他们所想的和所做的是正确的吗？

不然他们怎么能是观众呢？怎么不和死者调换一下位置呢？

我承认这个观点是经不起推敲的，但却很常见，也很难予以回击，但人们真诚地相信他们自己的观点就是上帝的观点，因此根本无法明白自己会有什么错误。

剩下的第三种不宽容是由自私自利引起的，实际上它是嫉妒的一种表现，跟麻疹一样不稀奇。

耶稣来到耶路撒冷后教导人们，靠屠杀十几只牛羊是得不到全能上帝的垂青的，于是在神殿靠卖祭品为生的人纷纷谴责他是危险的革命分子，在他还未来得及断掉他们主要财源之前就把他置于死地。

几年后，圣保罗来到艾菲西斯，宣扬一种威胁珠宝商买卖的新教义，影响到珠宝商的好生意（这些人从卖当地女神戴安娜的小塑像中牟取暴利），为此金匠行会差一点儿要用私刑教训这个不受欢迎的侵入者。

一些人依靠某种已经建立的崇拜来谋生，另一些人却要把人们从一个寺庙引到另一个寺庙，这以后，两种人之间不断发生公开的冲突。

我们在讨论中世纪的不宽容时，必须记住我们要对付一个非常复杂的问题。难得有机会只遇见这三种不宽容形式中的一种，而在引起我们注意的迫害案件中，多半三种形式并存。

一个组织如果拥有了雄厚的财富，掌管了数千英里的土地和统治了成千上万农奴，这个机构把所有愤怒倾力发泄到这群农民身上是再自然不过的事。

这样，终止异端邪说就变成经济上的需要，属于第三类形式，即出于自私自利的不宽容。不过还有一种人感到了来自官方禁令的压力，这就是科学家。问题显然就更复杂了。

为了更好地理解教会权威对想探索大自然秘密的人所持有的乖戾态度，我们必须倒退若干世纪，看看一至六世纪中欧洲究竟发生了什么事。

野蛮人的入侵像一股无情的洪水扫荡着欧洲大陆每个角落。在混浊的污水中还杂乱无章地矗立着几个古罗马的国家组织。但是，曾经在那些围墙里寄居的社会早已死亡。他们的书籍被巨浪席卷而去，艺术陷入新一轮愚昧的淤泥中被人遗忘，他们的收藏、博物馆、图书馆和慢慢积累起来的科学资料全都被亚洲中部的野蛮人用来点了篝火。

我们有公元十世纪图书馆的一些书目，至于古希腊的图书（除了在君士坦丁堡，那里距离欧洲中心就像今天的墨尔本一样远）西方人所拥有的也寥寥无几。这说来似乎令人难以置信，但是书的确是没有了。学者为了熟悉古人的思想煞费苦心，但找到的只有亚里士多德和柏拉图著作中个别章节的翻译（译得很糟糕）。假如他想学他们的语言，是找不到人教的，除非拜占庭的神学争端把几个希腊修士从他们的栖息地赶到法兰西或意大利去暂避风头。

拉丁文的图书倒是不少，不过大部分是四世纪和五世纪才写成的。所剩无几的古人手稿被无数次漫不经心地转抄，不是毕生研究古文书学的人根本就无法理解。

至于科学书籍，除了欧几里得的几道最简单的数学题外，其余的在任何图书馆都荡然无存，更可悲的是，这些书也不再为人们所需要。

那时统治世界的人用敌视的眼光看待科学，根本不鼓励数学、生物学和动物学领域的独立钻研，更不用说医学、天文学了，这两门科学遭到前所未有的忽视，早已失去任何实用价值。

现代人要理解这种情况实在太困难。

二十世纪的人都信仰进步，尽管各自的角度不同，我们不知道是否能完善这个世界。不过都觉得应该试一试，因为这是我们的神圣职责。

是啊，进步已然成为一种势不可挡的趋势，有时这个信念似乎成为整个国家的国教。

但是中世纪的人却没有也不可能有这样的想法。

希腊的世界之梦充满美好而有趣的事物，可持续时间之短令人扼腕叹息！政治的动荡无情地摧残了它，席卷了整个不幸的国家。以后几个世纪的希腊作家都成了悲观主义者，他们凝视着曾经一度是乐土的废墟，绝望无助，认为世上所有的努力都是徒劳无功的。

另一方面，罗马的作家从近一千年绵延不断的历史中得出了结论，从人类的发展中发现了一种蓬勃向上的潮流，他们的哲学家，以著名的伊壁鸠鲁为代表，也兴致勃勃地为更幸福更美好的未来教育年轻一代。

后来基督教未到来。

人们关心的中心从这个世界移到了另一个世界。人们立即落入绝望和屈从的黑暗深渊之中。

人是邪恶的，本能和嗜好都是邪恶的。他沉溺于罪孽之中，在罪孽中出生，在罪孽中生活，最后在对罪孽的悔恨中死去。

但是旧的失望与新的失望之间有一种差别。

希腊人坚信自己比别人更聪明，受过更好的教育，还怜悯那些不幸的野蛮人。但他们还未自负到认为自己有别于其他民族，是宙斯的选民。

相反，基督教从未能脱离自己的老祖宗。基督徒把《旧约》当作自己信仰的一本圣书之后，便继承了犹太人那个不可思议的的信条，认为他们的种族与其他种族"不同"，只有表示信仰某种官方建立的教义的人才有希望获得拯救，其余的均会落入万劫不复之地。

当然，这种理念对缺乏谦卑精神、认为自己是亿万同胞中佼佼者的人十分有利。在许多至关重要的年代里，这种思想使基督徒成为联系紧密、自成一家的整体，在异教横行的汪洋大海中超然地漂流着。

对德尔图良、圣奥古斯丁和其他埋头于把教义写成具有文字形式的人来说，在向东南西北各个方向延伸的这片水域所连接的其他地方发生了什么事，他们毫不在意，他们忙着把教会思想诉诸书本文字。他们希望有朝一日能安全靠岸，建立上帝之城。至于其他地段的人想取得什么成果与他们毫不相干。

因此，他们为自己创造了关于人的起源和时间空间界限的完全新型的概念。埃及人、巴比伦人、希腊人、罗马人对这些奥秘的发现不会引起他们的丝毫兴趣,他们真诚地相信,随着基督的诞生,一切过去有价值的东西已全部土崩瓦解。

譬如关于地球的问题。

古代科学家认为地球是数十亿星球中的一个。

基督徒矢口否认这点。在他们看来,他们借以生存的小圆地盘是宇宙的中心。

地球是为一群特殊的人专门创造的临时栖身之所。它的来龙去脉很简单,在《创世记》第一章讲得很清楚。

到了需要确定上帝偏爱的人在地球上生活了多久的时候,问题就更复杂了。各处都能找到远古时代的痕迹——掩埋的城市、绝种的怪物、植物化石,但这些都能通过分析来剔除,或忽略不计,或否认,或一声断喝它们不存在。这一切做完后,再决定创世的具体日期就易如反掌了。

在这样的宇宙里,一切都处于静止状态,它从某年某月某时开始,又在某年某月某时结束。在一个只为唯一宗教预备着的天地里,根本没有数学家、生物学家、化学家以及诸如此类的人探索求知的任何余地,因为这些人关心的只是一般规律和时间空间的永恒和无限,

的确,许多从事科学的人抗议说他们也是教会的虔诚子民。不过正牌的基督徒都更明确地认为,一个人如果真心诚意地主张要热爱和忠诚于信仰,就不会知道得那么多,也不会拥有那么多书。

一本书就足够了。

这本书就是《圣经》,里面的每个字、每个逗号、每个冒号和每个感叹号都是由受到神示的人写下的。

伯里克利时代的希腊人如果知道世上存在这样一本所谓的圣书,里面包括零零碎碎生涩难懂的民族史、感情模糊的爱情诗、半疯半痴的先知描绘的虚无缥渺的梦幻和用整章的污言秽语谴责

那些招致一个亚洲部落神（只不过是亚洲众多神祇中的一位）不快的人，那他们是不会感兴趣的。

但是，三世纪的野蛮人对"书面文字"怀有最谦卑的崇敬之心，在他们看来，这是文明的一大奥秘，当这本特别的书被他们所信奉的一届教会会议作为完美无缺和无懈可击的经典推荐给他们的时候，他们便诚惶诚恐地全盘接受，把它当作是人类已经知道或希望能够知道的一切，自然会参与谴责、迫害那些蔑视天庭、胆敢把研究延伸到摩西、以赛亚界限之外的人。

甘愿为原则去死的人毕竟有限。

不过，有些人对知识的渴望是无法压抑的，必须为他们受压抑的精力寻找一个宣泄渠道。结果，求知与压制的矛盾冲突导致产生了另一株发育不良的幼苗，人们后来称它为"经院学派"。

这要回溯到八世纪中叶。法兰克国王小佩潘的妻子伯莎生了一个儿子，这个孩子比好国王路易更配得上法国的庇佑圣人这个称号。老百姓为了路易王的获释而不得不交付了约八十万土耳其金币的赎金，而回报臣民这片忠心的，却是给他们送上一个自己的宗教法庭。

这孩子受洗礼时起名叫卡罗鲁斯，你今天在许多古老特许状的底端还能看到这个名字。他签字有些笨拙，不过他对拼写一向是马马虎虎的。他幼年时学过法兰克语和拉丁语，但他的手指由于在疆场上同俄国人和摩尔人搏斗而患了风湿病，很不听使唤，最后他不得不打消了写字的念头，请来当时最好的书写家当秘书，替他签字。

这个久经沙场的老兵在整整五十年里只穿过两次"城市服装"（罗马贵族的宽袍），还以此而自豪，他真心重视学术的价值，把他的朝廷变成一所私立大学，教授他的孩子和官员的子女。

这个西方世界新任的最高统治者，其业余爱好就是和那个时代最有名的人厮混在一起。他极为崇拜学院式的民主，甚至把礼节都放弃了，还像大卫兄弟那样积极参加各种讨论会，允许地位最低下的学者与他辩论。

但是，我们在审度他们在讨论中感兴趣的问题时，自然会联想到田纳西州任何一所乡间中学的辩论小组选中的题目。

这些人至少是很天真的。公元800年是如此，1400年也不例外。这并不能责怪中世纪的学者，应该说他们的头脑和二十世纪的后人一样敏捷。他们的处境和现代化学家和医师有雷同的地方，于是他们尽管享有调查研究的充分自由，只要他们的言行不与1768年《大英百科全书》第一版中的化学和医学知识相悖就行。其原因很简单，那时的化学还是一个不大为人所知的科目，外科也常常与屠宰相提并论。

结果（我的比喻有点混乱），中世纪的科学家尽管有丰厚的智力和能力，但试验的范围却很窄，就像在一辆旧汽车的底盘上安一台劳斯莱斯牌的现代引擎，一踏油门便会出现一连串故障。等他能安全操纵、按规定和交通规则驾驶这台古怪的新玩意儿时，已经变得荒唐可笑了，耗费巨大能量仍哪儿也去不了。

当然，出类拔萃的人对于他们必须遵循的进度是感到绝望的。

他们想方设法摆脱教会鹰犬的无休止监视。他们撰写出卷帙浩繁的大部头书来为他们认为正确的观点提供反证，以便暗示出内心深处的思想。

他们有意把自己变得怪诞不经，穿着不入流的外套，屋顶上挂满了鳄鱼，架子上摆满了装有怪物的瓶子，在炉子里烧些气味难闻的草药以便把左邻右舍从门前吓跑，从而博得了不伤人的疯子名声，胡言乱语说出自己想说的话，不必对自己的思想负很大责任。渐渐地，他们形成一整套科学的伪装，甚至在今天我们也难以判断出他们的真正意图。

诚然，若干个世纪以后，新教徒也和中世纪教会一样对科学和文学毫不宽容，不过这里就不赘述了。

大宗教改革家们可以痛痛快快地谴责和咒骂，但很少能把他们的威胁转变成实际的镇压行动。

而罗马教会不仅有粉碎敌人的权力，待时机成熟之时便加以施展。

对于那些喜欢抽象地思考宽容和专横的理论价值的人，这种差距微乎其微。

然而，对那些可怜的家伙来说，这差别却提出了一个非常现实的问题。他们面前只有两种选择，要么公开声明放弃自己的主见，要么被鞭打示众。

有时他们缺乏勇气表述自己以为是正确的东西，宁可浪费时间设计猜字谜，用的都是《启示录》上动物的名称，我们倒也不必太苛求他们。

我敢肯定，假如倒退六百年，我决不会写这卷书。

第九章

文字狱

我发现写历史越来越困难。我就像一个已经被训练成小提琴手的人突然在三十五岁被迫操起钢琴，还要像钢琴名家那样以此为生，理由是"钢琴也是音乐"。我已经学会了某个领域的技巧，却要在另一个领域里做事。我所学的是借助一种明确建立的秩序观察过去发生的事情，即由皇帝、国王、大公和总统在众议员、参议员和财政秘书辅佐下较为有效地管理的国家。而且在我年幼的时候，上帝仍然是大家心目中掌管一切的万物之尊，必须礼数周全、恭敬有加地对待。

后来，战争开始了。

旧秩序被打翻在地，皇帝和国王被废黜，谨守职责的大臣被不负责任的秘密委员会所替代，在世界上许多地区，天国的大门被不经议会同意而颁布的敕令关闭了，一个已死的经济学雇佣文人被官方认做古往今来所有先知的继承人。

当然所有这些并不会长久，但文明要经过好多世纪才能迎头赶上，而到那时我早就不在人世了。

我必须充分利用现有的一切，但这并不容易。就拿俄国的情况来说吧。二十年前，我在那块圣地停留的时候，我们看到的外国报纸足足有四分之一的版面被脏兮兮的黑色物质覆盖着,技术上称三为"鱼子酱"。这次涂抹是为了擦去一些内容,因为小心翼翼的政府不愿意让心爱的臣民们知道这些。

整个世界把这种监督看作是"黑暗时代"的复苏,令人难以容忍,西方伟大共和国的公民保留了几份被涂有"鱼子酱"的美国滑稽报纸,告诉家乡人那些远近闻名的俄国人真正有多野蛮落后。

我是在较为开明的社会环境中长大成人的,这个社会信仰弥尔顿的格言:"秉着良心自由了解、自由发言、自由辩论是最高境界的自由。"

"战争来了,"正如电影所说的,于是我看到过去的时代,《神山布道》被宣布是德国的危险文件,不允许在千百万王国臣民中流传,若是出版发行它,编辑和印刷者不是遭罚款就是遭监禁。

鉴于这些,似乎放弃研究历史,改行写小说或做房地产更明智些。

但这就等于承认失败。我要坚持自己的工作,尽量记住在秩序井然的国度里,每个正直的公民都应该有权利思考、公开发表自己认为对的观点,只要不干涉他人的幸福、不破坏文明社会的礼仪和不违背当地警察局的制度就行。

当然,这使我备录在案,成为所有官方出版审察的敌人。我认为警察应该对用色情获利的报纸杂志保持警惕,至于其他的,谁愿意印什么就由他去印吧。

我讲这些并不是说我是理想主义者或改革家,我很讲实际,讨厌浪费精力,也很熟悉过去五百年的历史。这段历史清楚地表明,压制言论出版自由没有丝毫好处。

胡言乱语就像炸弹,只有压缩到狭小密封空间,再加上外力的打击,才会产生危险。如果放任一个可怜虫去讲演,他至多只能招来几个好奇的听众,他的苦心只会成为大家的笑柄。

同一个人,如果被目不识丁的粗鲁的地方长官戴上手铐,送进监狱,再判处三十五年的单独囚禁,那他这个人准会引起人们巨大的同情,最后获得烈士的荣誉称号。

但有一点必须记住。

为坏事业牺牲的烈士跟为好事业牺牲的烈士一样多。前者手段狡猾,人们无从知道他们下一步要干什么。

因此我主张,由他们去说去写吧。假如他们言之有理,我们应该知道;如果胡说八道,很快会被人遗忘。希腊人似乎意识到了这一点,罗马人在帝国时代之前也是这样做的。但罗马军队的总司令一旦变成皇帝、半神化的人物,成为朱庇特的远亲,远远地离开了普通民众,一切就都改变了。

"欺君犯上"的滔天罪名被炮制出笼。这是一桩政治罪,从奥古斯都时代到查士丁尼当政时期,许多人被送进监狱,就因为他们在议论统治者时口无遮拦。但如果人们把罗马皇帝束之高阁,也就没什么谈话题目可忌讳了。

到了教会统治世界的时候,快乐的时光一去不复返了。

耶稣死后没几年,善与恶、正统与异教之间便有了明确的分界线。一世纪的下半叶,使徒保罗在小亚细亚以弗所附近待了很长时间,那个地方的护身符和符咒是闻名已久的。保罗四处传教,驱逐魔鬼,获得极大成功,使许多人承认了自己的异教错误。作为悔过自新的表示,他们带上所有的魔法书籍,在一个晴朗的天气集合,把价值一万多美元的秘密符咒付之一炬,你在《使徒行传》第十九章可以读到这些记载。

然而,这是悔改后罪人的自发行为,《使徒行传》上并没有说保罗曾经禁止过其他以弗所人阅读或藏有这些东西。

直到一个世纪以后,才迈出了这一步。

以弗所城的一些主教发出命令,凡载有圣徒保罗的书都是禁书,忠诚的信徒不能阅读。

在以后两百年中,被禁封的书籍很少,因为问世的图书也少,没几本可查。

但是尼卡会议(公元325年)以后,基督教会成为帝国官方教会,书面文字审查成为教士的日常工作。某些书是绝对禁止的。还有些书则被称为"危险品",并有警告说,阅读这类书的人都要冒身家性命的危险。作者在出版作品之前,最好还是先获得当局的批准,以保平安,后来干脆形成一种制度,那就是他们的手稿必须送到当地主教手里批准。

即使如此,作者并不总能保证他的作品面世。这个教皇宣布这本书无害,而他的继承人却会宣布它亵渎上帝,有伤风化。

不过总的来说,这个办法倒也较为有效地保护了撰写人免于与自己在羊皮纸上的作品一起被烧为灰烬。那时候,书都是手抄本,出版一套三卷书需要整整五年工夫,正因如此,检查制度才行之有效。

然而这一切都被谷登堡的发明改变了。他的别名叫约翰·鸡皮疙瘩。

从十五世纪中叶以后,有魄力的出版商在不足两星期内便可以出版四百至五百本之多的图书,在1453年到1500年短短几十年间,西部、南部欧洲人就有了不少于四万本不同的图书,这相当于当时较大的图书馆历代积累的全部藏书。

图书数量出乎意料地迅猛增加,使教会忧心忡忡。逮捕一个在阅读自抄的《马太福音》异教徒就很难了,那对拥有两千万册编辑精美的图书的两千万异教徒又该如何处置呢?他们对当权者的思想构成了直接威胁,看来必须指派一个特别法庭审查以后所有的出版物,决定什么能出,什么不能出。

这个委员会经常公布一些书目,认为这些书含有"犯禁知识",

由此产生了臭名昭著的《禁书》目录，这个目录的名声跟宗教法庭一样臭。

有人认为对印刷出版的监督是天主教会独有的，其实这并不公正。许多国家害怕雪崩式的出版物打破当地的平静，他们早已强迫出版商把书稿送到公共检查机关，凡是没有盖上官方批准大印的书都不得出版。

不过除罗马外，没有一个国家把这种做法延续至今，即使罗马的情形也与十六世纪中叶迥然不同。这也是形势所迫。出版工作的进展迅猛澎湃，红衣主教为审查各类印刷品而成立的"《禁书》委员会"，就连最勤奋的那个红衣主教委员会，很快就应接不暇、力不从心了。除图书以外，还有小册子和油印文稿，以报纸、杂志和传单的形式，如汹涌洪水冲击过来，再勤勉的人也休想在两三千年内通读一遍，审查和分类干脆就免谈了吧。

可是，统治者加三于臣民的这种可怕的不宽容最后报应到他们自己头上。

一世纪罗马帝国的塔西陀就曾宣布自己"反对迫害作者"，认为"愚蠢的事，等于替那些书做了广告，本来那些书根本不会引起任何公众注意。"

《禁书》证实了这个论断。宗教改革运动一获胜，这份目录就一跃而成为指南，为那些想彻底了解当代文学科目的人提供方便。不仅如此，十七世纪的德国和低地国家雄心勃勃的出版商在罗马长期驻有耳目，专门搜集被禁止或被删节的最新书目，到手后便由特别信使跋山涉水越过阿尔卑斯山和莱茵河谷，以最快速度送到赞助人手里。继而德国和荷兰的印刷厂立刻开工，夜以继日印出特别版本来牟取暴利，由一队职业书贩偷运到禁区贩卖。

不过偷运过境的书毕竟有限，而且在一些国家，如意大利、西班牙和葡萄牙，《禁书》直到前不久还十分猖獗，压抑政策的后果实在触目惊心。

如果这些国家在进步的竞赛中落伍了，原因并不难寻，因为大学生不但不能使用外国的教科书，而且被迫使用质量较差的国产教材。

最可悲的是，《禁书》使人们心灰意冷，没有心思再从事文学和科学方面的工作了，因为任何头脑清醒的人都不愿写下一本书后，却被无能无知的检查官"修正"得残缺不全，或者被无学无识的宗教法庭调查委员会篡改得面目全非。

他情愿钓钓鱼，或者去化装舞会和酒馆消磨时间。

也许他会坐下来，在对自己和对国民的彻底失望中写下堂吉诃德的故事。

第十章

关于写历史书的普遍问题
以及这本书的个性特征

对那些厌倦现代小说的人,我极力推荐伊拉斯谟的书信,在这位博学的求知者当年收到的比较胆小的朋友的来信中,都有一种特别的警告。

某行政长官写道:"听说你打算写一本关于路德之争的小册子。请你千万要仔细斟酌,不要得罪教皇,教皇是以善良之心对待你的。"

另一个人写道:"有个人刚从剑桥回来,他告诉我您正在筹备出版一本散文集。看在上帝的分儿上,不要惹皇帝不高兴,他有权有势,能给你带来巨大伤害。"

一会儿是卢万主教,一会儿是英格兰国王,一会儿是索邦大学,一会儿又是剑桥大学可怕的神学教授,都要在考虑的范畴之内,不然作者就会断了经济来源或失去官方保护,还会落入宗教法庭的魔掌,或被处以车裂之刑。

如今,轮子(除了作为运载工具之外)已经进入老古董博物馆里了,宗教法庭在近百年里已经大门紧闭,对致力于文学的人来说,保护已没有实用价值。至于"收入"这个词,历史学家们碰头的时候也难得一提。

但是,同样的情况是,一提到我要写一部《宽容》时,另一种类型的告诫信纷纷开始进入到了我的房间。

"哈佛大学已经拒绝黑人进宿舍",一个史官写道,"请务必在书中提一下这件最令人遗憾的事情。"

还有一封是这样的:"麻省弗雷明汉当地的三K党抵制一个公开宣称自己是罗马天主教徒的杂货店老板,您在撰写宽容故事的时候一定会涉及这个吧。"

诸如此类的情况太多了。

毋庸置疑,这些行为都很愚蠢,完全应该严受指责。但它们不属于《宽容》这本书的范畴,它们只是不良行为和缺乏公德的表现,跟官方形式的不宽容不同,官方的不宽容是与教会和国家的法律紧密相联的,它使对安份守己的百姓的迫害成为神圣的职责。

按白哲特所说,历史应该像伦勃朗的蚀刻画一样,它要投射光在最好最重要的事情上,其余的就让它留在黑暗中看不见好了。

那种愚蠢的现代不宽容浪潮在报上已得到真实记载,我们也可以看到一些迹象,使我们对未来更加充满信心。

许多事情在前辈人眼里或许不言自明,附上"向来如此"的批语,本应理所当然地被接受下来,可在今天却要引起激烈的争论。而我们身边人则会义无反顾地为在祖辈父辈看来荒谬、虚空的观点负隅顽抗,他们常常向甚为讨厌的下层民众的精神世界开战,成功的次数也很多。

这本书必须言简意赅。

富裕的典当商十分势利,北欧的日耳曼人的荣誉已日益消磨,边远地区的福音传教士无知无识,农民教士和巴尔干的犹太法学博士偏执顽固,所有这些我都无暇谈及了。这些好人和他们的坏思想一直羁绊着我们。

但是，只要他们没有官方的支持，他们相对来说倒也无害，并且，在大多数文明国家里，这种可能性已经完全排除。

在任何社会中，个人的不宽容是很恼人的，它导致社团内部的极大不快，比麻疹、天花和长舌妇人加在一起还让人难受，但不宽容的人们还没有成为刽子手。如果在某个国家真有这类刽子手存在，这种不宽容就是非法的，超出了法律限度，真的只能靠警方约束管制了。

个人即使不宽容，也不能设置监狱，不能规定整个国家的人们必须想什么、说什么、吃什么和喝什么。如果真要这么做，那就会招致所有正派百姓的强烈不满，新法令就成为一纸空文，就连在哥伦比亚地区也无法执行。

一句话，个人的不宽容只能是在自由国家的大多数公民不介意的情况下存在，不得超越这个界限。然而，官方性不宽容确实是气焰冲天。

它除自己的力量之外，不承认任何权威。

官方的不宽容一旦大发雷霆，便可以置无辜的人于死地，也从不由分说。它不要听任何辩解，还求助于神的意志来支持自己的决定，然后试图解释"天国"的旨意，似乎打开生存之谜的思想完全掌握在大选中获胜的人的手里。

如果这本书屡次三番地把"不宽容"一词当作"官方的不宽容"来解释，如果我很少注重个人的不宽容，那还请读者多多包涵。

毕竟，我一次只能做一件事情。

第十一章

文艺复兴

我们的土地上有一个博学的漫画家,他喜欢问自己,台球、猜字谜、低音提琴、前胸上浆的白衬衣、门垫子,这些东西会怎样看待这个世界呢?

但是我想知道的是,奉命操作现代巨型攻城大炮的人,心理反应是什么样的呢。战争中许多人从事各种奇怪的工作,但哪一个比发射贝尔塔型巨炮更荒唐的呢?

其他士兵或多或少都知道自己在干什么。

飞行员可以迅速从蔓延的红光中判断是否击中了天然气工厂。

潜艇指挥员可以两三小时后浮出水面,从大量漂浮的碎片来判断自己是否能够集中目标。

壕沟里可怜的家伙知道要坚持在某个堑壕里便是守住了阵地,心里也很满足的。

即使是野外的炮兵,向看不见的目标射击后,也可以拿起耳机,向藏在七英里以外一棵枯树上的同伴询问,那个要炸的教堂塔楼是否有被摧毁的迹象,或者他是否要调整一下角度再发射一次。

但是,使用贝尔塔型巨炮的弟兄们却生活在一个荒诞的、不真实的自我世界中。他们冒冒失失地把炮弹射往天空,却无法预见炮弹的命运是什么，就连经验丰富的专业教授也不知道。炮弹也许真的击中了目标，也许落在了兵工厂或要塞中心。然而它也会打中教堂或孤儿院，甚至有可能深埋在河床里或矿井里，没造成任何损害。

在我看来，作家在许多地方与攻城炮兵有很多共同点。他们的文学导弹可以在最不可能的地方触发一场革命或燃起一场战火，但是在更多的情况下可能只是可怜的哑弹，无声无息地静卧在附近的田野里，直到被人当作破铜烂铁回收或制成伞架、花盆。

的确，在这样短的时间内，消耗了这么多纸浆，这在历史上是独一无二的，这个时代就是著名的"文艺复兴"时期。

条顿大平原上的每一个托马西医生、里卡都斯教授和多米尼·海因里希，都在印刷出自己的书，每人手里十二开本的书绝不少于十几本。更甭说模仿希腊人写的动人的十四行诗的托马西诺和学照罗马祖先的佳篇文体写颂歌的里卡蒂诺了。还有不计其数的人热衷于收藏古币、雕塑、塑像、图画、手稿和古代盔甲，几乎在三百年的时间里，这些人兢兢业业地把刚刚从前辈的废墟里挖掘出来的东西分类、排序、制表、列清单、归档、编纂，用无数对开纸印制，然后配上最美的铜版画、最沉的木刻画。

印刷术的发明毁了谷登堡，却使弗罗本、阿尔杜斯、埃蒂安纳以及其他新印刷公司发了财。不过，在别的方面，文艺复兴时期的文学作品的巨大产出并没有改变十五、十六世纪的作家生活的社会环境。贡献出新思想的人只是为数不多的几个鹅毛笔英雄，他们像我们的炮兵朋友，在他们生前根本没发现自己有多成功，作品造成了多大的毁坏。但是，他们总的说来是铲除了进步道路上的种种障碍。我们应当感谢他们干净彻底地清扫了堆积如山的垃圾，没有他们，这些垃圾将继续堆积在那里阻碍我们，我们应该感到骄傲。

不过严格地讲，文艺复兴主要不是一个向前看的运动，它鄙视刚刚消失的过去，称上一代人的著作为"野蛮"之作（或"哥特式的野蛮"之作，因为哥特人曾一度和匈奴人是画上等号的）。文艺复兴的主要志趣在艺术品上，因为艺术品里蕴藏着一种叫"古典精神"的物质。

文艺复兴的确大大振兴了良知的解放、为宽容、为整体更美好的世界开辟出了一番新的天地，不过运动的领袖们并没想这样做。

早在这之前很长时间，便有人提出质问，罗马主教由什么来规定波西米亚农民和英格兰自耕农该用哪种语言祈祷，该以什么精神研读耶稣的教义，该为罪的豁免付多少钱，该读什么书，该怎么教育孩子？他们公然蔑视这个超级王国的力量，却被它打得粉身碎骨。他们甚至还领导或代表过一场民族运动，也还是失败了。

伟大的简·胡斯余火未息的骨灰被卑鄙地掷入莱茵河，这位伟人的下场就是在告诫全世界：教皇体制仍然是最高主宰。

威克里夫的尸体被刽子手焚烧，这告诉列斯特夏的下层农民，主教教会和教皇还能管得着死人。

显然，正面攻击是不可能的。

"传统"这座坚固堡垒是在十五个世纪里用无限的逐渐的精心建成的，偷袭是攻不破的。在高墙壁垒之中也丑闻不断。三个教皇动起干戈，都称自己是圣彼得席位的唯一合法继承人；罗马和阿维尼翁教廷腐败透顶，制定法律只是为了使人花钱之后可以违法；君主的生活完全道德败坏；教士惟利是图，利用新近增加的炼狱恐怖讹诈贫穷父母为死去的孩子付大笔钱，所有这些都人所共知，却又没有真正威胁到教会的安全。

然而，一些男女对基督教事务毫无兴趣，对教皇或主教没有什么特别的不满，他们胡乱开了几炮，却使这座陈旧的大厦崩塌了。

布拉格的"瘦小苍白的人"向往基督美德的崇高理想，可他没能做到的事却被一群杂混的平民百姓实现了，这些人不过是想着，活着的事候是世界上所有美好事物的忠实庇护者、做教会忠诚的儿子，死的时候也能寿终正寝。

他们来自欧洲的各个角落，代表各行各业，如果当时的历史学家点破他们所作所为的真实意图，他们准会很生气。

就拿马可·波罗来说吧。

我们知道他是个非凡的旅行家，看到过光怪陆离的景色，无怪乎居于西方城市巴掌大地方的人们称他是"百万元马可"。当他讲到黄金宝座像塔楼一样高，大理石墙的长度犹如从巴尔干到黑海的距离时，引得大家哄堂大笑。

这个人束手无策了，然而他在进步的历史中起了绝顶重要的作用。他的文笔并不好，带有他那个阶层和时代的偏见，瞧不起文人职业。一个绅士应该挥舞宝剑而不是耍鹅毛笔，因此马可先生不愿意当作家。但倒霉的战争把他关进了热那亚的监狱，为了打发枯燥的铁窗时光，他向同牢的一个可怜作家讲述了自己一生的奇怪故事，靠这种间接的途径，欧洲人终于了解了许多过去一无所知的事情。马可·波罗是个头脑简单的家伙，他固执地相信他在小亚细亚看到一座山被一位虔诚的圣人移动了几英里，因为圣人想告诉异教徒"真正的信仰能做到什么"；他也轻信了许多广为流传的故事，讲没有脑袋的人和三只脚的鸡，虽说如此，他的叙述对教会地理概念的颠覆作用，超过了之前一千二百年中的一切。

马可·波罗从生到死当然一直是教会的虔诚弟子，谁要是把他比做几乎是同时代的著名的罗吉尔·培根，他还会沮丧无比。培根是个地地道道的科学家，为他对知识的好奇心付出了惨痛的代价，被强制辍笔十年，还有十四年的牢狱之灾。

不过这两个人中还是马可·波罗更具危险性。

十万人中最多只有一个人会跟随培根追逐天上的虹，编织那些能推翻他那个时代所有神圣观念的优秀的进化理论，而只学过ABC的平民百姓却可以从马可·波罗那儿得知世界上还存在着《旧约》作者从未想到过的东西。

我并不是说在世界尚未获得一丝一毫的自由之前，仅靠出版一本《圣经》能煽动起对权威性经文的反叛。普遍的启蒙开化是数世纪艰苦准备的结果。不过，探险家、导航员、旅行家直白的故事让人人都能看得懂，这对怀疑论精神的兴起起了重大作用。怀疑论是文艺复兴后期的特点，它允许人们去说去写那些仅在几年前还会使人落入宗教法庭的暗探的言论。

比如薄迦丘在《十日谈》中提及的，他的朋友们从佛罗伦萨逃离的头一天便听到了这些故事。故事里面讲所有宗教体制都可能有对有错。可是如果这个说法成立，所有宗教都有对与错的成分，那么许多观点就无法证实或否定。既然如此，那人们怎么能为既不能证实又不能驳斥的思想而被处以绞刑呢？

让我们再读一下著名学者洛伦佐·瓦拉更为奇特的经历吧。他死时是罗马教会政权中深受崇拜的政府官员。然而，在他的拉丁语研究中，他无可辩驳地证实，君士坦丁大帝向西尔维斯特教皇捐赠"罗马、意大利和西方所有省份"（从那以后，历代的教皇都认为自己是所有欧洲地区独一无二的主宰，一直作威作福）这一著名事件是一个蹩脚的骗局，是在皇帝去世几百年后，由皇帝死去几百年后教皇法庭里的一个小官杜撰的。

或者，我们也可以回到更实际的问题，将话题切到一直受圣奥古斯丁思想熏陶的那些虔诚基督徒的身上。圣奥古斯丁曾教导他们说，地球另一侧的人所持的信仰是亵渎神灵的和异端的，那些可怜的家伙见不到基督第二次降临，就没有理由存活于世。1499年，达·伽马首航印度归来，描述了地球另一面有人口稠密的王国,这些善男信女又该如何看待圣奥古斯丁的教义呢?

这群头脑简单的人一直被告知说,我们的地球是扁圆的,耶路撒冷是宇宙的中心。然而"维多利亚"号环球航行归来,这表明了《旧约》中的地理有不少严重错误,那么这些人应该信什么好呢?

我再重申一下刚才所说的。文艺复兴不是自觉钻研科学的时代,遗憾的是,在精神领域中缺乏真正的志趣。主宰这三百年一切事务的是对美和享乐的追求。教皇虽然极力反对一些臣民的异端教义,可是只要这些反叛者健谈、对印刷和建筑学略知一二的话,他倒也十分乐于邀请他们共进晚餐。美德的热情鼓吹者,如撒沃那罗拉,和不可知论者冒有同样大的危险,年轻的不可知论者很聪明,用诗歌散文抨击基督教的信仰基础,其言词之激烈,大大超越了优雅之度。

人们表露的是对生活的新的向往,但是里面却无疑蕴藏着一种潜在的不满,是对现存社会体制的不满,对权势冲天的教会压制人类理性发展的不满。

薄迦丘和伊拉斯谟之间,将近隔了两个世纪的距离。在这两百年里,抄写匠和印刷商一刻也没闲过。除教会自己出版的书之外,几乎当时的每一本书都在暗示着:由于野蛮入侵者造成的混乱局面取代了希腊和罗马的古代文明,西方世界被一群无知的修士把持着,世界便陷入了极为悲惨的灾难。

马基雅弗利和罗棱佐·美第奇的同代人对伦理学并不很感兴趣。他们讲究实际,要尽可能地利用这个世界。他们表示要与教会和平共处,因为它的组织强大,魔爪甚长,会带来很大害处,他们从不有意加入任何改革的企图,或对他们置身其下的机构指手画脚。

但是他们对过去事情也有无尽的好奇心,他们不断追求新的刺激，活跃的思想极不安稳，一直相信"我们知道"的世界开始反问"我们真的知道吗"？

这要比彼特拉克的十四行诗集和拉斐尔的画集更值得后世感激。

第十二章

基督教改革运动

现代心理学告诉了我们一些关于自己的有用的东西,其中之一就是,我们极少出于一种单一的动机而做一件事情。我们不论是向一所新大学解囊捐赠一百万美金,还是拒绝扔一个子儿给饥饿的乞丐,不论是宣称说真正的智力自由生活只有在国外才能得到,还是发誓永不再离开美国海岸,不论是坚持把黑称做白,还是把白说成黑,总是有不一而足的种种动机促使我们做出决定,我们心里也明白。但是,我们要是真敢对自己和周围的人老实承认这一点,那我们在大庭广众之下的形象可就寒碜可怜了。所以,我们本能地从自己众多动机中选出最值得称道的,把它包装成符合公众的口味,然后公之于世,称它是"我们做某件事的真正理由"。

可是,虽然常常在大部分时间里有可能蒙住大多数人,却从来没有一个方法能蒙骗自己,哪怕是蒙骗一分钟。

大家都清楚这条使人尴尬的真理,所以自文明开始以来,大家彼此都心照不宣,无论发生什么事,这都摆不到台面上来讲。

我们内心怎样想,这是自己的事。只要外表保持一副道貌岸然的样子,心里便会感到满足,因此就很乐于遵守这样的原则:"你相信我的这个小谎言,我也会相信你的。"

你相信我的这个小谎言，我也会相信你的。因此它极少能被允许跨入文明社会的神圣大门。由于历史迄今为止只是少数人的消遣，可怜的缪斯克利俄百无聊赖，尤其是当我们把她的职分跟其他不那么可敬的姐妹相比。她的姐妹们自从开天辟地以来就可以自由地唱歌跳舞，还被邀请参加每一个晚会，这当然引起了可怜的克利俄的无比愤恨，她不断施展微妙的于腕，以图报复。

报复纯属人的天性，却又很危险，常常让人付出生命和财产的昂贵代价。

这位老妇人经常要向我们展示一个事实，即一揽子谎言持续若干世纪后，整个安宁幸福的世界就陷入动荡之中，狼烟四起，上千个战场包围了世界。骑兵团开始横冲直撞，漫山遍野的一队队步兵慢慢地爬过大地。以后，所有的人都回到各自的家舍或墓地，整个国家一片断壁残垣，不计其数的金银财宝耗尽，只剩最后一文钱。

如前所述，我们的同行现在已经开始认清，历史既是科学，也是艺术，不能违逆永恒不变的自然规律，这种规律却偏偏只在化学实验室和天文台受人推崇。于是，我们就搞起非常有用的科学大扫除，这对子孙后代造福匪浅。

这终于把我带到了本章开始时的题目：基督教改革运动。

直到前不久，针对这个巨大的社会、精神动乱，只有两种观点存在，一种是全盘肯定，一种是全盘否定。

前种看法的支持者认为，它是一次宗教热情的突然爆发，导致了这场运动的发生，一些品行高尚的神学家对教皇龌龊的统治和受贿大为震惊，自己就建立起独立的教会，向真心诚意要当真正基督徒的人传授真正的信仰。

仍旧忠于罗马的人绝没有这么高的热情。

在阿尔卑斯山另一面的学者看来，宗教改革是一场该受诅咒、应受谴责的阴谋，是一群卑鄙的王公发起的，几个卑鄙的王公贵族不想结婚，还希望得到本该属于教会圣母的财产，便阴谋闹事。

一如既往，双方都有对有错。

宗教改革是形形色色的人出于形形色色的动机造成的。直到最近我们才开始明白，宗教不满发挥的作用其实不大，这必然是一场略带神学背景的社会、经济大变革。

如果教导我们的子孙，使他们相信菲利浦王子是个开明统治者、他对改革后的教旨很感兴趣，难以向孩子们说清楚的是，这是一个不择手段的政客耍的阴谋诡计，这个人不惜接受不信上帝的土耳其人的帮助，用以发动对其他基督徒的战争。于是几百年来，新教徒便把一个野心勃勃的年轻伯爵打扮成宽宏慷慨的英雄，他希望得到的是黑森家族取代自古以来掌权的世敌哈斯堡家族。

另一方面，可以把克雷芒教皇说成慈爱的牧羊人，他把日益衰竭的最后精力都徒然地用在保护羊群不跟随错误头领误入歧途上，这要比把他描写成典型的美第奇家族的王子更易于理解，因为美第奇家族把宗教改革看成是一群酗酒滋事的德国修士吵闹，并运用教会的力量扩展意大利祖国的利益。因此，如果从大多数天主教课本中都能看到这样一位了不起的人物冲我们微笑，一点也不稀奇。

然而，那种历史虽然在欧洲很必要，不过我们既然在新世界上幸运地落了脚，就不必坚持欧洲大陆祖先的错误，可以自由地得出自己的结论。

黑森的菲利浦（也就是路德的挚友和支持者）虽然怀有强烈的政治抱负，却不能说在宗教信仰上不虔诚。

他绝对不是这样。

当他挺身而出，在著名的1529年"抗议书"中签上自己的名字时，他和其他签名者都知道，他们会"面临着可怕风暴的严峻考验",还会在断头台上了却一生。他如果不是具有非凡的勇气,就不能扮演他实际上扮演了的角色。

不过我要说明的是,历史人物受到启发做了一些事情,也被迫放弃一些事情,但如果不深入了解他的各种动机,要对他(或者对我们所熟悉的人)盖棺论定是很困难的,几乎也是不可能的。

法国有句谚语:"了解一切即宽恕一切。"这个解决方法似乎过于简单。我想做一点补充,修改成:"了解一切即理解一切。"把宽容一事交给慈祥的主好了,主在数世纪前就已为自己保留了这项权利。

而我们只要谦虚努力地去"理解"就行了,这对于人类有限的能力来说已经够多了。

现在我还是回到宗教改革上来,这个问题让我把话题扯远了一点。

据我的"理解",这个运动起初是一种新精神的体现,新精神是过去三个世纪经济、政治发展的结果,以"民族主义"的形式为人所知,因此它与那个外来的国上之国是不共戴天的敌人。前五个世纪的欧洲各国都被迫要在那个国上之国的控制下生存。

要是没有同仇敌忾,就不能使德国人、芬兰人、丹麦人、瑞典人、法国人、英国人和挪威人紧密团结为一体,形成强大的力量,足以摧毁长期监禁他们的藩篱。

如果各自怀有的险恶嫉妒之心没有由于一个伟大的理想而暂时收敛,远远超越他们私下的嫌隙和抱负,宗教改革也绝不会成功。

反之,宗教改革就会变为一连串小规模的地方暴动,只需一支雇佣军团和几个精力旺盛的宗教法官就可以轻而易举地把它们镇压下去。

改革领袖便会重蹈胡斯的厄运,追随者就会像他们前面的小团体瓦尔多派、阿尔比派那样遭到大屠杀。教皇统治集团会记载下又一次易若反掌的胜利，接踵而来的便是对"违反纪律"的人们施以施雷克里克式的统治。

即使是成功了，这场伟大的改革运动也是在极小的范围内取得成功。胜利一到手，对反抗者生存的威胁一解除，新教徒的阵营便瓦解成无数个敌对的小山头，在已经大大缩小了的范围内重演敌人当权时的所有错误。

一个法国神父（很遗憾我忘记了他的名字，他是个绝顶聪明的人）曾经说过，无论人性有多恶，我们应该学会爱人。

我们从局外人的角度回顾一下这个充满了希望和失望的时代，在近四个世纪的时光里，那么多男男女女把生命浪费在绞架和战场上，就为了一个根本不会实现的理想。我们也看一看数以百万计默默无闻的小市民，他们认为某些东西是神圣的，便为之牺牲；还有新教徒的起义，他们本想建立更自由、更开明、更富有智慧的世界，却一败涂地。这都会使人们的博爱之心受到异常严峻的考验。

直言不讳地讲，新教徒奉行的主义从这个世界上剥夺了许多美好、高尚和美丽的东西，又加进了不少狭隘、可憎和粗陋的货色。它没有把人类历史改写得更简单、更和谐，反而把人类历史变得更复杂、更混乱。不过，与其说这是宗教改革的过错，倒不如说是大多数人本身具有的弱点造成的。

他们不愿意慌张从事。

他们无法跟上领袖的步伐。

他们并不缺乏善良的愿望，终究会穿过大桥到达新发现的彼岸。但是他们要选择最好的时机，而且还不肯放弃祖宗留下来的传统。

伟大的宗教改革本来是为了建立基督徒与上帝之间全新的个人关系，摈除过去的一切偏见和腐败，可是它完全被追随者们头脑中的中世纪包袱搞得混乱不堪,不能前进又没有退路可言,很快就落入了它憎恨万分的教皇体制的窠臼。

这便是新教徒起义的悲剧,它不能从大多数支持者的平庸理智中摆脱出来。

结果,西部和北部的人并没有像所期望的那样取得长足的进步。

宗教改革运动未能产生一个所谓一贯正确的人,却留给世界一本据说是永无过失的书。

不是出现了一个至高无上的当权者,却涌现出无数个君主,都以自己的方式试图一统天下。

不再是把基督教世界分为两大立场鲜明的阵营,一半是占统治地位的,一半是占非统治地位的,一半是虔诚的教徒,一半是异端分子,而是制造出无数个意见分歧的小团体,彼此毫无共同之处,只是都对与自己意见相左者似仇人相见,分外眼红。它没有建立宽容的统治,而是效法早期教会,一旦大权在握,一旦用无数的要理问答、信条和忏悔书巩固了自己的地位后,就向人宣战,仅仅因为那些人不信他们居住地的官方教义。

但是在十六、十七世纪的思想发展中,这是无法避免的。

要形容一下像路德和加尔文这类领袖的勇气,只有一个词,说来还相当吓人:硕大。

德国边远地区的不毛之地有一所潮汐学院,里面的一位教授是个朴实的多明我会修士,这样一个人竟然敢于烧掉教皇诏书,把他的反叛言论钉在教堂的门上。还有个体弱多病的法国人,他把瑞士的一座小村镇变成了堡垒,完全不把教皇的力量放在眼里。这些事例展示了人们的刚毅坚韧,堪称超世绝伦,现代世界里无人可与之相比。

这些胆大包天的造反者很快找到了朋友和支持者,只不过这些朋友都抱有个人目的，支持者也只是为了混水摸鱼捞一把，都不在本书讨论的范围内。

这些造反者为了自己的良知以性命赌博的时候，未曾想到会发生这种事，也没能预见到北部大部分民族最后会云集到自己的旗帜之下。

但他们一旦卷入自己引起的大旋涡，他们也无可奈何，只能随波逐流。

不久，他们为浮出水面耗费了所有力气。远方的教皇终于意识到这场不值一提的骚乱比几个多明我会修士与奥古斯丁托钵修士之间的个人争吵要严重得多，是一个原法国助理牧师的阴谋。为了赢得众多资助人的欢心，教皇暂时停建了心爱的大教堂，开会商讨发动战争。教皇的训谕和逐出教会的命令飞送到四面八方，帝国的军队开始了行动，叛乱分子的领袖别无他法，只能背水一战。

历史上也不是第一次发生这样的事，伟人们在极端的冲突中失去了他们的分寸感。同一个路德曾经疾呼"烧死异教徒是违背圣灵的"，可是几年后，他一想起邪恶的德国人和荷兰人竟然倾向于浸礼教徒的思想，就恨得咬牙切齿，好像完全失去了理智。

这个无畏的改革者在开始时还坚持认为，人们不应把自己的逻辑体系强加于上帝，但临终前却烧死了一个显然逻辑能力比他强的人。

今天的异教徒到了明天就成为所有持异见者的大敌。

加尔文和路德总是谈论新的纪元，黎明曙光终于从黑暗中出现，然而他们在有生之年却一直是中世纪传统的忠实后裔。

在他们眼里，宽容从来就不是也不可能是什么美德。他们在没有容身之地的时候，还心甘情愿乞灵于信仰自由的神圣权力，以它作为攻击敌人的论点。这个有力武器就被小心地存放到新教的杂屋里，那里面还乱七八糟地塞满了其他不实用的良好打算。

它躺在那里，被忽略，被遗忘，直到许多年后才从盛满旧式说教的木简后面被翻找出来，人们捡起它，刮去锈渍，又一次走向战场，但是使用它的人的本质已经改变，与十六世纪初期奋战的人截然不同。

不过，新教徒革命也为宽容事业做出了巨大贡献。这倒不是革命本身取得的，这方面的收益的确很小。但间接地，宗教改革的所有结果都与进步保持一致。

首先，它使人们熟悉了《圣经》。教会从未严令禁止人们读《圣经》，但也没有鼓励普通凡人研究这本圣书。现在每个正直的面包匠和烛台制造师终于可以拥有一本圣书了，可以私下里在自己的作坊里研究，得出自己的结论，还不用怕在火刑柱上被烧死。

熟悉可以抵消人们在一无所知的神秘事物面前的敬畏和恐惧感。在宗教改革后的两百年里，虔诚的新教徒相信他们从《旧约》里读到的一切，从巴兰的驴子到约拿的鲸鱼。那些敢于质询一个逗号的人（博学的亚伯拉罕·科洛维厄斯受圣灵启示而发出的元音符）知道最好别让大家听到他们怀疑的窃笑。这倒不是因为他们仍然害怕宗教法庭，而是因为新教牧师有时会使他们的生活很不愉快，遭到牧师公开责难会带来严重的经济后果，即使不是毁灭性的，也会十分严重。实际上这本书是由牧羊人、商贩组成的小国的一本历史书，被人翻来覆去地研读后，所造成的结果是路德、加尔文和其他改革者无法预见的。

假如他们预见到了，我肯定他们会和教会一样，讨厌希伯来文和希腊人，小心谨慎地不使《圣经》落入凡世俗人之手。因为最后，越来越多的严肃学生开始看到《旧约》是一本非常有趣的书，在他们看来，里面的许多描写残忍、贪婪和谋杀的毛骨悚然令人发指的故事绝不会是在神示下写成的，根据内容的性质判断，那只能是处于半野蛮状态的民族的生活写照。

从这以后，许多人当然不去再把《圣经》看成是唯一的智慧源泉。这个给自由遐思造成障碍的东西一旦被破除，被遏止了几乎一千年的科学研究便开始欢畅地奔腾而去，一度中断了的古希腊和古罗马哲学家的成果又从二十个世纪以前丢下的地方被重新捡了起来。

其次，从宽容的角度看，这一点更为重要：宗教改革把西欧和北欧从一个权力专制中解脱了出来，这个专制尽管披着宗教组织的外衣，但实际上是精神领域的罗马帝国暴君制度的延续。

信仰天主教的读者很难苟同于这些观点，但他们也应该感谢这场运动，它不仅不可避免，而且给他们自己的信仰带来很多好处。本来，天主教会这个一度神圣的名字已经沦为贪婪和暴虐的代名词，所以教会才绞尽脑汁，千方百计扫清这些指责。

它也取得了辉煌的成果。

十六世纪中叶以后，梵蒂冈不再容忍波尔吉亚人了。教皇像从前一样继续由意大利人担任，修改这个规定实际上是不可能的，就如同古罗马时期受信任的大主教们在选举教皇时要是挑上一个德国人、法国人或其他任何一个外籍人，下层百姓会把这座城市掀个底朝天。

新教皇的选举万分慎重，只有最德高望重的人才有希望当选。这些新主子在充满奉献精神的耶稣会会士的辅佐下，开始对教会进行大清洗。

停止销售免罪券。

修道院的神职人员必须研究（从此以后遵守）修道院创始人定下的规矩。

在文明城市里，行乞的僧人踪影全无。

文艺复兴时期那种普遍的精神冷漠不见了，取而代之的是对神圣而有意义的生活的热情，做善事，竭力帮助那些无力承担生活重担的不幸的人。

即使如此,教廷还是未能收回已经失去的大片疆土。从地理上来讲,欧洲北部是新教的地盘,南半部仍属于天主教。

不过,如果我们把宗教改革的成果用图画来说明,那么发生在欧洲的这些变化就更一目了然。

在中世纪,有一座包罗万象的精神和智力的监狱。

新教起义摧毁了旧监狱,并用现成的材料建立起自己的监狱。

一五一七年以后,出现了两座地牢,一座专为天主教徒而建,另一座是为新教徒而建。

至少原定的计划是这样的。

可是新教徒没有受过长达数世纪的如何进行迫害和镇压的训练,无法保证监狱不受异端破坏。

大批桀骜不驯的囚徒从窗子、烟囱和地牢的门口逃跑了。

整座监狱很快变得破烂不堪。

到了夜晚,异教徒便整车地搬走石头、大梁和铁棍,次日早晨用它们建造了一座自己的小堡垒。它的外表很像一千年前格列高利大帝建造的普通监狱,但实际上已是外强中干。

堡垒一旦投入使用,新的规定和制度一旦被张贴在门上,大批心怀不满的信徒便蜂拥出走了。他们的看守,也就是刚刚被称为牧师的人由于没有传统的惩戒措施(开除教籍、折磨、判处死刑、没收财产、流放)撑腰,只好无可奈何地站在一旁观望着已经下定决心的乱民。这帮叛逆按照自己的神学所好建起了一道防卫木桩,宣读一些恰好符合他们临时信仰的教义。

这一过程经常往复,最后在不同的禁地之间形成了精神上的"无人区",求知者可以在这里自由徜徉,正直的人在此可以不受阻碍、不受干扰地自由思考。

这就是新教主义为宽容事业做出的巨大贡献。

它重建了人的尊严。

第十三章

伊拉斯谟

撰写每本书都会出现危机，有时候，危机会在前五十页出现，有时候直到手稿接近尾声时才现身。的确，一本书如果没有危机，就像一个孩子没有出过天花一样，也许这正是问题的所在。

这一卷的危机几分钟前刚出现，因为我现在觉得在1925年著书论述宽容这个题目似乎很荒谬，也因为我迄今为这部基础研究而花费的那么多宝贵时光和艰辛劳苦可能徒劳无益了。我很想用伯里、莱基、伏尔泰、蒙田和怀特的书点燃篝火，也想把我自己的著作丢进火炉付之一炬。

怎么解释呢？

有很多原因。第一，作者与自己定下的命题形影不离，一起生活了这么久，难免会产生倦意。第二是怀疑这类书完全没有实用价值。第三是担心这本书只会为缺乏宽容的同胞们提供把柄，他们利用书中一些次要的史料为他们自己的可恶行径进行辩解。

可是除去上述问题（大部分严肃书籍都存在这些问题），这本书还有一个无法克服的困难，即它的"结构"。

故事必须有头有尾才算成功。这本书倒是有个开头，但是能有结尾吗？

这就是问题之所在。

我可以举出许多骇人听闻的罪行，它们看似出于公正公义之名，实际上却是不宽容的结果。

我可以描述当不宽容提高到主要美德的层次时人类有多么不幸。

我可以痛斥和嘲弄不宽容，直到读者异口同声地大声疾呼："打倒这个祸害，让我们宽容起来吧！"

但是有一件事我做不到。我无法告诉大家这个崇高的目标如何得以实现。现在有各种各样的手册向我们讲述世界上的许多事情，从饭后的闲谈到如何表演口技。上星期日我看到一张函授课程广告，有多达两百四十九个科目学校保证教到位，而且费用很低，而且费用很少。但是至今没有人提出如何在四十（或四万）个课时中讲明白"怎么做到宽容"。

就连历史，虽说是能解开许多秘密的钥匙，但却无法帮助我摆脱这种危急情况。

的确，人们可以写出大部头的专业著作，谈谈奴隶制、自由贸易、死刑和哥特式建筑，因为这些问题是非常明确具体的。即使缺乏其他材料，我们至少还可以研究在自由贸易、奴隶制和哥特式建筑中大显身手或大力反对的男男女女的生平。从这些杰出人士探讨问题的方式、个人习惯、社会关系、饮食烟酒方面的爱好，甚至他们穿什么样的马裤，我们都可以对他们大力支持或恶毒诋毁的理想得出某些结论。

可是从没有人把宽容作为自己的职业。热烈从事这项伟大事业的人只是出于很大的偶然性。宽容是他们的副产品，他们有别的追求。他们是政客、作者、国王、物理学家或谦虚的美术家。在国王的事务中，在行医和刻钢板中，他们有时间为宽容美言几句，但为宽容而奋斗不是他们的主业，他们对宽容的兴趣就像对下象棋和拉小提琴一样。这伙人非常怪异混杂（想想斯宾诺莎、腓特烈大帝、托马斯·杰弗逊、蒙田这一帮同道中人吧），要发现彼此性格中有共同之处几乎不可能，尽管一般来说，从事共同工作的人都有共同的性格，不论这个工作是从戎、探测还是把世界从罪恶中解救出来。

因此，作家倾向于向警句格言求援，在这个世界的某个地方总有某种格言来应对某种困惑。但是在这个特殊问题上，《圣经》、莎士比亚、艾萨克·沃尔顿和老贝哈姆都没有给我们留下什么东西。也许乔纳森·斯威夫特（按我的记忆）最靠谱，他说大多数人的宗教信仰只够他们仇恨自己的邻居，而不够他们热爱那些邻居。遗憾的是，这条真知灼见还不能完全解决我们目前的困难。有些人对宗教的熟悉不逊于任何人，但对自己的邻居仍然恨之入骨。有些人全无信仰宗教的天性，却对野猫、野狗和基督世界的人类倾注了爱心。

不行，我必须得出自己的答案。经过必要的思考（但仍然忐忑不安），我要讲述一下我自己所认为的真理。

大凡为宽容而战的人，不论彼此有什么不同，都有一点是一致的，他们的信仰总是伴随着怀疑；他们可以诚实地相信自己正确，但绝没有到坚信不移的地步。

在如今超爱国主义的时代，在我们为这个百分之百那个百分之百呐喊叫嚣的时候，我们不妨看一看大自然给我们的启示，它似乎一直从本质上非常厌恶任何标准化的理想。

纯种猫和纯种狗是出了名的傻瓜，因为如果没人把它们从雨里抱走，它们就会死亡。百分之百的纯铁早已被抛弃了，取而代之的是被称为钢的合成铁。没有一个珠宝商会费尽心思地去搞百分之百的纯金、纯银手饰。小提琴无论多好，也必然是由六七种不同木材组成的。至于一顿饭，如果百分之百全是玉米粥，非常感谢，我碰都不会碰。

总之，世上所有最实用的东西都是混合物，我不明白为什么信仰要例外。我们"肯定"的基础里要是没有点"怀疑"的杂质，那我们的信仰就会像纯银的钟一样总是叮当作响，或像黄铜制成的长号，发出难听刺耳的声音。

宽容的英雄们正是由于深深认同这些，才与其他人分道扬镳了。

在人品的正直上，诸如对信仰的真诚，对职责的无私忠实，以及其他人们所共知的美德，他们中的大部分人都能通过清教徒宗教法庭的审查。我想讲得更深一些，他们中至少有一半人活着和死了以后本可以进入圣人行列，可是他们的特殊意识逼迫他们成为某一个机构的公开、可怕的敌人，只是那个机构自认为把人封为圣人是它独一无二的权利。

但幸运的是，这些英雄有神圣的怀疑态度。

他们知道（就像在之前的罗马人、希腊人一样知道），自己所面临的问题浩瀚无际，头脑正常的人绝不期望能够解决。他们一方面希望并祈祷自己所走的路能最终把他们引向安全的目的地，另一方面又不相信这条路是唯一正确的，其余的全是歧途。他们认为尽管这些歧途动人，足以陶醉头脑简单的人，但是通向的是万劫不复的地狱。

听来这与《宗教问答手册》和伦理学教科书上的观点截然相反。我们的书宣传的都是超凡脱俗的世界，由绝对信仰的纯白炽焰照耀着。也许是不错，但在炽焰燃烧得最旺的那些世纪里，普通大众既不特别感到幸福也不特别舒适。我并不想搞激烈的变革，但是为了变换一下，不妨试一试别的光亮，我们宽容行业的弟兄们就是习惯于借助这后一种光亮来审视这个世界。如果这试验不成功，我们还可以回到父辈的传统里。如果新的光亮能把一缕宜人的光芒照射在社会上，多带来一点仁慈和克制，使社会少受丑恶、贪婪和仇恨的骚扰,那么收获一定会很大,我肯定,付出的代价也不大。

提出了这点建议,待价而沽。下面我必须接着讲历史。

最后一个罗马人入土后,世界的最后一个公民(指的是最好、最广泛意义上的世界)也泯死消亡了。古代世界充满了人道的古老精神,这是当时先进思想的特点,只是过了很长时间,它才得以重现风采,社会才又一次有了安全的保障。

正如所见,这发生在文艺复兴时期。

国际贸易的复苏给穷困的西方国家注入新的资本,新城市纷纷崛起,新阶层的人开始资助艺术,花钱出版书籍,赞助顺应繁荣潮流的大学。一些"人道思想"的支持者大胆地以整个人类作为对象进行试验,高举叛旗,打破旧式经院哲学的狭小局限,与旧的虔诚之徒分手了。因为后者把他们对古人智慧和原理的兴趣看作是邪恶肮脏的好奇心的体现。

一些人站在了这一小队先驱的前列,这本书以后的部分全是他们的故事,其中最高荣誉当属于一颗腼腆的心灵,他的名字就是伊拉斯谟。

他固然很温顺,却也参加了当时所有的文字大论战,并且精确地操纵了各类武器中最厉害的一种——长射程的幽默大炮,从而成功地叫他的敌人心惊胆战。

炮弹里装着由他的智慧制成的芥子气,径直射往敌人的国土。伊拉斯谟炮弹杀伤力极强,乍一看没什么危险,没有噼啪作响的导火线预警,外表只是有趣的新款烟花的模样。可是,上帝保佑那些把这些玩意儿拿回家让孩子玩的人吧。毒气肯定会进入幼小的心灵,而且根深蒂固,整整四个世纪也没能找到解毒的有效疫苗。

这样一个人,竟出生在北海淤泥沉积的东海岸的一个索然无味的小镇子,也颇为奇怪。十五世纪时,这些被水浸透的土地还没有达到独立富足的全盛时期，只是一些不起眼的诸侯国，徘徊在文明社会的边缘。整个地区飘着鲱鱼的腥气，经久不散，鲱鱼是这里的主要出口产品。到此地的外来者只会是处境凄凉的水手，他的船在阴沉的岸边触礁沉没了。

这样讨厌的环境会形成童年的恐惧，但也会刺激好奇的孩子奋力挣扎，活跃异常，最后脱颖而出，成为那个时代最知名的人物之一。

他一生下来就事事不顺当。他是个私生子。中世纪的人与上帝和大自然都保持着亲密友好的关系，对待这一类孩子的态度比我们聪明多了。他们感到遗憾，这种事情不应该发生，当然也非常不赞成。不过除此之外，他们的头脑过于简单，没有想到要去惩罚摇篮里的小生命，因为这不是孩子的过错。伊拉斯谟不正规的出生情况并未对他造成很大不便，它只是表明他的父母太糊涂，根本没有能力应付局势，只好把孩子撂给亲戚们抚养，这些亲戚不是笨蛋就是无赖。

这些叔叔和监护人不知道怎样打发他们的两个小监护对象，母亲一死，两个小家伙就无家可归了。首先他们被送到德汉特的一所负有盛名的学校，那儿的几个教师加入了"共同生活兄弟会"，不过我们如果读一读伊拉斯谟后来的信件，便可以判断出，这些年轻人只是在共同生活这个词的完全不同的意义上"共同"。继而，两个孩子分手了，弟弟被带到豪达，置于拉丁文学校校长的直接监督之下。校长是三个被指定管理孩子继承的微薄产业的监护人之一。如果伊拉斯谟时代的学校像四个世纪以后我参观过的学校那样糟，我只能为这可怜的孩子感到难受。更糟糕的是，三个监护人这时已经挥霍了孩子的每一分钱，为了逃避起诉（旧时的荷兰法庭对这种事的处理相当严厉），他们匆忙把他送进修道院当修士，祝他幸福，因为"以后他的生活就有保障了"。

历史这个神秘的磨盘最终把这一可怕的经历碾成具有伟大文学价值的东西。中世纪末期,所有修道院中半数以上的人都是只字不识的乡巴佬和满手老茧的种田人,这个过于灵敏的年轻人形单影只,多年被迫与这些人住在一起,一想起来真觉得不是滋味。

幸运的是,施泰恩修道院的纪律松弛,所以,伊拉斯谟有幸能把大量时间花在前任院长收集的拉丁文稿上,那些材料在图书馆一直无人问津。他如饥似渴地读着他的著作,最后成为古代学问的活的百科全书。这对他以后有很大的帮助。他总是在活动,很少去参考图书馆的书。不过这倒没关系,因为他可以凭借自己的记忆加以引用。大凡读过收有他著作的十大本卷宗或是只通读了其中一部分的人(如今生命是如此短暂),你就会了解十五世纪的"古典知识"意味着什么。

当然,伊拉斯谟最后还是离开了那个古老的修道院。像他这种人不会被时势所迫,他们会创造自己的时势,而且是用根本不成器的材料创造的。

伊拉斯谟的余生完全自由了,他不停地寻找一个他的工作不受爱慕者打扰的地方。

但直到他的灵魂带着对童年"亲爱的上帝"的乞求长眠不醒后,他才饱尝了一会儿"真正的安宁"。这对于紧步苏格拉底和塞诺后尘的人来说,一直是极少有人得到过的最美好的佳境。

关于这些文化苦旅的描述不少,我就不详细赘述了。每当两个或更多的人以真正智慧的名义凑在一起时,伊拉斯谟迟早会现身。

他在巴黎学习过,是个穷学者,差一点在饥寒交迫中死去。他在剑桥教过课,在巴塞尔印过书,还想(几乎是徒劳无功)把启蒙的火种带进著名的鲁汶大学,那是一座打着正统旗号灌输偏见的堡垒。他在伦敦待了很长时间,在都灵大学获得神学博士学位。他熟知威尼斯大运河,咒骂起新兰岛的糟糕道路来就像咒骂伦巴第一样熟悉。罗马的天国、公园、人行道和图书馆在他的头脑中留有深刻的印象,甚至莱瑟河水也不能把这座圣城从他记忆中洗掉。他只要还在威尼斯,便可得到一笔慷慨的年金,每当一所新大学落成开放,他爱担任什么教授职位都行,或者根本不需要担任教授,只要他愿意偶尔光顾一下校园,那就是使其蓬荜生辉。

但他坚定地拒绝所有的盛情邀请,因为这里面都包含着定居和仰人鼻息的危险,在所有东西中他最渴望的就是自由。他喜欢一间舒适的屋子,讨厌破旧的,喜欢有趣的同伴,讨厌呆笨的,他知道布尔根迪的美味佳酿和亚平宁的淡色红液体之间的区别,但是他要自己安排生活,如果他不得不称别人为"大师",那就做不到这一点了。

他为自己选定的角色是地地道道的知识探照灯。在时事的地平线上,无论出现什么情况,伊拉斯谟就立刻把他灿烂的知识之光洒落在上面,尽力让周围人看到事实真相,剥光它的装饰,戳穿它的愚蠢和他所痛恨的无知。

伊拉斯谟在历史的最动乱时期能这样做,既避开了新教狂热者的愤怒,又远离宗教法庭的朋友们的柴堆,在他的生涯中这一点使他成为众矢之的。

后代子孙似乎一提起古人,就巴不得出现几个殉道者。

"这个荷兰人为什么不挺身支持路德、不拼出性命与其他改革者站在一起呢?"这个问题好像已经困惑了至少十二代有学之士——虽然这些公民在其他方面的智力毫不逊色。

回答是:"他为什么要这样做呢?"

诉诸暴力并不是伊拉斯谟的本性,他也从来没有把自己看成是什么运动领袖。他毫无自诩正确的把握感,尽管他要告诉全世界下一千年应该如何实现,这确是一大特色。他还认为,我们每次觉得有必要重新布置住所时,不一定非得把旧房子拆掉。的确,地基亟待整修，下水道也过时了，花园里杂乱不堪，很久以前搬走的人家扔下了许多破烂。可是，如果房主兑现了诺言，及时花钱修缮，房子就会有所改观。除此之外，伊拉斯谟不想走得更远。虽然他的敌人很不屑地称他是"折衷派"，但他取得的成就跟彻头彻尾的"激进派"一样大——或者说比他们还大，激进派给这个本来只有一个暴君的世界带来了两个暴君。

伊拉斯谟像所有真正的伟人一样，对制度毫无好感。他相信拯救这个世界必须靠每个人的努力，你能改造个人就能改造整个世界！

于是，用普通人喜闻乐见的方式攻击弊端陋习。他采用了很高明的手段。

第一，他写了很多信，寄给国王、皇帝、教皇、修道院长、骑士和恶棍。他写信给每一个想接近他的人（那时还没有贴好邮票的回邮信封），只要有笔在手，他就能不费事地写出至少八页。

第二，他编辑了大量古文，这些古文常常被传抄得十分糟糕，已经文不达意。为了搞好编辑，他不得不学习希腊文，煞费苦心地掌握这种被禁用语言的语法。虔诚的天主教徒坚信他跟真正的异教徒一样坏，其中指责他的理由就有这么一条。这当然听上去很荒唐，但却是事实。在十五世纪，体面的基督徒绝不会梦想学会这门禁用的语言。会一点希腊文会使人陷入无数困境。它会诱惑人拿福音书的原文与译文做比较，而这些译文早已得到保证，说它是原文的忠实再现。这才是个开头。不久他便会到犹太区去，学会希伯来文法，这离公开背叛教会权威就只剩一步之遥。所以长时间内，一本布满稀奇古怪涂鸦式文字的书都会被当作具有秘密革命倾向的物证。

房子常常会遭到教会当局的突袭，搜查这种违禁品。一些拜占庭难民为了谋生私下教一点本国语言，便现在常被勒令离开他们避难的城市。

伊拉斯谟克服了这些障碍，学会了希腊文。他在编辑塞浦路斯和其他教会神父的书时加入了一些注释，里面巧妙地藏匿了许多对时事的评论，现在常被勒令离开他们避难的城市。如果用一个独立的小册子来论述，是不会给印出来的。

这种充满顽童精神的评注以他发明的独特文学形式表现出来，我指的是他著名的希腊语、拉丁语谚语集。他把成语归到一起，以便使当时的孩童都能学会古文，变得高雅。这些所谓的"矛板"中充满了聪智的评论，在保守派看来这肯定不是出于教皇之友的手笔。

最后，他写了一本奇怪的小说，像这一类书都是时代精神的产物。这种书其实是为了几个朋友一笑而作的。谁知叫作者始料未及的是，它却在古典文学史中占据了一席之地。这本书叫《对傻瓜的奖励》，我们正好知道了它是怎样写成的。

在1515年，一本构思巧妙的小册子轰动了世界，谁也不知道小册子是攻击托钵修会修士的，还是捍卫修道院生活的。首页上没有署名，但文化界消息灵通人士认出这书疑似出自一个叫冯·赫顿的人之手。他们猜得对，因为这个有才干的年轻人、桂冠诗人、奇怪的城市游民在这本大作中起了不小的作用，写了有用的滑稽部分，他自己也颇为之自豪。他听说连英国新学领袖托马斯·莫尔都称赞了他的书，便写信给伊拉斯谟，请教他一些细节。

伊拉斯谟对冯·赫顿没什么好感。他的头脑有条有理（反映到他井井有条的生活方式上），厌恶邋里邋遢的条顿人，这些人在上午和下午都为启蒙事业疯狂地挥舞笔和剑，然后便钻进附近的小酒馆，不停地灌酸啤酒来麻醉自己，借以忘记当时的腐败堕落。

不过，冯·赫顿有自己的路子，的确是有才干，伊拉斯谟的回信也彬彬有礼。在写信的过程中，冯·赫顿逐渐称赞起伦敦朋友的美德来，还描绘了一幅美满家庭的迷人图景，觉得托马斯爵士的家庭永远是别的家庭的出色楷模。在这封信里，他提到莫尔这个作用非凡的幽默家怎样赋予了他写《对傻瓜的奖励》的最初灵感，很可能正是莫尔创立的善意的闹剧（名副其实的挪亚方舟，里面有儿子、儿媳、女儿、女婿、鸟、狗、私人动物园、职业演员、业余小提琴乐队），启发他写出了使人兴奋的并使他一举成名的作品。

这使我隐约想起了英国木偶剧《庞奇和朱迪》，在好几个世纪里，它是荷兰儿童唯一的开心娱乐项目。《庞奇和朱迪》木偶剧中有大量粗俗的对话，但始终保持一种道德高尚严肃的调子，死神空洞的嗓音控制着整个场面，其他角色被迫一个接一个地站在这个衣衫褴褛的主角面前诉说自己的遭遇。小观众们总觉得开心的是，他们又一个接一个被人用大棒敲了脑袋，再被扔进假想的垃圾堆里。

在《对傻瓜的奖励》中，整个社会组织遭到精心剖析，某个受神灵启示的验尸官，也就是愚人，袖手旁观，赞扬他们。各种人物尽汇文中，整个"中世纪主要街道"里的合适形象被搜集一空。当然，当时的野心家，絮絮叨叨大谈拯救世界的修士，他们的粗鄙无知、他们所有的浮夸，全被写入书中遭到鞭挞，这是不会被忘记的，也不会被饶恕。

教皇、红衣主教和主教这些与加里利的贫苦渔民和木匠南辕北辙的后裔，也在人物表里，占据了好几个章节。

不过，伊拉斯谟撰写的《对傻瓜的奖励》比玩具画式的幽默文学更有坚实的人性。在整本小书中（也贯穿他写的所有文章），他都在宣扬自己的一套哲理，人们不妨称它为"宽容的哲学"。

就是这种宽人宽己的态度，这种坚持神圣律法精神而不是坚持神圣律法原著的标点符号，把宗教当作伦理体系而不是政权形式来接纳的人文思想，使伊拉斯谟遭到那些一本正经的天主教徒和新教徒猛烈攻击。正是这些才使头脑固执的天主教徒和新教徒痛斥伊拉斯谟是"不信上帝的骗子"，是所有真正宗教的敌人，"污蔑了基督"。但他们只字不提这本小册子中有趣的词句后面的本意。

攻击（一直持续到他去世）没有起任何作用。这位鼻子又尖又长的小个子男人一直活到了七十岁。他不喜欢做大众英雄，并对此直言不讳。他对风靡一时的英雄毫无兴趣，也公开这样讲。他从不希望从剑和火绳枪里得到任何东西，因为他非常清楚让小小的一场神学争吵激化为国际宗教战争的风险。

于是，他就像一只巨大的河狸，夜以继日地筑造理智和常识的堤坝，惨淡地希望能挡住不断上涨的无知和偏执的洪水。

他当然是失败了，不可能挡住从德国山脉和阿尔卑斯山飞流直下的恶意和仇视之洪水，他死后没几年，他的书也全部被冲走了。

不过，由于他的杰出努力，许许多多沉船的骸骨又冲到了后代人的岸边，成为永远无法制伏的乐观主义者们的好材料，这些人相信我们总有一天会有一整套堤坝真能挡住那股恶流。

伊拉斯谟于1536年7月与世长辞。

他从未失去他的幽默感。他死在出版商的家里。

第十四章
拉伯雷

社会的动荡造就奇怪的同伴。

伊拉斯谟的名字可以印在全家老少皆宜的体面书本上，但在公共场合提拉伯雷的名字却被视为不雅的事，的确，这家伙挺危险，我国都已颁布法律禁止天真的儿童触及他的邪恶著作，在很多国家里，他的书只能在最胆大包天的书贩子那儿买到。

当然，这也是失败贵族的恐怖统治强加给我们的荒唐事。

首先，拉伯雷的作品对二十世纪的老百姓来说就像读《汤姆·琼斯》或《七个尖角阁的老宅》一样枯燥乏味。没几个人能把没完没了的第一章读完。

其次，其实他并没有故意加入挑逗性暗示。拉伯雷用的词语在当时很通俗，如今却不常用了。不过，在那一片碧蓝的田园年代，百分之九十的人与大地亲密接触，铁锹还是叫铁锹，但母狗就不是叫"贵妇人的狗"了。

不，现代人反对这位著名外科医生的作品，不仅因为他无所顾忌地运用了大量的俚语俗称，还有更深层次的理由。这起源于这样的情况：许多优秀人物对凡是属于生活打击的人都感到无比厌恶。

据我分析，人类可以划分为两种：一类对生活持肯定态度，另一类对生活持否定态度。前一种人接受生活，并有勇气尽量利用廉价的命运对他们的赐赋。后者也接受生活（他们是无可奈何），但对得到的礼物不屑一顾，就像一个孩子，本想得到小狗或玩具火车，却迎来了一个小弟弟，他们会为此而烦躁苦恼。

快乐弟兄们很乐意相信郁闷不乐的邻居对自己的评价，注意忍让他们，即使否定派在大地上撒满悲伤、在失望中堆起可怖的高山，也不去阻拦。不过，否定生活的弟兄们性情孤僻阴郁。

肯定派要想走自己的路，否定派便会立即把他们清除干净。

因为做不到，他们就无休止地迫害那些声称世界属于活人而不属于死者的人。

拉伯雷大夫属于第一种人，他的病人，或称他的思想，从未向往过墓地。毫无疑问，这是遗憾的事，但我们不能都做掘墓人，总该有几个波洛尼厄斯吧，一个只有汉姆雷特这种人的世界一定可怕极了。

至于拉伯雷的生活，倒也没有什么神秘的。他朋友书中漏掉的细节能在他敌人的书中找到，因此，我们能够相对准确地把握他的人生。

拉伯雷是紧接伊拉斯谟的一代，但他降生的世界仍被僧人、修女、执事和无数托钵僧所把持。他出生在希农，父亲是药店老板或酒商（在十五世纪这两个职业是分开的），相当富足，可以把儿子送到好学校读书。年青的弗朗西斯在那儿结识了杜贝拉—兰格家族的后裔。那个家族在当地颇有些名气，这些男孩跟他们的父亲一样有些天赋，善于写作，必要的时候还是打仗的一把好手。他们老于世故——"世故"这个词常被曲解，我这里是褒意。他们是国王的忠诚侍从，担任无数公职，而仅一个头衔便可以把他们打入众多责任和义务、但极缺乏乐趣的生活。他们担任过无数个公职，做过主教、红衣主教、大使，翻译过古典文献，编辑过步兵、炮兵操练手册，出色地完成过许多有用的工作任务，这都是那个时代对贵族的要求。

杜贝拉家族后来对拉伯雷的友谊表明，拉伯雷并不只是一个陪他们饮酒作乐的有趣的食客。他的一生有许多坎坷，他总能仰仗老同学的帮助和支持。无论什么时候跟修道院的头儿发生了冲突，杜贝拉家族古堡的大门便向他敞开；间或法国领土已容不下这位耿直的年轻道学家，却总恰好有一位杜贝拉出使外国，急需一名既懂医术又擅长拉丁语写作的秘书。

这可不是一件小事，不止一次，我们的博学医生的生涯眼看会痛苦地戛然而止，而老朋友的势力又把他从巴黎大学神学院的愤怒或加尔文主义者的怒火中解救出来。加尔文主义者本来把他看作是他们的同伙，但他却在大庭广众之下无情地嘲讽了加尔文派大师，把他们气坏了。他也没放过从前在丰特奈和马耶赛的同事，好好把他们的三位一体论讽刺了一番。

两个敌人中，巴黎大学神学院当然最危险。加尔文可以尽情谩骂，但出了瑞士这小小的行政区管辖范围，他的电闪雷鸣就跟烟花爆竹一样无害了。

相反索邦神学院跟牛津大学是坚持正统神学和"旧学"的联合阵线，他们的权威一遇挑战，他们便毫不留情，并总与法兰西国王和绞刑吏有会心的合作。

哎呀，拉伯雷一离开学校，就成了引人注目的人。这并不是因为他爱喝好酒、爱讲同伴僧人的有趣故事。而是比这更糟糕，他竟然抵御不住邪恶的希腊语诱惑。

他所在的修道院的院长一听到传闻，便决定搜查他住的地窖。他们发现了成堆的文字违禁品、一本《荷马史诗》、一本《新约》和一本希罗多德的书。

这个发现实在可怕，他有权有势的朋友费尽心机地进行幕后操纵后才得以让他脱困。

在教会发展史里，这是个奇妙的阶段。

在这之前，正如我所告诉你的，修道院是文明的先行者，托钵僧和修女为扩大教会的势力做出了不可估量的努力。不过，不只一个教皇预见到，修道院体制发展得太强大会十分危险。但是一如既往，正因为大家都知道应该对修道院采取某些措施，才迟迟不见有所行动。

新教徒中似乎有一种看法，天主教会是个稳定的组织。由一小撮目中无人的贵族无声无息、自然而然地把持着，内部从未有过动乱，其他普通人管理的任何机构都免不了会发生内讧，但天主教会却没有这个烦恼。

世间万物，唯有真理咫尺天涯。

也许一如前因，这个看法是由于错误地理解了一个字。

充满民主理想的世界一听说有"绝对正确"便会大吃一惊。

人们说："一个人说，好吧，就这样，其他人就都跪下来高呼'阿门'并服从他，那么管理起来还不是易如反掌。"

一个在新教国家长大的人很难对这个复杂问题形成一个正确而公平的看法。不过，如果我没有搞错，教皇"一贯正确"的言论就像美国的宪法修定案一样历历可数。

况且，问题只有经过充分讨论后才会有重要决定产生，在最后定论之前的辩论往往激烈得就差没撼动整个教会的根基。这样产生的宣言是"一贯正确"的，正如同我们的宪法修定案也一贯正确一样，因为它们是"最后"的，一经明确地并入最高法律，任何争执都到此结束。

谁要是说管理美国很容易，因为人们在紧急时刻都会站在宪法的一边，那就大错特错了，如果他说所有在终极信仰问题上承认教皇绝对权威的天主教徒都是温顺的绵羊,包括放弃所有发表个人见解的权利,那他也一样大错而特错了。

假如真是这样,那么住在拉特兰和梵蒂冈宫殿里的人倒是有好日子过了。但哪怕对一千五百年历史做一个肤浅的研究,你就会发现事情正好相反。那些主张信仰改革的人在著书立说时,似乎以为罗马当权者全然不知道路德、加尔文和茨温利满怀仇恨谴责的那些罪恶,其实说此话者不是不了解实情就是对正义事业的热忱使他们有失公允。

像阿德里安六世和克雷芒七世这样的人早已看出他们的教会已是千疮百孔。不过,指出丹麦王国里有些腐败现象是一回事,而改正弊病则是另一回事,就连可怜的汉姆雷特最后也不得不承认这一点。

那个不幸的王子是最后一个美好幻觉的受害者,美滋滋地幻想靠一个正直之人的无私努力,就能在一夜之间把上千年的治理不善全部消除

许多聪明的俄国人知道统治帝国的旧式官僚结构已经腐败,效率极低,对国家安全是一个威胁。

他们做出了暴风雨般的努力,却失败了。

有多少同胞在经过思考之后仍然看不清民主式的而不是代表式的政府(后者正是共和国创始人的意图)最终会导致一系列混乱啊!

可他们又能怎么办呢?

这些问题自从引起人们关注以后,一直非常复杂,除非经历一场社会大动乱,不然是很难得到解决的。社会大动荡是件可怕的事,大部分人都避之唯恐不及。与其走极端路线,不如把年久失修的老机器修补一下,同时祈祷奇迹发生,让机器重新运转。

靠教会建立和维持的专横的宗教社会专制制度,是中世纪末

期最臭名昭著的罪恶。

在历史的许多世纪中,军队总是最后随总司令一起逃跑的。说得明白一点,形势完全超出了教皇的控制。按兵不动,改善自己这边的机构,想法减轻一些人的厄运,那些人招惹了他们共同的敌人——行乞修道士。

伊拉斯谟常常受到教皇的保护。不管是卢万刮起狂风暴雨还是多明我会暴跳如雷,罗马教廷态度坚决,谁不听话谁就会倒霉,"听着!不准碰那位老人!"

经过上述介绍,我们对下述情况便不会感到惊讶:头脑敏捷但桀骜不驯的拉伯雷在上司要惩处他时常常得到罗马教廷的支持,当他的研究工作接连不断受到干扰使生活忍无可忍时,他要得到离开修道院的批准也毫不费力。

他松了一口气,掸去脚上的尘土,来到蒙彼利埃和里昂学医。

这无疑是一个才华横溢的人!不到两年,这位原本笃会成为修士的人就成了里昂城市医院的主治大夫。不过他一取得新的荣誉,不安定的灵魂便开始寻找新的乐园。他没有扔下药粉和药片,但是除去学习解剖学外(那是跟研究希腊语一样危险的新鲜事儿),他还操起了文学。

里昂座落于罗讷河谷的中心,对致力于纯文学的人是理想的城市。意大利是毗邻。轻快地走上几天便能来到普罗旺斯。虽然这个古老的吟游诗人圣地遭遇过宗教法庭的残酷蹂躏,但伟大的文学传统并未完全丧失。况且,里昂的印刷厂很出名,产品优美、还藏有最新的出版物。

其中有一位主要的出版商,名叫塞巴斯蒂尔·格里费尔斯,需要有人替他编辑中世纪经典集,他很自然地想到那位新来的医生,也就是那位知名学者。他雇用了拉伯雷,让他开始工作,卡朗和希波克拉蒂教派的论文出手后,紧接着又是历书和注释。正是从这样一个不起眼的开端中产生出了那个奇特的大卷本，就是这本书让其作者在当时一举成名。

追求新奇事物的天资不但使拉伯雷成为著名的开业医生，还成为成功的小说家。他做了前人不敢问津的事：开始用普通大众的语言写作。他打破了千年的旧传统，这传统坚持说一个饱学之士必须用大多数粗人不懂的语言来写书。拉伯雷使用的是法语，不仅如此，他用的是1532年的朴素方言。

我很乐意让文学教授来决定拉伯雷是在何时何地，又是如何发现了他两个心爱的主人翁，一个是高康大，一个是庞大固埃。说不定这两人是异教的上帝，凭借本性，熬过了一千五百年来基督教的迫害和鄙视。

或许拉伯雷是在一阵狂欢中发现他们的。

不管怎样，拉伯雷对民族的欢乐有很大贡献，人们称赞他为人类的笑声增添了色彩，任何作家都得不到如此高的赞誉。不过同时，他的著作不是可怕的现代意义上的搞笑故事，它有严肃的一面，大胆地用漫画式的人物描写为宽容事业打出的大胆一击。书中的人物是对教会恐怖统治者的讽刺性的写照，而正是这种恐怖统治造成了十六世纪上半叶的无以计数的痛苦。

拉伯雷是一位有底蕴的神学家，知道如何规避能给他带来麻烦的大实话，并在行动中坚持这样一个原则：监狱外面一个活泼的幽默家，胜过铁窗里面一打子脸色阴沉的改革者，因而他避免过分表露他的极不正统的观点。

但是敌人清楚地知道他的意图。巴黎大学神学院分毫不差地斥责了他的书，巴黎的国会也把他的书上了黑名单，没收和焚烧所管辖范围内能找到的所有文本。不过，尽管绞刑吏猖獗（在当时还是官方销毁禁书的人），《巨人传》仍然是畅销的古典作品。几乎四个世纪以来，这本书一直开导着那些能从善意搞笑和戏谑智慧的巧妙结合中获取乐趣的人，也一直让另一些人恼火无比，因为后者坚信轻启双唇微笑的真理女神肯定不是良家妇女。

至于作者本人，他在过去和现在都被看作是"因一本书而闻名天下"的人。他的朋友杜贝拉家族一直对他忠心耿耿。不过拉伯雷一生很谨慎，尽管还是靠着王宫所谓的"特权"他才能出版他那些恶毒的作品。

但他冒险去了罗马，没有遇到困难，相反却受到友好的欢迎。1550年，他回到法国，在默顿定居，3年后去世。

我们不可能准确地衡量此人的正面影响力，他毕竟是个人，不是电流，也不是一桶汽油。

有人说他仅仅是在摧毁。

也许是这样。

但他是在那样一个大量而迫切需求拆房队的时代具有破坏性，这个拆房队就需要像伊拉斯谟和拉伯雷这样的人领头。

谁也未能预见到，许多新房子跟它们取而代之的老房子一样丑陋、不方便

但不管怎么说，这是后辈子孙的事。

他们才是应受到责备的人。

他们得到了很少人能得到的重新开始的机会。

他们竟然把自己的机会轻易抛弃，主怜悯他们吧。

第十五章

旧时代，新说法

现代诗人中的最伟大者把世界比喻成一片大海，上面行驶着许多船只。当这些小船撞到一起时，便产生"美妙的音乐"，人们称它为历史。

我愿意借用海涅的大海，但用于我自己的比喻和意图。我们在孩提的时候喜欢向水池里扔石子，觉得好玩。石子溅起美丽的水花，漂亮的涟漪引起不断扩大的圆圈，很好看。如果手边有砖头（有时候会有的），可以用坚果壳、火柴棍组成一个无敌舰队，把这个轻薄的舰队放进去。沉重的投掷物可别让人失去平衡，不然会把离水太近的小孩摔下去，弄得他事后只好不吃晚饭空着肚子上床。

在专门为成人保留的世界里，同样的消遣并不是无人知晓，只是结果却是灾难性的。

世界风平浪静，艳阳高照，滑水者在欢快地滑行，突然，一个大胆的坏孩子扛了一块磨盘来（天晓得他是从哪儿找来的），别人还没来得及拦住他。早年受德国社会学家齐美尔、韦伯的影响，他已经用力把石头扔在池塘中间，接着是一场大乱。大家问是谁干的，该怎样揍他的屁股。有人说："算了，随他去。"其他人嫉妒这孩子，因为他吸引了所有人的注意力，就也拾起周围的旧东西扔进水洼，大家都溅了一身。这个事件导致另一个事件发生，通常的结果是一场混战，上百万人为此打破脑袋。

亚历山大就是这样一个胆大的坏孩子。

特洛伊的海伦美丽动人，是个胆大的坏女孩，历史上不乏其人。

但从古至今，最坏的肇事者是那些卑鄙的小人，他们把象征人类精神冷漠的池塘当作游乐场。头脑正常的人对他们恨之入骨，在我看来，如果他们不幸被逮着的话，一定会遭到恶狠狠的惩罚。

想一想近四百年他们造成的灾难吧。

他们是复辟旧世界的首领。中世纪蔚为壮观的护城河反映了一个色彩和质地都和谐统一的社会：它在颜色和结构上都很谐调。它并非完美无缺，但人民喜欢它，爱看自己小宅院的红砖墙与昏灰色的天主教堂溶为一体，那高耸入云的教堂看守着他们的心灵。

文艺复兴可怕地飞溅而起，隔夜间天翻地覆。但这仅仅是开始，市民们刚刚从震撼中恢复过来，那位可怕的德国僧侣又推来一车特制的砖头，扔进教皇的环礁湖中心。这的确太过分了，难怪世界花了三个世纪才从震惊中恢复过来。

老一辈的历史学家在研究这个时期时常常犯一个小错。他们看到动乱，便下定论说涟漪是由一个共同原因引起的，并轮换称它是文艺复兴或宗教改革。

今天我们知道得更清楚。

文艺复兴和宗教改革是两项运动，都宣称追求同一个目的。但为实现最终目标所采取的手段完全不同，以致人文主义者和新教徒双方经常互怀敌意。

双方都信仰人应享有最高的权利。在中世纪，个人淹没于集体之中。他不是以约翰·多伊这一独立个体而存在的，不是一个机灵的公民，可以爱上哪儿就上哪儿，可以爱买什么就买什么，可以爱去哪个教堂就去哪个教堂（也许哪个都不去，这要看他的嗜好和偏见）。他一辈子从生到死都遵循经济和精神礼节的僵板小册子行事，这小册子教导他说，他的身体是从大自然母亲那儿随便借来的破烂外套，除用来暂时寄托灵魂外毫无价值。

这种训练使他相信，这个世界只不过是通往未来美好位界的中继站，是个该鄙视的地方，就像注定要去纽约的旅人鄙视昆斯敦和哈利法克斯一样。

约翰很安于这个世界，幸福地生活着（因为他只知道这个世界）。这时来了两个神仙教母：文艺复兴和宗教改革。她们说："起来，高尚的公民，从现在起您自由了。"

约翰问道："自由去干什么？"回答大相径庭。

"自由地追求美。"文艺复兴回答。

"自由地追求真理。"宗教改革告诫他。

"自由地探索过去，那时的世界是真正属于人类的。自由地了解曾经充溢诗人、画家、雕刻家、建筑师心灵的理想。自由地把整个宇宙囊括在你的永恒的实验室里，使你知道它的一切奥秘，"文艺复兴许诺道。

"自由去研究上帝的言辞，您就能找到拯救灵魂的途径和赎罪的方式。"宗教改革警告道。

她们转身走了，留下可怜的约翰·多伊享有新的自由。但是，实际上比过去日子里的束缚更叫他为难。

不管是万幸还是不幸，文艺复兴很快与既定的秩序携手和好了。菲狄亚斯、贺瑞斯的后继者发现信仰现存的上帝和表面服从教会规矩是两码事，只要小心称呼了赫尔克里斯神、施法者约翰·赫拉和圣母马利亚，便可以极不圣洁地画异教图画，谱写异教协奏曲。

他们就像去印度的游客，只要遵守一些无关紧要的法律，便能进入庙宇，还可以四处转转。

但在路德的真诚追随者眼里,最小的细节也会成为无比重大的事。《旧约全书》中错了一个逗号便意味着流放。《启示录》里的一个句号放错了位置,立刻就会招来杀身之祸。

那些在宗教信仰上一本正经、煞有介事的人来说,文艺复兴的轻松的折衷精神是懦夫的行为。

结果,文艺复兴和宗教改革分手了,再不见面。

于是宗教改革单独抵挡整个世界,穿上"正确"的铠甲,磨刀霍霍,做好捍卫它神圣产业的准备。

开始时,反叛的军队几乎全是日耳曼人。他们战斗,受难,英勇无比。但坏就坏在欧洲北部国家相互嫉妒,就像一道挥之不去的恶咒,叫他们前功尽弃,迫使他们接受休战。导致最后胜利的策略是由一个完全不同的天才提出来的。路德让位给了加尔文。

时机已到。

在伊拉斯谟度过许多不愉快时日的同一个法国学院里,有一个瘸腿(高卢炮弹留下的后遗症),他整日梦想着某日率领一支新军,扫清世上所有异教徒。

要与狂热者战斗,你自己必须是狂热者。

也只有像加尔文这样坚如磐石的人,才能打败罗耀拉的计划。

我很高兴没有生活在十六世纪的日内瓦。同时,我深深感激十六世纪有日内瓦存在。

没有它,二十世纪的世界会更为糟糕,而我呢,则很有可能蹲监狱。

这场辉煌战斗的英雄是闻名于世的导师乔安尼斯·加尔文纳斯(或让·加尔文尼或约翰·加尔文),比路德年轻几岁。出生日:1509年7月10日。出生地:法国北部诺扬城。出身:法国中产阶级。父亲:低级的圣职人员。母亲:酒馆老板之女。家庭成员:五个儿子,两个女儿。少年受教育的特点:节俭、朴素、井井有条、不吝啬、细致、有效率。

约翰是二儿子，家里本打算让他当教士。父亲有一些有势力的朋友，可以把他安排在好教区。十三岁之前，他已在家乡城市的教堂里谋得一个小职位，有一份小小的稳定收入。这笔钱用于让他到巴黎上好学校。这孩子很出众，和他接触过的人都说："这个年轻人真叫人刮目相看呀！"

十六世纪法国的教育体系待这一类孩子不薄，给他们的诸多天赋提供充分的用武之地。十九岁时，约翰被批准布道，他做一个称职的副主祭的前程似乎注定了。

但是家中有五儿两女，教堂的晋升又很缓慢，而法律却能提供更好的机会。再说，这是一个充满宗教骚动的时代，前途难测。一个叫彼尔·奥利维坦的远亲刚刚把《圣经》译成法文。约翰在巴黎时经常与他在一起。一个家出两个异教徒肯定不妙，于是约翰被打发去了奥尔良，拜一个老律师为师，以便学会辩护、争论和起草辩护状的业务。

在巴黎发生的事在这里也发生了。到了年底，这个学生变成了老师，反过来辅导没那么用功的同学法律知识。他很快通晓需要通晓的一切，可以理案。他的父亲高兴地希望儿子有朝一日能成为著名律师的对手，那些律师发表一点意见就能得到一百个金币，远方的贡比涅的国王召见时坐的都是四轮大马车。

可是这些梦想从未实现，约翰·加尔文从未从事法律职业。

他又回到自己的第一爱好，卖掉了法律汇集和法典，专心收集神学著作，全力以赴地投入到那项使他跻身于两千年来最著名历史人物之列的工作中去。

不过那几年学的罗马法典为他以后的活动打下了深刻的烙印，再让他用感情看问题是根本不可能了。他对事物很有感受，而且入木三分。读读他写给他的信徒的信吧，那些人落入天主教徒的手里,被判用炭火慢慢炙烤而死。在无望的痛苦中,我们看到他的文字之细腻堪称极品,信中表达了对人的心理的入微理解,致使那些可怜的受害者在临死前还在为一个人祝福,而正是这个人使他们陷入危境。

不,加尔文不像他的许多敌人所说的,是个铁石心肠的人。但生命对他来说是一项神圣职责。

他竭尽全力对上帝和对自己诚实,因而他必须把每一个问题化简为基础的原则和教义,然后才能把这些问题用人类情感这块试金石来试炼。

教皇庇护四世得知他的死讯时说:"这个异教徒的力量来自他对金钱不感兴趣。"如果教皇是在称颂他的死敌毫不考虑个人的私利,那么他说对了。加尔文生前死后都是一个穷人,他拒绝了最后一笔季度薪酬,因为"疾病已经使他不能再像从前那样挣钱了。"

但他的力量体现在别处。

他只怀有一个信念,一生只有一个强大的推动力那就是从《圣经》里找到上帝的真理。当他最后得出的结论在他看来已经能够经得起所有的争辩和反对时,他就把它纳入到自己的生活准则中。从那以后,他我行我素、特立独行,完全不顾他的决定所带来的后果,这使得他变得不可战胜、不可抗拒。

然而这个品质直到许多年后才表露出来。在转变信念后的前十年,他不得不为生存耗费全部精力。

"新学"在巴黎大学获得短暂胜利,希腊语词形变格、希伯来语不规则动词和其他知识禁果风行一时,这些都引起了正常反应。连坐在著名的博学宝座上的教区长也受了有害的日耳曼新教义的污染,于是人们采取措施,清洗那些现代医学会称为"思想传播者"的人。据说加尔文曾经向那位院长提供了他那几次可恶演说的素材,当然就成了头号嫌疑犯,住处被搜查,文件被没收,本人遭到通缉。

他闻讯躲进了朋友的家里。

诚然,小小学院里的风浪不会持久,然而,要在罗马教会里谋得一席之地已不可能,做出明确选择的时刻到了。

1534年,加尔文与旧信仰一刀两断。几乎与此同时,在俯瞰法国首都的蒙特马特山上,罗耀拉和他的几个学生也庄严起誓,这段誓言很快被纳入天主教耶稣会的章程。

接着,他们都离开了巴黎。

罗耀拉往东而去,但想起首次进攻圣地所遭遇的惨败,又折回罗马。他在那儿开始的工作使他的英名(也许是臭名)带到世界每个角落。

约翰却不同。他的上帝王国不受时间地点的限制。他四处漫游,希望能找到一席安静之地,用余下的时间阅读、沉思、平静地阐述自己的观点。

他正走在去斯特拉斯堡的路上,查理五世和弗兰西斯一世之间爆发了一场战争,迫使他绕道瑞士西部。在日内瓦他受到吉勒莫·法里尔的欢迎,他是法国宗教改革中的海燕,是从长老会和宗教法庭的牢笼里逃出来的杰出人物。法里尔敞开双臂欢迎他,告诉他能在这个瑞士小公国里大展宏图,请求他留下来。加尔文要求给他一段时间考虑。然后,他就留下了。

为了躲避战争,新天国应该建立在阿尔卑斯山脚下。

这是一个奇怪的世界。

哥伦布出发去找印度,偶然发现了新大陆。

加尔文寻找一席静地,以便以研究和思索圣教度过余生。他信步走进了一个瑞士的三流城市,把它变成了同道之人的精神首都,人们很快把天主教王国的领地变成了庞大的基督教帝国。

读历史既然能达到包罗万象的目的,干吗还要去看虚构的小说?

我不知道加尔文案头的《圣经》是否还保留着,但如果还能找到,人们会发现,载有丹尼尔的书的第六章磨损得特别厉害。这个法国改革家是个有节制的人,但他一定常常从另一个坚贞不屈的上帝仆人的事迹中获得安慰,那个人被扔进狮穴,后来他的清白救了他,使他逃脱了死亡。

日内瓦不是巴比伦,它是个体面的小城,住着瑞士体面的裁缝。他们严肃地对待生活,却比不上这位新宗教领袖,这个人把持了他们的圣彼得讲坛。

况且,有一个叫内布查尼萨的,是撒沃依的公爵。恺撒的后裔正是在与撒沃依家族的无休止的争吵中决定和瑞士的其他地区联合起来,并加入到宗教改革的行列。日内瓦和维登堡的联合犹如相互利用的婚姻,是共同利益而不是共同倾向让二者走到了一块儿。

但是,日内瓦改奉新教的消息一传开,不下五十种狂热新教义的信徒拥入莱芒湖畔。他们干劲十足,开始宣讲迄今活人所能想出的最怪诞的教义。

加尔文从心里憎恶这些业余预言家。他非常清楚这帮热情有余但已被误导的声援者对这一事业是个威胁。他休息了几个月后,做的头一件事便是尽可能准确、简练地写下他希望新教民能够掌握的对与错的界线。这样,没人能再拿老掉牙的借口"我不知道法律"来搪塞了。他和朋友德里尔亲自把日内瓦人分为十人一组进行检查,只有发誓效忠这个奇特的宗教宪法的人才能获得公民权。

接着,他为年轻人编写了一本厚厚的教义问答手册。

他又说服了市议会,他说服市议会把仍然坚持错误观点的人驱逐出境。

为下一步行动清扫了道路之后,他沿袭《出埃及记》和《申命记》

的政治经济学家的路线，开始建立一个公国。加尔文像其他许多大改革者一样，不是现代基督徒，倒更多像个古典犹太人。他嘴里对耶稣这个神恭敬有加，但心底里却向着摩西的耶和华。

当然，在感情压力很大的时候常会出现这种现象。拿撒勒的卑微木匠对仇恨、争斗的看法那么明确无误，那么一目了然，以至于这两千年来，各个民族、每一个人都想以暴力达到目的。

于是，一旦战争爆发，在所有相关人士的默许下，人们暂时合上福音书，在血泊和雷鸣中兴高彩烈地打滚，沉迷于《旧约》的以眼还眼哲学之中。

宗教改革的确是场战争，而且很凶残。没人乞求生命保障，也没有饶恕，加尔文的公国实际上是个军营，类似个人自由的东西已逐步受到压制。对这一点，我们不会感到吃惊。

当然，这一切的取得并非没有阻力。1538年，国家里开明分子的出现对加尔文形成很大的威胁，他被迫离开了城市。1541年，他的支持者东山再起，在教堂钟声齐鸣和助祭们的欢呼声中，乔安尼斯导师回到罗讷河畔他的要塞。从此他成为日内瓦没有王冠的国王，在以后的二十三年中致力于建立和完善神权形式的政府，这自从伊齐基尔和埃兹拉的年代以来还从未在这个世界上出现过。

按照《牛津大辞典》的解释，"纪律"一词意为："置于控制之下，训练服从和守秩序，操练。"这个解释充分表达了加尔文梦想中的整个政治宗教结构的实质。

路德的本性和大部分日耳曼人的一样，非常情绪化，似乎对他来说，只有上帝的话才足以向人们指出通向永恒世界的道路。

这个说法太含糊，不符合那位伟大法国改革家胃口的上帝的话可以是希望的灯塔，但是道路漫长黑暗，还有能使人忘记他们真正目的的各种诱惑。

然而这个新教牧师却不会走弯路，他是个例外。他知道所有陷阱，也不会被收买。假如有人偶尔想离开正道，光这例会就能很快让他意识到自己的职责。在牧师每周例会上，这些受人尊敬的绅士可以自由地互相批评。因此他是所有真切追求拯救的人心目中的理想人物。

我们爬过山的人都知道，职业导游偶尔可能成为不折不扣的暴君。他们知道一堆岩石的险处，了解表面平静的雪地存在隐患，他们对自己所照顾的旅行者有完全的命令权，哪个傻瓜胆敢不听命令，会被他们骂得狗血淋头。

加尔文的理想公国中的教士也有同样的责任感。跌倒的，他们很愿意伸出援手拉一把；但任性的人存心偏离正道，离开人群，离开大学，那只手便抽回来变成了拳头，击出又快又可怕的惩罚。

在其他许多宗教组织里，教士也喜欢使用同样的权力。但是地方长官嫉妒他们的特权，极少允许教士与法庭和行刑官并驾抗衡。加尔文知道这些，在他的管辖区，他建立了一种教会纪律，实际上取代了当地法律。

大战之后出现了许多怪异的错误历史概念，流传甚广，但其中最令人吃惊的是说法国人（与条顿邻居不同）喜爱自由，讨厌所有的条条框框。数世纪以来，法国一直在官僚体制统治之下，很庞杂，却比战前普鲁士政府的效率低很多。官员们上班迟到早退，领子也系得不周正，还抽着劣等纸烟。要不然他们就乱搞一顿，引起人们反感，跟东面那个共和国的官员一样。而公众却对官员的粗鲁态度逆来顺受，这对于一个醉心于反叛的民族来说真是令人震惊。

加尔文钟爱集权，是个理想的法国人。在某些细节方面，他日臻完美。这是拿破仑成功的秘诀，但与这位伟大的皇帝不同，加尔文缺乏个人的雄心大志，他的胃口很差，也没有幽默感，生性特别严肃。

他为了寻找适应于他那个耶和华的词句，翻遍了《旧约》，然后要求日内瓦人把对犹太人编年史的这种理解当作神圣意志的体现来接受。

一夜之间，罗讷河的这座迷人城市变成了罪人忏悔的地方。由六个教士和十二个长者组成的城市宗教法庭日夜监听着市民的私下议论。谁被怀疑具有"违禁异教"倾向，就会被传唤到宗教法庭面前，在每一条教义上接受审查，解释是从哪里、怎样得到那些向他灌输有害思想使他迷失路径的书的。被告如果有悔过表示，便可免刑，判处他到主日学校旁听。如果他固执已见，就必须在二十四小时内离开日内瓦，不准再踏入日内瓦共和国辖区。

但是与所谓的"教议会上院"发生矛盾，并不只是因为缺乏恰当的正统宗教热情。下午在邻村玩一玩滚木球，如果被控告（这类事常常发生），便有理由被狠狠责骂一番。玩笑，不管有用没用，通通被认为是坏事；在婚礼上插科打诨，那是要蹲监狱的。

渐渐地，新天国里充满了法律、法令、规则、命令和政令，生活复杂得失去了很多原味。

跳舞被禁止，唱歌被禁止，玩牌被禁止，赌博当然要禁止，生日宴会也要被禁止。农贸市场被禁止，绸缎和所有外部华丽的表现都被禁止。允许的只是去教堂，去学校，因为加尔文是个思想主张鲜明的人。

胡乱的禁止可以免除罪孽，但不能强迫人热爱美德，美德来源于内心的启迪。所以才会成立好学校，成立一流大学，鼓励所有的学术研究。他还建立了有趣的集体生活，以吸引大家的剩余精力，使人忘记苦难和限制。加尔文的制度如果完全不考虑人的情趣，就不能存在下去，也就不会在近三百年历史中起到决定性的作用。然而，这一切都该属于一本谈政治思想发展的书。现在我们感兴趣的是日内瓦为宽容做了什么贡献，结论是，新教徒的罗马一点不比天主教的罗马强。

我在前面几页历数了可以减轻罪孽的情况。那个时代有诸如圣巴陀洛梅大屠杀和铲除许多荷兰城市的野蛮行径,如果还指望一方(而且还是弱的一方)表现出近乎判处自己死刑的高尚品德,未免也太没有道理了。

但在煽动法庭杀害格鲁艾和塞维图斯一事上,加尔文罪责难逃。

在第一个人的案件中,加尔文尚且可以说,雅克·格吕艾有煽动市民暴乱的重大嫌疑,他属于一个要把加尔文派拉下马的政党。但是,塞维图斯很难说是对社会安全,也就是对日内瓦构成任何威胁。

他只是一个现代护照办理处所谓的"过往旅客"而已,再过二十四小时就离境,但他误了船,为此丧了命。这是个耸人听闻的故事。

麦格尔·塞维图斯是西班牙人,父亲是受尊敬的公证人(这在欧洲是一个半法律性质的职位,不只是一个手握印章的年轻人,收两角五分钱给你的签名出具证明)。麦格尔也准备从事法律工作,被送到土鲁兹大学。那些日子,所有教学都用拉丁文,学习范围广及各业,只要你掌握了五个变格和数十个不规则动词,整个世界的智慧就对你敞开大门。

塞维图斯在法国大学里认识了胡安·德·昆塔纳。昆塔纳不久成为查理五世皇帝的忏悔教父。

在中世纪,皇家加冕仪式很像一个现代国际展会。1530年,查理在博洛尼亚加冕,昆塔纳把麦格尔带去做秘书。这个聪明的年轻西班牙人看到了所有的一切,他像当时的许多人一样,有永远满足不了的好奇心,在以后的十年里接触了各种各样的学科,有医学、天文学、占星术、希伯来文、希腊文,还有最要命的神学。他是个很有潜力的医生,在神学研究中竟然无意中发现了血液循环的道理，这在他反对三位一体论的第一本书第十五章里能找到。检查过塞维图斯著作的人竟没有看出他做出了这样一项最伟大的发现，这充分说明十六世纪神学思想的片面。

塞维图斯要是坚持医学研究该有多好啊！他一定能寿终正寝。

但他偏偏着迷于那个时代的热点问题。他认识了里昂的出版商，便开始对形形色色的题目发表自己的看法。

如今一个慷慨的百万富翁可以说服一所学院把"三位一体学院"改成一种流行烟草的商标，而且还安然无事。宣传机器说，"丁格斯先生多慷慨啊！这真是太好了！"大家便说："阿门！"

现在这个世界对亵渎神明之类的事见怪不怪，因此，要说清楚那个时代的情况不是一件容易的事。在那时，仅仅怀疑一个市民对三位一体说了些不敬之言，便足以使整个社会陷入惊恐。除非我们对这个事实十分了解，不然就不能理解十六世纪上半叶塞维图斯在善良的基督徒心目中所造成的恐慌。

他根本不是激进派。

他被当今世界称为开明人士。

他抵制新教徒和天主教徒都承认的三位一体旧信仰。由于他坚信自己的看法正确，于是，他犯了一个严重错误，那就是给加尔文写信，建议到日内瓦和他进行私人会晤，彻底讨论整个问题。

他没有得到邀请。

其实他也不可能接受邀请，里昂宗教法庭法官已经先下手为强，把塞维图斯投进了监狱。法官早已风闻这个年轻人的亵渎行为，因为他秘密收到了一个公民在加尔文的默许下写给在里昂的表兄的一封信。

不久，又有一些手稿证实了对塞维图斯的控告，也是加尔文秘密提供的。一个公民在加尔文的默许下写给在里昂的表兄，塞维图斯跑掉了。

他首先想穿越西班牙边境，但他的名字人所共知，长途旅行穿过法国南部很危险，于是，他决定绕道日内瓦、米兰、那不勒斯、地中海。

1553年8月的一个周六下午，他到了日内瓦。他本想搭船到湖对岸去，可是在安息日将近的时候是不开船的，要等到星期一。

第二天是星期日，当地人和陌生人都不许逃避宗教礼拜式，如果不去做礼拜，会被当作很不检点的行为，塞维图斯只得去了教堂。他被人认出来，遭到逮捕。塞维图斯是西班牙国民，没有被指控违反日内瓦的任何法律。但他在教旨上是自由派，不敬神明，胆敢对三位一体发表异端言论。这种人要想得到法律的保护未免太荒唐。罪犯或许可以，但异教者却不行！不必多言，立刻把他锁进阴湿肮脏的地窖，没收他所有的钱和私人物品，第二天他被带上法庭，要求回答问题单上的三十八个不同问题。

审判延续了两个月零十二天。

最后，他被控有"反对基督教基础的异端思想"罪。在谈到他的观点时，他的回答使法官暴跳如雷。对这类案件的一般判处，尤其是对外国人，是永远赶出日内瓦城，而塞维图斯的案子却是例外。他被判处活活烧死。

与此同时，法国法庭也重新开庭审理这个逃亡者的案子，与新教徒达成同样结论，判处塞维图斯死刑，并派遣行政司法官到日内瓦，请求把犯人引渡到法国。

请求遭到拒绝。

加尔文也能执行火刑。

走向刑场的路程确实很艰难，一队牧师跟着这个异教者走完最后的旅程，嘴里还喋喋不休地进行说服，痛苦持续了半小时多，直到于心不忍的群众为可怜的烈士添加了新的柴火，才让他彻底解脱。对于喜欢这类事情的人来说，这读起来倒是有意思，不过还是略过不谈为好。在宗教狂热不受约束的时代，死刑多一次少一次又有什么区别？

可是塞维图斯案件不会事过境迁，它的后果实在可怕。因为这个案子现在表明——赤裸裸地表明，那些新教徒不住地叫嚣捍卫"持有自己观点的权利"，其实他们不过是伪装起来的天主教徒，心胸狭窄，对待不同己见者像对敌人一样残酷；他们只是等待时机，建立他们自己的恐怖统治。

这个指控是严肃的，不能只耸耸肩说一句"那你指望怎样？"就能一笔带过。

这场官司我们有详细资料，世界其他地方对官司的看法我们也了解得很多，读起来很可怖。加尔文曾经出于一时的慷慨，建议改火刑为砍头。塞维图斯感谢他的仁慈，却要求另一种解决方法。他要求获释自由。他坚持认为（道理全站在他这一边）法庭对他没有裁判权，他只是一个追求真理的老实人，他有权利与他的对手加尔文博士公开辩论。

但加尔文不要听这些。

他发过誓，只要这个异教分子落入他的手里，绝不能让此人活着逃脱，他会说到做到的。他要给塞维图斯判罪，就必须得到头号大敌——宗教法庭的合作，但这无关紧要，如果教皇有可以进一步给那个不幸的西班牙人加罪的文件，他甚至也可以与教皇携手。

还有更糟的事情。

塞维图斯临死的那天早上求见加尔文，后者来到作为敌人监狱的那个黑暗、肮脏的地窖。

此时此刻，他应该大度一点，或更多一点人情味。

然而，绝对没有。

他站在这个两个小时后就要去见上帝的人的面前，争辩着，唾星四溅，脸色铁青，大发雷霆，却没有一句怜悯仁慈的话，一个字都没有。有的只是恶毒和仇恨："这是你该得的，你这顽固不化的恶棍，一把火烧掉，下地狱去吧！"

这件事发生在好多好多年以前。

塞维图斯死了。

我们的塑像也罢、纪念碑也罢，都不能让他复活。

加尔文死了。

一千卷书来骂他也不能扬起他墓上的尘埃，触不到他那不为人知的坟墓。

狂热的宗教改革者在审判时浑身战栗，生怕亵渎的流氓逃掉；这些教会的坚实台柱在塞维图斯被处死后爆发出一片赞美欢呼声，纷纷写信相告："日内瓦万岁！我们胜利了。"

他们全都死了，并且或许最好被忘掉。

我们只需要留心一件事。

宽容就像自由。

宽容是求不来的，要留住它，除非我们持之以恒地精心看顾，高度保持警觉。

为了子孙中的新的塞维图斯，让我们记住这一点吧。

第十六章
再洗礼教徒

每一代人都有自己独特的吓唬人的东西。

我们有"赤党"。

父辈有社会主义者。

祖辈有莫利·马圭尔。

曾祖辈有雅各宾派。

我们三百年前的祖宗也好不到哪里去。

他们有再洗礼教徒。

十六世纪最流行的《世界史纲》是一本"世界之书"或编年史，作者塞巴斯蒂安是个肥皂匠，禁酒主义者，住在乌尔姆城；这本书是在1534年出版的。

塞巴斯蒂安了解再洗礼教徒。他和一个再洗礼教徒家庭的女儿结了婚姻。他不接受他们的观点，因为他是一个十足的自由思想者。但是关于他们，他写道："他们只教爱、信仰、肉体的受苦，他们在所有苦难面前表现出坚忍、谦卑，尽心尽力地互相帮助，互称弟兄，分享一切。"

奇怪的是，几乎一百年来，具有这么多高尚品质的人竟像野兽似的遭到猎杀，最血腥年代中的最残忍处罚加在了他们身上。

这是有原因的，要想知道为什么，必须记往宗教改革中的一些事。

宗教改革实际上什么也没有解决。

宗教改革给世界带来了两个监狱而不是一个，制造了一本一贯正确的书，用来取代某一个永不出错的人，建立了（或试图确立）黑袍教士的统治以代替白袍教士。

经过半个世纪的奋斗和牺牲，只获得这样贫乏的成果，这的确使千百万人心灰意冷。他们本希望能得到一个洋溢社会、宗教公义的大同世界，没想到是一个迫害加经济奴役的新地狱。

他们做好了冒险干大事业的准备。然后，意外发生了。他们掉进码头和船的空隙里，不得不拼命挣扎，尽量露出水面。

他们处在了可怕的境地，他们已离开旧教会，良知又不准他们加入新信仰。在官方眼里他们已经不存在，可是他们还活着，还在呼吸，既然继续活着和呼吸是他们的责任，只有这样，他们才能把这个邪恶的世界从愚蠢中解救出来。

最后他们活下来了，但不要问是怎样活下来的！

他们被剥夺了旧的关系，他们被迫组成自己的团体，寻找新的领导。

但神经正常的人怎么会愿意与这些可怜的狂热分子为伍呢？

于是，有超常目力的鞋匠，满脑子幻觉、歇斯底里的产婆就坐上了先知的位置。他们乞求、祷告、胡言乱语，开会用的小黑屋的橡木都在虔诚信徒的赞美声中颤抖，直到村里的法警不得不来察看这不体面的干扰时才罢休。

接着，好几个男女被捕入狱，那些市镇政议员阁下便开始了美其名曰的"调查"。

这些人既不去天主教堂，也不敬新教徒的苏格兰教会。那请问他们能说清楚自己是谁，到底信什么吗？

说实在的，那些可怜的议员的处境委实尴尬困难，因为囚犯是所有异教徒中最不幸的，他们对自己的宗教信仰一丝不苟。大多数受人尊敬的改革家毕竟是现实主义者，如果想过愉快、体面的生活，是愿意做出十分必要的让步的。

真正的再洗礼派却是另类人物，他对这种折衷措施嗤之以鼻。耶稣告诫门徒说，当敌人打了你一耳光，要把另半边脸也转过去让他打，持剑者必死于剑下。对再洗礼教徒来说，这意味着绝对的命令，不许使用暴力。他们慢条斯理无休止地小声说什么环境会使情况改变，他们当然反对战争，只是这一次战争性质不同，即使扔几颗炸弹或偶尔发射一颗鱼雷的话，上帝也不会怪罪。

圣令毕竟是圣令，来不得半点含糊。

他们拒绝应征，拒绝扛枪。当他们因为主张和平主义而被捕时（这是他们的敌人对此类实用基督教的称呼），他们引颈就戮，一边还背诵着《马太福音》第二十六章第五十二节，直到死亡结束他们的苦难。

但反对打仗只是他们古怪计划中的一个小细节。耶稣宣称上帝之国跟恺撒之国完全不同，不能也不应该调和。很好，说得一清二楚。据此，所有的好的再洗礼教徒都小心地避开了国家的公职，拒绝当官，把别人浪费在政治上的时间用来研究《圣经》。

耶稣告诫他的信徒不要丧失体面去争吵，再洗礼派就宁可失去合法财产，也不愿意把不同意见呈交法庭。还有其他几点使这些怪人与世界隔开了，但是这几个怪僻行为的例子却引起过着享受生活的肥胖邻人的疑心和厌恶，他们总是虔敬中掺杂了一剂宽人宽己的安慰信念。

即使是这样，如果再洗礼教徒有能力保护自己不被朋友伤害，他们也会像浸礼会教友和其他持异议者一样，最终能找到一种安抚当局的路子。

然而作为一个教派，他们被怀疑有许多奇怪的罪责，而同有根有据。首先，他们锲而不舍地阅读《圣经》，这当然不是什么犯罪，但让我说完，再洗礼派不分轻重地阅读《圣经》，对《启示录》表现出强烈的偏爱，这是一件非常危险的事。

直到十五世纪，这本怪书仍然因为有点"虚伪"而遭抵制，但对活在一个激情澎湃的时代的人来说，却颇有吸引力。拔摩岛的流放者所说的话能得到那些被追捕的可怜人的理解。当虚弱的怒火使他浸沉于现代巴比伦的歇斯底里预言时，所有再洗礼教徒就齐声高呼"阿门"，祈祷新天国新大地快些到来。

弱者的心志屈服于巨大的情感压力，这也不是第一次了。对再洗礼教徒的每一次迫害几乎都伴随着宗教疯狂的爆发。男人女人赤条条地冲上大街，宣布世界的末日，竭力想在怪诞的牺牲中平息上帝的怒火。巫婆式的人物冲进其他教派的礼拜会场，扰乱聚会，尖声怪叫说恶龙要来了。

这类苦恼（程度轻一些）当然总是和我们形影不离。读读每天的报纸，你就会看到在俄亥俄州、艾奥瓦州或佛罗里达州的某个边远村庄，有一个妇人用切肉刀把丈夫大卸八块，因为"她在天使的召唤下做出此事"；或是头脑清醒的父亲预见到七支号角的声音，便杀死了妻子和八个孩子。不过，这是绝无仅有的例外。他们很容易被当地警察抓住，不会给共和国的生活或安危带来巨大影响。

但1534年在明斯特城发生的事就显得不同寻常，严格按照再洗礼教徒的理论讲，新天国的确在那里宣布建立了。

所有北欧人一想起那恐怖的冬春就浑身打战。

这件事中的恶棍是个漂亮的裁缝，叫简·比克斯宗。史书上称他是莱顿的约翰，因为约翰是那个勤奋小城的人氏，童年是在缓缓流淌的罗讷河畔度过的。和那个时代的其他学徒一样，他到过许多地方，为学会这门手艺的诀窍而走得很远。

他读和写的本事只够偶尔玩一玩的，没有受过正规教育。许多人明白自己社会地位的卑贱和知识的缺乏，有一股自卑感，但他没有。他是个漂亮的小伙子，厚脸皮，虚荣得像只孔雀。

他出游到英国和德国很久以后，回到故乡，做起了长袍、套装生意。同时他加入宗教，开始了不寻常的生涯，成为托马斯·芒泽尔的信徒。

这个叫芒泽尔的人赫赫有名，是个面包师，再洗礼派三位先知之一。1521年，有三个再洗礼预言家突然出现在维腾贝格，要向路德指出通往拯救的真正道路，芒泽尔便是其中之一。他的本意虽好，却不受赏识，被赶出了新教徒城堡，并被勒令从此以后不许在萨克森公爵管辖的地盘上露面。

1534年来临了，再洗礼派四处碰壁，于是他们孤注一掷，把一切押在一次大胆的大规模行动上。

他们选中威斯特法伦的蒙斯特作为最后的尝试点，这倒不使人惊讶。该城的公爵主教弗朗兹·范·沃尔德克是个鲁莽的醉汉，长年和六个女人公开姘居，从十六岁起，他触目惊心的不端行为就把体面人都得罪光了。当这个城市皈依新教时，他妥协了。但大家都知道他是个远近闻名的骗子，他的和平协议没给新教徒带来任何安全感，而没有安全感的生活太难受了。于是蒙斯特的居民都憋足了劲，等着下一次选举。这带来了一桩吃惊之事，城市政权落入了再洗礼教徒手中，主席是个叫伯纳德·尼普多林克的人，他白天是布商，晚上是预言家。

那个主教看了一眼新长官，赶紧溜之大吉。

这时莱顿的约翰出场了。他来到蒙斯特的身份是简·马希兹的圣徒。这个人是哈勒姆的面包师，创立了他自己的新教派，被拥戴为圣人。约翰听说正义事业进行了一次有力的出击，便留下来庆祝胜利,并清除原主教在教区里的影响。再洗礼教徒为了斩草除根,把教堂变成采石场,没收了为无家可归的人建造的女修道会,焚烧除去《圣经》外的所有图书。更有甚者,他们把所有拒绝按照再洗礼教徒的仪式进行再洗礼的人赶到主教营地,不是被杀头,就是被溺死,总的原则是这些人都是异教徒,他们死了对社会不会造成什么损失。

序幕拉开了。

上演了一场恐怖剧

不下五十个新教义的高级牧师从四面八方拥入这个新耶路撒冷,他们在那儿遇到一些人,他们以为自己对虔诚、正直、向上的人们有号召力,但在政治手段或权术面前天真得像婴儿。

蒙斯特被占领了五个月,这期间,每一种革新社会和精神领域的计划、体系、方案都尝试了一遍,每一个羽毛初成的预言家都在议会上炫耀了一番。

不过一个充满逃犯、瘟疫和饥饿的小城显然不是一个合适的社会学实验室。不同教派之间的分歧和争执抵消了军事领导人的所有努力。在这危机关头,裁缝约翰挺身而出。

他荣耀地昙花一现之时刻从此开始了。

在饥饿的人们和受难的孩子中,一切事情都是可能的。约翰照搬他在《旧约》里读到的旧神学政府的形式,开始建立他的王国。蒙斯特的自由民被划分为以色列的十二个部落,约翰自己被选为国王。他已经娶了先知尼普多林克的女儿为妻,现在又娶了另一位的遗孀,也就是他过去导师马西兹之妻,接着他想起所罗门,便又加了两三个妃子。从此一出令人作呕的滑稽剧开场了。

约翰整天坐在商业区的大卫宝座上,人们整天在那里等着宫廷牧师颁布最新指示。这来得又快又猛,因为城市的命运日趋恶化,人民迫切需要它。

约翰可是个乐观主义者,他完全相信一纸条令的无上权威性。

人们抱怨饥饿难挨,约翰保证能处理好这件事。接着国王陛下签署了一道圣旨,城中财产在富人和穷人中均分,铲除街道做菜园,大家共同享用所有饭食。

到此还算顺利。但有人说,富人藏起了一部分财产。约翰吩咐臣民不用担心,第二道命令下达,谁违背了法律,立刻砍头。而且别忘了,这条警告不是随便说说而已,因为这个皇室裁缝手里总握着剑和剪刀,经常亲自动手行刑。

接着到了幻觉时期,人们都陷入各种宗教狂热,市场上挤满了上千号男男女女,等待加百列天使的号角吹起。

然后是恐怖时期,这位先知为了鼓舞人民的士气,割断了他的一个王后的喉咙。

下面便是报应的可怕日子,两个绝望的市民为主教的军队打开了城门,这位先知被锁进铁笼,拉到威斯特伐利亚所有集市上示众,最后被折磨致死。

这是一段怪诞不经的插曲,但对众多惧怕上帝的朴素灵魂却具有可怕的后果。

从那时起,所有再洗礼派教徒成了通缉犯。逃过明斯特大屠杀的首领像兔子一样被人跟踪追击,无论在哪儿发现就遭到猎杀。在每一个讲坛上、大臣和牧师都谴责再洗礼教徒,恶毒咒诅他们的叛逆,他们妄图推翻现有的秩序,还不如狼狗值得同情。

对异端的围剿很少能如此成功,再洗礼派作为一支教派已不复存在。但奇怪的事发生了,他们的思想不灭,被其他宗派吸取,纳入各种宗教、哲学体系,受人尊敬,如今成为每个人精神和智力遗产的一部分。

这件事叙述起来倒不是难事,但要解释这种结果究竟是怎样发生的,那就是另外一回事了。

再洗礼教徒几乎无一例外是把墨池看作无用的奢侈品。

过去，撰写再洗礼教徒历史的人都把这个教派看成恶毒的宗教激进派。只有在现在，经过一个世纪的研究后，我们才开始了解这些卑微农民和工匠的思想在基督教朝更理性更宽容方向发展上，起到了伟大的作用。

但思想就像闪电，不知道什么时候会划过天空。狂风暴雨在锡耶纳上空迸裂而下的时候，蒙斯特的避雷针还有什么用处呢？

第十七章

索兹尼一家

在意大利，宗教改革从未成功过，也不可能成功。首先，南方人对宗教问题没认真到要为此战斗的地步；其次，罗马近在咫尺，它是宗教法庭的中心，五脏俱全，随便发表见解很危险，还得付出代价。

不过半岛住着成千上万个人文主义者，难保不出几匹黑马对亚里士多德的好感甚于对圣克里索斯托的。但这些人也有许多机会来发泄精力，有俱乐部、咖啡馆和注重礼节的沙龙，男男女女可以发挥知识热情又不得罪帝国。这一切都是那样悠闲宜人。其实生活不就是调和吗？生活不就一直是一场妥协吗？不就一直到世界末日也还有可能是一场妥协吗？

像信仰这种小事干吗搞得那么神经兮兮的？

经过几句介绍之后，读者在我们的两名主角登场的时候，也就不会再希望有大吹大擂或隆隆炮声了。他们是讲话斯文的君子，愉快而一本正经地做着自己的事。

然而在推翻使人受难许久的暴政上，他们的贡献却比所有咋咋呼呼的改革者还要大。但这是无法预见的怪事。事情就这样发生了，我们深表感激。至于如何发生的，不得而知。

这两位在理性葡萄园里默默耕耘的人叫索兹尼,他们是叔侄。

不知是什么缘故,年纪大的雷利欧·弗朗西斯科拼写名字时用一个"Z",而年轻的福斯图·保罗用两个"Z"。不过,由于两人的拉丁姓 Socinius 比意大利语中的 Sozzini 更为人所知,我们还是把这个问题留给语法专家和词源专家去研究吧。

在影响上,叔叔远不及侄子重要,因此,我们先谈叔叔,后谈侄子。

雷利欧·索兹尼是锡耶纳人,出身于银行家和法官世家,命中注定在博洛尼亚大学毕业后要从事法律行当。但他像许多同时代人一样,他听凭自己一头扎进神学,法律书也不读了,浸淫在希腊语、希伯来语、阿拉伯语之中,最后(也像大多数同类人的结局一样)成为理智神秘主义者——既很通晓世故,又不够老练。这听来相当复杂,不过能理解我意思的人用不着多加解释,听不懂的,我解释也没用。

但他的父亲好像有点察觉这个儿子在文学界能混出名堂,给了他一张支票,让他走出去长长见识。于是雷利欧离开了锡耶纳,在以后的十年里从威尼斯到日内瓦,从日内瓦到苏黎世,从苏黎世到维藤贝格,然后又到伦敦、布拉格、维也纳和克拉科夫,不时在城镇或小村里住上几个月或一年半载,希望能找到有趣的伙伴和学到有趣的新东西。在那个年代,人们一谈起宗教就没完没了,就像现在我们谈生意一样。雷利欧一定是搜集了各种各样新奇的思潮,他善于聆听,很快就对地中海和波罗的海之间的异端学说了如指掌。

不过当他带着他的行李来到日内瓦时,却受到了敬而远之的接待。加尔文那双无神的眼睛十分怀疑地打量着这位意大利客人,他是一个出身世家的优秀年轻人,不是塞维图斯那种贫穷无助的流浪者。可是据说他倾向塞维图斯。按加尔文所想的,随着对那个西班牙异端派的火刑,三位一体已经是非论定了。其实,恰恰相反!从马德里到斯德哥尔摩,塞维图斯的命运已经成为人们谈论的主题,世界各地思想严肃的人开始站在反对三位一体的一边。这还没有完。他们还利用谷登堡的该死发明,四处宣扬自己的观点,待在日内瓦够不着的地方,言辞里充满了不客气。

不久前,一本颇有学术价值的小册子冒出来,里面包括了教会长老有关迫害、惩罚异教徒的所有言论和文字。在加尔文所说的"憎恨上帝"的人或按他们自己反驳的"憎恨加尔文"的人之中,这本书立刻大力畅销。加尔文放出风声,要和这个珍贵小册子的作者单独谈谈。不过作者预见到了这个邀请,明智地在封面上删去了姓名。

据说他叫塞巴斯蒂安·卡斯特利奥,曾经是日内瓦一所中学的老师。他对形形色色的神学罪孽很有看法,这促成他憎恶加尔文而赞赏蒙田。然而,无人证明这点,这只是道听途说。但只要是有人走过这条路,其他人就会跟着来。

因此加尔文对索兹尼敬而远之,并建议说巴塞尔的温和气候比萨伏伊的潮湿气候更适合这位锡耶纳友人居住。索兹尼一动身去著名的古伊拉斯米安要塞,他就衷心祝他一路平安。

使加尔文庆幸的是,索兹尼家的这个叫雷利欧的子弟后来遭到宗教法庭的怀疑,被剥夺了生活费,年仅三十六岁便在苏黎世死去了。

他的过早去世在日内瓦引起了欢腾,不过那也长久不了。

雷利欧除去遗孀和几箱子笔记本外,还有个侄子。这个侄子不仅继承了叔父未出版的手稿,而且很快为自己赢得了比叔父还醉心于塞维图斯的名声。

福斯图·索兹尼从小就像老雷利欧一样广泛旅行。他的祖父给他留下了一小笔财产,由于他将近五十岁才结婚,因此可以把全部时间用在他喜欢的神学上。

他似乎在里昂做过一段时间的生意。

我不知道他是怎样的买卖人，但他在具体商品而不是精神价值上的买卖、交易方面的经验似乎更加强了他的信念，那就是杀掉竞争者或冲一个生意上占优势的人发脾气都无济于事。他在一生中一直保持这个清醒的头脑，这种头脑在公司办公室里固然可以找到，但是在神学院里却像海里捞针。

1563年，福斯图返回意大利，在回家的路上，他访问了日内瓦。他好像没有去向当地主教表示敬意。况且加尔文那时已经生病，索兹尼家族的人拜访他只能增加他的烦恼。

在以后的十多年里，福斯图在伊莎贝拉·德·梅迪希那儿工作。但在1576年，这位女士享受到几天的婚姻幸福后被丈夫保罗·奥尔西尼谋杀。于是福斯图辞了职，永远离开了意大利，来到巴塞尔，把《赞美诗》译成意大利白话文，并着手写一部有关耶稣的书。

从福斯图的著作来看，他是一个谨慎的人。首先他的耳朵不好使，耳聋的人都天性谨慎。

其次，他能从阿尔卑斯山另一面的几块地产中获取收益，托斯卡那的当政者暗示他说，被怀疑是"路德学说"的人在评论使宗教法庭恼火的题目时，只要不太过分就行。于是他采用了许多笔名，出版一本书之前，必须请朋友们看一遍，认为比较安全才送去印刷。

因此，他的书没有被列入教廷禁书目录。那本关于耶稣生平的书一直流传到南喀尔巴阡山，落到另一个意裔自由派手里。他是米兰和佛罗伦萨的一些贵妇的私人医生，与波兰和南喀尔巴阡山的贵族结了亲。

兰西瓦尼亚在当时是欧洲的"远东地区"，直到十二世纪早期仍然是一片蛮荒，对过剩的德国人口是个方便的安顿之地。勤劳的撒克逊农民把这片富饶的土地变成一个繁荣而治理有方的小国,有城市、学校,还有几所大学。但这小国家还是远离旅行通商的要道。一些人由于某种原因,希望远离宗教法庭的亲信,最好与他们相隔几英里的沼泽地和高山,于是这个小国家便成了理想的栖身之地。

至于波兰,多少个世纪以来,人们一提到这个不幸的国家便联想到保守和沙文主义。但是我要告诉读者,在十六世纪上半叶它是一个名副其实的避难所,庇护着那些因信仰而受到迫害的人,相信许多读者闻此一定会觉得是个意外之喜。

这个出乎意料的情况是由典型的波兰风格形成的。

长期以来这个共和国治理不善,当时就在欧洲大陆臭名远扬,这是大家都知道的。波兰的上层教士玩忽职守,但西方各国主教的放荡和乡村牧师的酗酒也已经成为司空见惯的事,因此没能充分重视波兰的情况。

可是,在十五世纪下半叶,人们注意到去德国读书的波兰学生数量开始飞速增长,这引起了维滕贝格和莱比锡当局的很大关注。学生们开始提出质问。接着,事态发展到由波兰教会管理的克拉科夫波兰学院一垮到底,可怜的波兰人要受教育就必须背井离乡。不久之后,条顿的大学落入新教的掌控之中,从华沙、拉多姆、琴斯托霍瓦来的年轻才俊自然步其后尘。

他们功满还乡的时候,已经是十足的路德宗信徒。

在宗教改革的前期,国王、贵族、教士能轻而易举地把错误思想的瘟疫一扫而光,但共和国的统治者要采取这一措施就必须形成明确统一的政策。这当然很矛盾,因为这个奇怪国家的最神圣的传统是,一张反对票便能推翻一项法律,即使有国会其他所有议员的支持也不行。

后来(没过多久),人们发现维滕贝格著名教授的宗教还带有一种经济性质的副产品，那就是没收所有教会的财产，从波罗的海到黑海之间这块富饶之地上的波莱斯瓦夫家族、乌拉蒂斯家族和其他骑士、伯爵、男爵、王子和公爵，都明显倾向另一种信念，即口袋里要有钱的信念。

随着这个发现，出现了为修道院的真正领地而进行的非神圣的抢夺，造成了出名的"间歇"。自从有人类记载之时起，波兰人就是靠这种"间歇"拖延思索时间的。因为所有权力机构都停顿下来，新教徒乘虚而入，不到一年时间，这个王国的每处地方都布满了他们自己的教堂。

当然，最后新教牧师无休止的争吵迫使农民重新投入教会的怀抱，波兰又一次沦为天主教坚不可摧的堡垒之一。可是到了十六世纪下半叶，波兰获得了允许各种宗教派别并存的许可证。西欧的天主教和新教开始了杀绝再洗礼教徒的战争，残存者便向东逃窜，最后定居在维斯杜拉河畔。正是这时，布兰德拉塔大夫拿到了福斯图关于耶稣的书，表示想认识作者。

乔治·布兰德拉塔是意大利人，医生，一个多才多艺的人，毕业于蒙彼利埃大学，是很有名气的妇科大夫。他从始至终都桀骜不驯，却很聪明。他像当时的许多医生一样（想一想拉伯雷和塞维图斯），既是神学家又是神经病专家，扮演的角色时常更换。他成功地治愈了波兰皇太后（国王西吉斯蒙德的遗孀）的病，她原来总是有幻觉，认为凡是怀疑三位一体的人都错了，病愈后开始悔恨自己的错误，以后就只判决赞同三位一体教义的人。

这个好母后已经死了（被她的一位情人谋杀了），但她的两个女儿嫁给了当地贵族，布兰德拉塔作为医疗顾问，在政治上发挥了很大影响力。他知道内战已是一触即发，除非采取行动终止宗教上的争吵，他需要有个在处理错综复杂的宗教问题上比他更高明的行家里手。于是，他突发奇想，认为耶稣生平的作者就是他要找的人。

他给福斯图写了一封信，邀请他来东方。

不幸的是，福斯图到达南喀尔巴阡山的时候，刚刚公布了布兰德拉塔私生活中的一大公众丑闻，那个意大利人也已被迫辞职，到无人知晓的地方去了。福斯图留在了这个遥远的土地上，娶了一个波兰姑娘，于1604年在寄居的土地上辞世。

他一生的最后二十年是最为有趣的阶段，因为这时他具体表达了他的宽容思想。

十六世纪下半叶是要理问答、信仰声明、信经、教义的时代，人们在德国、瑞士、法国、荷兰、丹麦到处发表这些东西。可是各地印刷草率的小册子都表明一个糟糕的信条：他们（也只有他们）才代表真正的真理，所有宣过誓的当政者的职责，就是支持这个特殊形式的真理，用剑、绞架和火刑柱去惩罚那些冥顽不化坚持信奉另一种真理的人。

福斯图的信仰具有截然不同的精神。一开始，声明就直言不讳地告诉大家，他的真正意图绝不是和别人吵架。

他继续说道："许多虔诚的人有理由地埋怨说，现在已经出版以及各个教会正在出版的形形色色的教义和宗教手册是基督徒之间产生分歧的根源，因为他们都把自己的原则强加于人的良知，将持不同意见者视为异教徒。"

据此，他以最正式的方法宣布，索兹尼派绝不主张剥夺或压抑任何人的宗教信仰。谈到广义的人文精神，声明做了如下呼吁：

"让每个人自由地论断他自己的宗教，因为这是《新约》定下的原则，早期教会也为之做出了表率。我们这群可怜的人究竟是谁，凭什么可以去扼杀和熄灭上帝在其他人身上点燃的圣灵之火？我们又有何资格垄断《圣经》知识？我们为什么不记住，我们唯一的主是耶稣基督，大家都是兄弟，有谁被赋予了压服别人的力量呢？可能其中一个兄弟比别人博学一点，但是在自由和基督的联系上，我们是平等的。"

所有这些都美妙绝伦，只是早了三百年。索兹尼派和其他新教派都不能指望在这个动乱地区长期站稳脚跟。反宗教改革势力开始全面反攻，一大群一大群的耶稣会神父在一度失去的省份到处横行霸道，他们在抢班夺权的时候，新教徒仍在争论不休，东部人很快又回到罗马一边。今天来到这些远隔文明欧洲的地方的旅游者，很难会想到曾几何时这里曾经是最先进最自由的堡垒，也不会猜到在可怕的路德山丛里曾经有一个小村子，世界在那儿第一次获得了实现宽容的明确的途径。

我出于闲散好奇的缘故，最近一天上午来到图书馆，浏览了供我国青年了解过去的最流行的教科书。没有一个字提到索兹尼派或索兹尼叔侄，所有的书都从社会民主派跳越到汉诺威的索菲亚，从撒拉森斯跳越到索比斯基。其实在这个被跳越的时期里，伟大宗教革命的领袖是大有人在的，其中包括厄柯兰姆帕狄斯和一些名气稍逊的人物。

只有一卷提及了这两个锡耶纳人文主义者，不过只是在谈到路德和加尔文的言行时以附录形式稍带提了一下。

预言是危险的事，但我怀疑在以后三百年的大众历史里，这一切会被改变的，索兹尼叔侄会独自享有一小章节，而宗教改革的传统主角则下降到次要的地位。

他们的名字放在脚注里，依然能够给人们醒目的印象。

第十八章

蒙 田

有人说中世纪的城市空气造就了自由。

的确如此。

躲在高墙后面的人可以安全地对贵族和教士嗤之以鼻。

不久以后当欧洲大陆的情况有所改观,国际贸易又成为可能时,于是产生了另一种历史现象。

以三个双字词组表示便是:商业造就自由。

你在一个星期里的任何一天,特别是星期天,在我们国家的任何一个地方,都能证实这个说法。

温斯堡和俄亥俄可以支持三K党,纽约却不行。纽约人如果要发起清除所有犹太人、所有天主教徒、所有外国人的运动,华尔街就会乱做一团,劳工运动就会掀起,一切都化为废墟,局面将无法收拾。

中世纪后半期正是如此,莫斯科,一个小小的大公国的地盘,有可能对异教徒不客气。但诺夫哥罗德是一个国际贸易站,需要小心从事,不然便会惹恼前来做生意的瑞典、挪威、日耳曼和佛兰芒商人,把他们赶到维斯比去。

一个纯农业国家可以让它的农民享受一系列节日般的火刑。

但是，如果威尼斯人、热那亚人和布吕赫人在它的围墙里开始屠杀异教徒，那么代表外国公司的人便会马上外流，随之资金也会被抽回，城市就要破产了。

不少国家并不能从根本上汲取教训（像西班牙、教皇管辖区、哈布斯堡王朝的某些管辖区），却依然被所谓的"忠于信仰"所左右，无情地把信仰的敌人驱逐出去。结果，它们不是化为乌有，就是沦为第七等的里特级国家。

然而商业国家和城市的掌管人通常都很尊崇既定事实，知道自己的利益所在。所以他们在精神世界上严守中立，让那些天主教徒、新教徒、犹太人和中国主顾可以正常地一边做生意，一边对自己的宗教保持忠诚。

为了保住面子，威尼斯可能通过一项反加尔文宗的法律，但十人委员会小心翼翼地告诫他们的宪兵，这道法令无需认真对待，让那些教徒自行其事吧，愿意信仰什么都可以，除非他们真的动手把圣马尔可抓到他们自己的会场去。

他们在阿姆斯特丹的好友也如此行事。每个星期天，新教牧师们都在叱责"淫荡女人"（指罗马天主教）的罪孽。但是在旁边的街道里，可怕的天主教徒也在一个不显眼的房子里默默地做弥撒，外面还有新教警长警戒，以防日内瓦要理问答的狂热支持者破坏这个官方禁止的会场，把一拨能带来利润的法国人、意大利人给吓跑了。

这并不是说，威尼斯和阿姆斯特丹的人们不再是自己的可敬教会的忠实子民。他们像从前那样都是优秀的天主教徒或新教徒。不过他们记得，汉堡、吕贝克或里斯本的十个经商的异教徒的善良愿望，要比日内瓦或罗马的十个寒酸教士的允许更有价值，于是，他们就按照这个原则去做了。

蒙田的祖父和曾祖父做过鲱鱼生意，有开明自由的见解（启蒙和开明并不总是同义词),他的母亲又是西班牙犹太人的后裔,把这两者联系起来未免有些牵强附会。不过据我看,这种商人背景对他的世界观,对他极度厌恶狂热和盲从都是有不少影响的。他这种好恶感贯穿了他作为战士和政治家的一生,我觉得这种精神就是来源于波尔多主码头旁的一个小鱼铺。

假如我当面告诉蒙田我的看法,他肯定不会谢我,因为他出生时,所有"生意"的痕迹都从华丽的家族文章中被小心地抹去了。

他的父亲获得了蒙田地方的产业,为了要把儿子培养成绅士,他不惜花重金。蒙田刚刚会走路,私人教师便在他的可怜小脑瓜里塞满了拉丁文和希腊文,六岁进了中学,十三岁开始学法律,不到二十岁就已经是波尔多市政议会的正式议员。

接着他从了军,还在法院工作过。三十八岁时父亲死了,他退出了所有的外界活动,把他生命的最后二十年(除了几次违心地短期涉足政治外)消磨在马、狗、书籍上,而且对这些都颇有研究。

蒙田是他那个时代的人,有那个时代人的缺点,从未完全脱离某种矫情。作为鱼贩子的孙子,他总以为矫揉造作是一种绅士风度。他直到死去的时候,都还坚持说他自己不是真正的作家,只是个乡村绅士,到了冬天没有事情做,才草草记下一点略有哲学内容的杂乱思想。这全是废话。如果说有谁把他整个的心、灵魂、美德和劣根性以及一切都献给自己的书,那就是这位能和不朽的达尔塔昂匹敌的开朗的绅士。

由于这心、灵魂、品德、劣根性都来自一位本质慷慨、有教养、和蔼可亲的人身上,因此,蒙田的全部作品就不仅仅算是文学了,它们已经发展成为实用、普遍的生活哲理,它们以常识和实际的日常体面为基础。

蒙田生为天主教徒,死时依然故我,年轻的时候还是天主教贵族联盟的活跃分子，这个联盟由法国贵族组成，专门把加尔文宗从法国驱赶出去。

在1572年8月那关键的一天，消息传到他的耳朵里，教皇格列高利十三世兴高采烈地庆祝屠杀了三万法国新教徒，从那以后，他离开了教会。他从来没有加入另外一派，而且继续参加某些重大礼仪，免得旁人饶舌。然而自从圣巴塞洛梅惨案之夜以后，他的作品便全都与马尔库斯、奥里利厄斯、爱比克泰德或其他十来个希腊罗马哲学家的著作同归一辙了。有一篇题为《论良知的自由》，很值得缅怀，他在文章里使用的语气就好像是古时伯里克利的同时代人，而不是法国皇后凯瑟琳·德·美第奇的仆臣，他还用叛教者朱里安做例子来说真正宽容的政治家应取得的政绩。

文章很短，只有五页，你在第二册的第十九章里便能找到。

蒙田对新教徒、天主教徒的冥顽不化看得太多，不会去提倡一个绝对自由的体制，这（在现存情形中）只会引起新的内战爆发。但条件允许的话，那些新教徒和天主教徒睡觉时不再把两把匕首和手枪放在枕头下面了，明智的政府就应该尽量避免干预别人的思想，应该允许所有臣民依照最能使自己心灵获得幸福的方式热爱上帝。

蒙田既不是唯一也不是第一个产生这种想法并且大胆公之于世的法园人。早在一五六〇年，凯瑟琳·德·美第奇的前大臣麦克尔·德·豪皮塔尔和好几个意大利大学的毕业生（由此被怀疑是受了再洗礼教的熏染）就曾经说过，对异端者只宜用文字论战。他的使人惊讶的观点是，良知有自己的本来面目，不是靠武力可以改变的。两年后，他在颁布皇家宽容令上发挥了作用，允许胡格诺派按他们自己的方式聚会，召开教会会议讨论自己教会的事务，俨然一副自由独立教派的模样，而不是受人施舍的小宗派。

巴黎律师让·保丹是个令人尊敬的公民（他保卫了私人财产，

反对托马斯·莫尔在《乌托邦》里表达的共产倾向），他的观点也是这样，他否认主权国家有权利使用暴力把人民赶到这个教会或那个教会。

大臣们的演讲和政治哲学家的论文极少受人欢迎，但蒙田的书却在以智慧之士座谈会的名义下聚在一起的文明人中阅读、翻译和讨论，并且持续三百多年之久。

他的业余身份和他只为乐趣而写作的说法，使他深得大众之心；不然的话，谁会想到去买（或借）一本正式归类为"哲学"的书呢。

第十九章

阿米尼乌斯

"有组织社会"把"整体"的安全放在第一位来考虑,而智力或精力非凡的个人却认为世界迄今的发展全赖个人的努力,不是靠集体(说穿了就是不相信所有变革),所以,个人的权利远远高于集体的权利,他们之间代复一代的冲突正是争取宽容的斗争的一部分。

如果我们接受这些前提的话,有关的国家宽容尺度就应该与大部分居民能享受到个人自由成正比。

以前,会有某个非常开明的统治者,他对孩子说:"我坚信宽人宽己的原则。我希望我可爱的臣民对邻居宽容,不然就得承担后果。"

如果是这样,性急的臣民们就赶忙贮存官方徽章,上面骄傲地刻着几个字:"宽容第一"。

但是这个突然的转变是出于对国王绞刑吏的恐惧,并不会长久。而且也只有当国王能在威胁之外拿出一套聪明的教育体系,体现在日常政治实践中,这样才能有效果。

十六世纪后半叶,荷兰共和国就幸运地出现了这种局面。

首先,这个国家由数千个半自给自足的城镇和乡村构成。居民大都是渔夫、水手和商人。这三种人习惯于一定程度的独立行动，职业的性质迫使他们对每天工作中的意外事件，根据其实际价值做出判断。

我不是说他们比世界其他地方的人聪明多少，宽容多少，但是艰苦的工作和下达目的不罢休的干劲使他们成为整个北欧和西欧的谷物渔类搬运夫。他们知道天主教徒的钱跟新教徒的钱一样有价值，一个付现金的土耳其人比要求赊六个月账的长老会教友更能得到他们的青睐。因此，这是他们进行宽容试验的理想国度，而且重要的是，每个人都能各得其所，恰逢其时。

沉默者威廉一世是一位古老的预言家——"统治世界的人必须了解世界。"他曾担任那个时代最伟大国王的机要秘书，这是个令人称羡的职位，给当时最大的君王当机要秘书。他在晚宴和舞会上挥霍无度，娶了好几个颇为闻名的女继承人，生活放荡，今朝有酒今朝醉。他不很用功，对他来说竞赛图表远比宗教小册子更为有趣。

宗教改革引起的生活动荡开始并没有引起他的注意，在他眼里起初不过是雇佣者之间的又一场争吵，使点小手腕，派几个肌肉发达的警官往那儿一站就能平息。

不过，一旦他了解了国王和臣民之间的争端的实质时，这个和蔼的贵人突然变成了卓有能力的领袖，担负起一桩几乎在一切方面都要失败的事业。他的宫殿、马匹、黄金餐具和乡间产业在短期内全部被卖掉（或未经通知就充公了），这位布鲁塞尔的纨绔子弟成为哈布斯堡最顽强、最成功的敌人。

但财产的变动并未影响他的个性。在过去奢靡的日子里他是一个哲学家，现在住在几间带家具的出租屋里，不知道如何付周六的洗衣费，他仍然是个哲学家。过去有一个主教想建造足够的绞架来处死所有的新教徒，他竭尽全力挫败了主教的企图，如今他同样尽量要刹住热情的加尔文教徒要绞死所有天主教徒的干劲。

他的工作几乎没有成功的希望。

近三万人已经惨遭杀戮，宗教法庭的监狱里装满了新的牺牲品，遥远的西班牙正在召集一支军队，准备在叛乱蔓延到其他地区之前给予粉碎。

有人说应该热爱刚刚绞死自己父兄、叔叔和爷爷的人，也有人在拼命反对这个说法，在这里无需告诉读者是谁在反对。但他以身作则，对反对他的人采取安抚态度，向他的追随者表明，一个品德高尚的人可以超脱古老的摩西律法——以眼还眼，以牙还牙。

在争取实现公共道德的论战中，他得到一个杰出人物的支持。在豪华的教室里，你会看到一个极为奇特的简短碑文，记载德克·孔赫特的美德，他的遗体就埋在那里。这个孔赫特挺有意思。他是富裕家庭的孩子，年轻的时候大部分时间都在周游列国，对德国、西班牙、法国掌握了第一手资料，回家后爱上了一个身无分文的女孩。他的荷兰父亲处事谨慎，不准他们结婚。儿子照样结了婚，父亲便做了长辈在这种情况下必然要做的事：指责儿子忘恩负义，并剥夺了他的继承权。

年轻的孔赫特陷入窘迫之中，不得不自己谋生。不过他是个多才多艺的年轻人，学会了一门手艺，成了铜雕匠。

哎呀，一做荷兰人，便永远要说教。一到晚上，他就匆忙扔下雕刻刀，操起鹅毛笔，奋笔疾书，针砭时事。他的文笔并不大像现在人们所说的"引人入胜"，但是他的书里有许多类似于伊拉斯谟所阐述的易为人所接受的道理。这使他交了许多朋友，后者对他的才能十分赏识，聘他做自己的机要顾问。

当时威廉正忙于一桩奇怪的争论。国王菲利浦有教皇撑腰，要干掉人类的大敌（也就是他的敌人威廉），他许诺只要有人杀掉这位头号异教徒，就赏给两万五千金币，授予贵族称号，并赦免一切罪。威廉已经五次遇险，可是他觉得用一套小册子驳倒菲利浦国王是他的职责，孔赫特助了他一臂之力。

论点直指哈布斯堡内阁，不过要是指望内阁会因此而变得宽容起来，那才是妄想，然而整个世界都在注视威廉和菲力浦的决斗，小册子也被译成了不同文字，广泛阅读，其中许多人们过去不敢大声说出来的题目，现在却热烈地讨论起来。

不幸的是，争论并没有多久就结束了。1584年7月9日，一位年轻的法国天主教徒得到了那两万五千金币的赏钱。六年以后，孔赫特还没有完成把伊拉斯谟著作译成荷兰文的工作，便与世长辞了。

在以后的二十年中，狼烟四起，战火纷飞，湮没了不同观点的神学家之间的叱骂。最后敌人被逐出了新共和国的边界。但此时却没有威廉这样的人来掌管内部事务。不同的教派本来在大批西班牙雇佣军的压力下暂时勉强维持着不自然的友好关系，现在都不顾一切地置对方于死地。

他们的争战当然要有个借口，可是，谁听说过神学家没有一肚子怨恨的？

在莱顿大学，有两名教授发生分歧，这本来不是什么新鲜事儿，但他们的分歧在于自由意志问题上，情况就变得严重起来。兴奋的人们立即参加到讨论中去，不到两个月，整个国家便分成两大敌对的阵营。

一个阵营是阿米尼乌斯的朋友。

另一个阵营是戈马鲁斯的追随者。

后者虽然出生在荷兰家庭，却在德国度过了一生，是条顿教学体系卓越成果的体现，学问博大精深，但生活常识一点没有，他的大脑精通希伯来律学的奥秘，而心脏却按照阿拉米语的句法规则跳动。

他的对手阿米尼乌斯却迥然不同。他生于奥德沃特，是离伊拉斯谟度过不愉快的少年时代的斯特恩修道院不远的小城市。他幼年时赢得邻居、马古堡大学著名数学家和天文学教授的友谊。这个人叫鲁道夫·斯内里斯，他把阿米尼乌斯带回德国接受良好教育。但当这个男孩回家度他第一个假期时，发现家乡已被西班牙人洗劫一空，他的亲戚都被杀了。

这似乎结束了他的学业，幸亏一些好心的有钱人听说这个年幼孤儿的遭遇，慷慨解囊，送他到莱顿大学学习神学。他学习非常努力，六年后把要学的都学到手了，便开始寻找新的知识牧场。

在那个时代，才华横溢的学生总能找到赞助者愿意为他们的前途投几块钱。阿米尼乌斯很快拿到了阿姆斯特丹几个行会给他开的介绍信，高高兴兴去南方寻找受教育的机会了。

作为一个颇受尊敬的神学继承人，去日内瓦是十分必要的，因而日内瓦成了他的首选。加尔文已经死了，但是他的从人西奥多·贝扎接替了加尔文做了这个天使般羊群的牧首。这个捕捉异端邪说的老手鼻子很灵敏，立刻闻出这个年轻荷兰人教旨中的拉姆主义气味，对他的拜访也就此草草结束。

现代读者对拉姆主义这个词一无所知。不过熟悉米尔顿文集的人了解，三百年前它却被看成是十分危险的宗教新说。它是由一个名叫德·拉·拉姆发明或创始的（随你怎样用词）。他做学生时，十分反感老师的过时教学方法，于是选了一个颇使人惊讶的题目《亚里士多德的教导都是错的》作为他的博士论文。

不用说，"这个题目得不到老师的好感，几年后，他又出了几本学术书籍，进一步地阐述这个观点，这下他死定了。他是圣巴塞洛梅大屠杀的第一批牺牲者。

但是恼人的书并不会随着作者一起被杀掉，拉姆的书残存了下来，他的惊异逻辑体系也在西欧和北欧受到欢迎。不过真正的虔诚人士却认为拉姆主义是去地狱的通行证。于是有人建议阿米尼乌斯去去巴塞尔,这座不幸的城市自从堕入好揶揄戏弄的伊拉斯谟魔咒之中后,一直把"自由派"当作好样的人物。

阿米尼乌斯接受了建议以后,便启程北行。但是他又做出一项颇为反常的决定。他大胆踏入到敌人的境内,在帕多瓦大学学习了几个学期,还去了一趟罗马。正因如此,等到他1587年回到祖国时,在国人眼里成了危险人物。不过他似乎既没有长角也没有添尾巴,于是渐渐地赢得了大家的好感,被允许担任阿姆斯特丹的新教牧师。

他不仅使自己发挥了作用,还在瘟疫横行的时候博得了英雄的美名。人们很快就真心拥戴他,委托他重建城市的公共教育体系,1603年,他奉命去莱顿做正式神学教授,在全城人的惋惜声中离开了首都。

假如他事先知道此行在莱顿会遇见什么,我肯定他不会去。他到达的时候,下拉普萨里安派教徒和上拉普萨里安派教徒之间的战斗正处在高潮之中。

阿米尼乌斯的家庭出身和所受的教育都属于堕落后预定论者。他本想不带偏见地对待同事——上拉普萨里安派的戈马鲁斯。但是两派的差异不容调和。阿米尼乌斯被迫宣布自己是不折不扣的彻头彻尾的堕落后预定论者。

读者当然会问我,这两派是什么啊,我不知道,似乎也学不来这种东西。不过据我所知,两派的争论由来已久,一派(如阿米尼乌斯)认为,人们某种程度上有意志的自由,可以决定自己的命运;另一派是索弗克利斯、加尔文和戈马鲁斯之辈,他们说,生活中的一切在我们出生前就已经注定,因此,命运取决于造物时骰子掷到哪儿。

在1600年,欧洲北部大部分人都是堕落前预定论者。他们愿意听布道说除了自己以外的大多数人已经命定要进地狱,如果有那么几个牧师竟胆大包天,敢于宣讲善意和仁慈的福音,他们便立即会被怀疑患有罪恶的软弱症,就像好心的医生不忍给病人开猛药,最后用自己的善良杀死了病人一样。

莱顿的许多饶舌老妇发现阿米尼乌斯是堕落后预定论者后,他的作用也就终止了。他从前的朋友和支持者大肆攻击咒骂他,把他折磨至死。在十七世纪期间,不可避免的是,堕落后预定论者和堕落前预定论者都开始涉足政治,堕落前预定论者赢得民心,宣布堕落后预定论者为公共秩序的敌人、叛国者。

在这场荒诞的争吵结束之前,奥尔登巴内费尔特承继沉默者威廉的位置成为共和国的奠基人,他死了,脑袋掉在两只脚中间。有功于共和国的建立,格罗蒂斯逃到瑞典女王的王宫里过寄人篱下的生活,尽管他的中庸之道曾经使他成为国际法律公正体系的第一个伟大倡导者;寡言的威廉所献身的事业似乎就此彻底收场。

但是加尔文主义者并没有获得预期的成功。

荷兰共和国只是名义上的,实际上是商人和银行家的俱乐部,由几百个颇有势力的家族统治着。这些绅士对平等、博爱没有丝毫兴趣,但他们相信法律和秩序。他们承认、支持现存教会,一到星期天,就会煞有介事地到粉刷一新的礼拜堂去,那地方原来是天主教大教堂,现在是新教演讲大厅。可是到了星期一,教士前往拜见市长大人和议员们,想愤愤不平地他说说这人不行那人不好的时候,官员们却又"开会",不能接见这些虔诚的人。如果虔诚的人坚持不懈,召集好几千名忠诚的教民在市政大厅前"示威"(常有此事),官员们也会彬彬有礼地垂顾,接过虔诚的人抄写整齐的诉苦书和建议书。可是,待大门在这些黑袍请愿者面前一合上,官员们就会用那些文稿点烟斗。

他们已经采纳了实际有效的格言:"一次足矣,下不为例。"

上拉普萨里安教派掀起的大规模内战的骇人年月把他们吓坏了，毫不妥协地压制所有狂热的宗教形式。

子孙后代对这些贵族颇有微词。他们显然把国家看作自己的私有财产，并不总是把国家利益与自己公司的利益严格区分开来。他们缺乏从整个帝国角度的宏观，因此常常小事精明大事糊涂。但是他们做了一件事，值得我们发自内心地推崇。他们把国家变成了国际交换站，带有各种思想的各路人马都能按自己心愿说、想、写、印，享受最大程度的思想言论自由。

我并不想描绘得太动人。在内阁否决的威胁下，市议员也会不时地镇压一个天主教秘密组织，没收一个特别嚣张的异端教派的小册子。不过一般说来，只要不爬到市场区中央的肥皂箱上高声诋毁宿命论的宗旨，不把天主教的念珠带到公共餐厅里，不否认南方卫理公会的上帝的存在，就可以确保一定程度上的太平无事。因而对那些因思想而在别处遭受迫害的人来说，荷兰近两个世纪以来一直是他们名符其实的天堂。

很快，有关这个"复乐园"的消息传到了国外，在后来的两百年里，荷兰的印刷所和咖啡馆里挤满了形形色色的热情者，他们是精神解放的奇特新军的先遣部队。

第二十章

布鲁诺

据说（理由很充分）世界大战是没有军衔的军官们的战争。将军、上校和三星战略家坐在某个无人光顾的大别墅的大厅里，守着孤独的光亮，仔细琢磨数英里的地图，直到想出一点新战术，可以把他们的领地扩大半平方英里（以三千人丧生作为代价），而与此同时，下级军官、中尉、下士却在聪明下士的帮助和鼓动下，做着所谓的"黑活"，最后造成德国防线的崩溃。

为精神世界的独立进行的伟大征战也顺着相似的轨迹走下去。

没有投入几十万人的正面交锋。

没有孤注一掷的冲锋为敌人的炮兵提供易中的靶子。

我说得更进一步，大多数人根本不知道在打仗。好奇心会不时驱使人们寻问早晨烧死了谁，明天下午又会把谁绞死。然后他们也许会发现，有几个亡命徒还在继续为天主教徒和基督徒从心底下赞成的几项自由原则而抗争。但是我想，这消息只会使人们轻叹惋惜而已。不过，要是自己的叔叔落得如此可怕的下场，亲戚们一定会痛不欲生。

情况大概只会如此。烈士们为这个事业献出了自己的生命，他们的业绩不能简化成数字公式，也不能用安培和马力的概念表示。

任何谋求博士学位的勤奋青年仔细阅读乔达诺·布鲁诺文集后,通过耐心地收集所有充满感情的话语,如"国家没有权利告诉人民该想什么"和"社会不应该用剑惩处不同意通常公认的教理的人",写出以《乔达诺·布鲁诺(1549—1600)和宗教自由的原则》为题的可以被大家认可的博士论文。

但是,不再研究这样重要课题的人,看问题的角度也有所不同。

我们在最后的分析中说过,有一批虔诚之士,他们对当时的宗教狂热深感震惊,对所有国家的人民生活在它的奴役之下感到震惊,于是他们愤然而起。他们真是十分贫穷,除了背上的披风以外几乎一无所有,连睡觉的地方都没有保证。但是圣火在他们胸中燃烧,他们穿梭在大地上,演讲,写作,把高深学府里的高深教授拉进高深的争论里。在普通的乡间酒馆里与普通的乡巴佬进行普通的辩论,并且一如既往地宣讲要善意、理解和仁慈地待人。他们衣衫褴褛,背着一小捆书和小册子走街串巷,最后不是在波美拉尼亚腹地的荒凉村子里死于肺炎,就是在苏格兰的小村庄里被醉醺醺的农民处以私刑,或者在法国外省的城镇里被车裂而死。

如果我提到乔达诺·布鲁诺的名字,我并不是说他是这类人中唯一的一个。但他的生活,他的思想,他对自己认为是真实可取的东西的执着热情,是所有先驱者的典型,是很好的例子。

布鲁诺的父母很穷,他们的儿子是个普通的意大利孩子,没有什么天资,只是按照一般惯例来到修道院。后来,他成为一名多明我会修士。他不在这个教派里做事,因为多明我会是所有迫害形式最热烈的支持者,被当时的人们称为真正信仰的"警犬"。他们都很机警。异端者无须把观点写出来让追踪的暗探嗅出味道。一个眼神,一个手势,一耸肩膀,就足以让他们识破一个人,把他带到宗教法庭面前。

布鲁诺成长在一切都要俯首听命的环境中,他是怎样成为叛逆、丢弃《圣经》而一头扎进芝诺和阿那克萨哥拉的作品中的,我也搞不清楚。但是这个奇怪的新手还没有完成规定的课程,就被赶出了多明我会,成了世上的漂泊者。

他翻过阿尔卑斯山。在他之前,有多少人冒险穿过了这个古老的山口,就为了在罗讷河和阿尔沃河交汇处的新教堡垒找到自由啊!

又有多少人心灰意冷地离开了,因为他们发现这里跟那里一样,是人的内在本性在指导着人的心,改变一个教义并不一定意味着改变了人们的心灵。

布鲁诺在日内瓦住了不足三个月。城里挤满了意大利难民,他们给这位同胞带来了一套新衣服和一份校对的工作。一到晚上,他就开始阅读、写作,他得到了一本德·拉·拉姆的书,终于找到了志同道合的人。德·拉·拉姆也相信,中世纪教科书所宣扬的暴政不打碎,世界便不能进步。布鲁诺还不像他的这位法国导师那么激进,不认为希腊人教诲的一切全都错了。但十六世纪的人为什么要束缚在基督诞生前四世纪的词句中呢?为什么呢?

"因为向来都是如此",正统信仰的支持者回答他。

"我们与祖先有什么关系,他们与我们又有什么关系呢?让死去的人死去吧,"打破传统的年轻人回答。

很快,警方便来找他,建议他收拾行李到别处去碰运气。

布鲁诺以后的生活是无休无止的旅行,他一直在寻找一个可以相对自由安全地生活和工作的地方,但没有找到。他从日内瓦来到里昂,又到图卢滋。那时他已经开始研究天文学,成为哥白尼的热情支持者,这是危险的一步。因为在那个时代,人们都在狂吼:"这个世界绕着太阳转!这个世界只是绕着太阳转的不起眼的小星球!呸!谁听说过这种胡言?"

图卢滋也使他感到不快。他横穿法国,步行到巴黎,接着作为法国大使的私人秘书来到英国。但那里等着他的还是失望，英国神学家比起欧洲大陆的神学家好不到哪里去。也许要实际一点，譬如在牛津大学，他们并不惩处犯有违反亚里士多德教诲错误的学生，而是罚他十个先令。

布鲁诺变得愤世嫉俗了。他开始写一些文采横溢却又颇为危险的短篇散文和以宗教哲学政治为内容的对话；在对话中，整个现存的秩序被弄得颠三倒四，受到毫不客气的、挑剔的审查。

他还讲授他喜爱的科目：天文学。

但是学院的当权者对受学生欢迎的教授是极少给笑脸的。布鲁诺又一次被请出学校。他回到法国，接着又去了马尔堡，不久前路德和茨温利还在那里就圣餐变体论进行过辩论，地点就在匈牙利虔诚的伊莉莎白的城堡。

他的"自由派"大名早已先他而行。他连授课都得不到允许。维藤贝格还客气一些，可是这座路德信仰的堡垒刚开始被加尔文大夫的教徒把持，从此，便再也没有布鲁诺自由倾向的空间。

他往南走，打算到约翰·胡斯的地盘上去碰运气，更多的失望在等着他。布拉格成了哈布斯堡的首都。哈布斯堡一从前门进入，自由便从后门离去。他继续流浪，走向遥远的苏黎世。

在苏黎世他收到一个意大利年轻人乔瓦尼·莫切尼哥的信，邀请他去威尼斯。我不知道什么使布鲁诺接受了邀请。也许他骨子里是意大利农民，对这么一个古老贵族姓氏充满崇敬，为这个邀请而受宠若惊。

但乔瓦尼·莫切尼哥跟他的祖先不是一路人，他的祖先可以做到公开蔑视苏丹王和教皇，而他是个意志薄弱的懦夫，当宗教法庭的官员到他家要把客人带到罗马时，他连手指头都没有动一下。

威尼斯政府一贯小心翼翼地保护自己的权力。布鲁诺如果是个德国商人或荷兰船长,他们还会强烈抗议,如果外国军队胆敢在他们的管辖区抓人,他们甚至会发起战争。可是为了一个除思想外不能给城市带来任何好处的流浪汉,为什么要触怒教皇呢?

的确他自称学者,共和国感到很荣幸,但我们不缺学者。

和布鲁诺告别吧,愿圣马可怜悯他的灵魂。

布鲁诺在宗教法庭监狱被关押了7年。

1600年2月17日,他在火刑柱上被烧死,骨灰随风飘散。

他的行刑地在坎普迪菲奥利,那些懂意大利文的人也许能获得一点讽喻的灵感吧。

第二十一章

斯宾诺莎

历史中的一些事情我从来没能弄明白,其中一件就是过去岁月的艺术家和文人的作品数量。

我们现代作家协会的成员有打字机、录音机、秘书和自来水笔,每天能写三四千字。莎士比亚有十多种工作分散精力,有个骂骂咧咧的妻子,蘸水笔也不好用,他怎么能写三十七个剧本呢?

"无敌舰队"的老兵洛浦·德·维加一生都忙忙碌碌,他从哪儿找到必不可少的墨水和纸写出一千八百部喜剧和五百篇论文的?

那个奇怪的约翰·塞巴斯蒂安·巴赫又是什么样的人呢?他的小屋里有二十个孩子吵吵闹闹,他竟然能找出时间写五部清唱剧,一百九十个教堂大合唱,三个婚礼大合唱,十二支圣歌外部,而不在其内部。否认事物自身的矛盾,牛顿是代表人。六支庄严弥撒曲,三部小提琴协奏曲(仅这一部就能让他名垂青史),七部钢琴管弦乐队协奏曲,三部两架钢琴的协奏曲,两部三架钢琴的协奏曲,三十部管弦乐谱,还为长笛、竖琴、风琴、提琴、法国号管写了曲子,够一个普通音乐学生练一辈子的。

还有,像伦勃朗、鲁本斯这样的画家几乎以每月四幅油画或蚀刻画的速度坚持了三十多年，这需要怎样的勤奋和专注？不起眼的平民安东尼奥·斯特拉地瓦利怎样在一生中做了五百四十把小提琴、五十把大提琴和十二把中提琴呢？

我现在不是讨论他们的头脑怎么能想出所有的情节，听出所有的旋律，看那么多颜色和线条的组合，选择所有的木材。我只是奇怪体力的一面。他们怎么能胜任呢？他们不睡觉吗？难道他们不偶尔花几个小时打打台球吗？他们从不知疲倦吗？他们没听说过神经衰弱这个东西吗？

十七和十八世纪，这种人比比皆是。他们无视健康法则，大吃大喝有害的东西，根本不知道作为光荣的人类的一员所负有的崇高使命，但他们过得很快乐，他们的艺术、知识产出堪称一绝。

艺术、科学是这样，像神学这种烦琐的学科也是如此。

如果你在二百年前去图书馆，你会发现馆内的地窖、阁楼塞满了十二开、十八开、八开的小册子，布道书，讨论集，驳论，文摘和评论，用皮革、羊皮纸和纸张装帧，上面尘土堆集，早已被人忘却了。不过这些书都包含着广博而又无用的学识。

他们谈论的问题和所用的许多词句对我们现代人来说已失去意义。可是这些发了霉的汇编却有着重要的目的。如果它们一事无成，至少还清洁了空气，因为它们或者解决了讨论的问题，使有关人士满意，或者使读者相信这类特殊问题不能靠逻辑和辩论来解决，因此最好即刻放弃。

这听来好像是讽刺挖苦式的恭维话。不过我希望将来三十世纪的批评家们在啃我们的文学、科学遗产时也会这样手下留情。

斯宾诺莎是这一章的主角，他在数量上没有追随当时的时尚、他的全集包括三四小卷书和一捆书信。

但是，用正确的数学方法解决他的伦理学和哲学中的抽象问题所必需的大量学习，会使普通的健康人不知所措。这位可怜的肺痨病人想通过乘法口诀表去接近上帝，终于心瘁身亡。

斯宾诺莎是犹太人。不过那时的犹太人还没有受过犹太隔离区的侮辱。他们的祖先在西班牙半岛落脚，当时那里还是摩尔人的一个省份。西班牙重新夺回了那块地方，实行"西班牙只属于西班牙人"的政策，最终将那个国家推向崩溃。斯宾诺莎一家被迫离开了老家，他们走水路来到荷兰，在阿姆斯特丹买了幢房子，辛勤工作，积攒钱财，很快就大名鼎鼎，成为"葡萄牙殖民地"中最受尊敬的家族中的一员。

如果说他们的儿子巴鲁赫对自己的犹太血统有所知觉，那也是从他受教的塔木德经学校来的，而不是从邻居的嘲笑中来的。由于荷兰共和国被阶层的偏见所窒息，无暇顾及种族偏见，所以外来的民族可以在北海和须德海的海岸找到避难所，和当地人和睦相处。这是荷兰生活的一大特点，现代的旅行者在撰写"游记"里添上这么一笔，这样做是有充分理由的。

在大部分欧洲，即使到了近代，犹太人和非犹太人之间的关系仍然远远不如人意。二者之间的争吵简直达到无可救药的程度，因为双方都正确也都错了，都可以说是对方专横和偏见的受害者。这本书里已经说过，宽容是自我保护的一种方法，按照这个理论，显然只要基督徒和犹太人都忠实于各自的宗教，他们就视对方为仇敌。首先双方都坚持自己信奉的是唯一真正的上帝，其他民族的其他上帝全是假的。其次，他们在商业上是对方最大的竞争对手。犹太人来西欧时就像他们初到巴勒斯坦一样，都是寻找新家的移民。当时的工会即"行会"不让他们找到职业，所以他们甘愿开个当铺和银行作为经济上的权宜之计。这两种行当在中世纪很相近，在人们眼里，正派人不会去从事这样的行业。教会直到加尔文时期一直对金钱（除了以税收的形式）深恶痛绝，把拿利息视为犯罪，我们不得而知。当然，没有一个政府会容忍高利贷，早在四千年前，巴比伦人就已通过严厉的法律反对用别人的钱赚钱的兑钱人。我们从两千年前写下的《旧约》的几章中读到，摩西曾经强力禁止追随者以高利息借给别人钱，不过借给外国人除外。以后，包括亚里士多德和柏拉图在内的古希腊哲学家都表示不赞同从别人的钱中生出钱来，教会神父对这种事情的态度更明确。在整个中世纪中，放债人一直被人瞧不起。但丁特意在他的地狱里专为银行家辟出一间单独的壁龛。

从理论上可以证明，开当铺和开银行的是不受欢迎的公民，世界要是没有他们该多好啊。然而，当这个世界不再完全是农业社会时，人们发现不使用信贷就连最简单的交易都做不成。于是放债人成了大家需要的魔鬼（在基督徒看来），注定要下地狱的犹太人被迫从事人们需要的行当，但正派人碰都不会碰。

这样，不幸的出走者被迫干上了不光彩的行当，这使他们自然而然地成为富人和穷人的对头。他们一发迹，对方便翻脸无情，诋毁谩骂，把他们锁在城市最脏的地方，一到群情激愤的时候，就把他们当作不信主的邪恶之人绞死，或当作变节的基督徒烧死。

真是愚蠢，而且无知。无休无止的攻击和迫害并没能使犹太人喜欢基督徒。直接的结果是，一大批第一流的智者从公共交往中退出了，成千上万天性聪明的年轻人本来可以在商业和科学中进取，却把脑筋和精力浪费在了无用地研究那些深奥莫测的难题和满是吹毛求疵的诡辩的旧书上。数以百万计的男孩、女孩不得不在气味难闻的廉租房里过着发育不良的日子，一面听老人讲他们是肯定会继承大地和所有财富的上帝的选民，另一方面被邻居的诅咒吓得半死。这些邻居不停地告诉犹太孩子说，他们是猪，只配上绞架或被车裂而死。

要让在这种逆境中生活的人（任何人）保持正常的人生观，简直是天方夜谭。

犹太人一次又一次地被基督徒国人逼得不顾一切地反抗,当他们忍无可忍地扑向压迫者时,基督徒就骂他们是"叛国者""不知报恩的恶棍",受到更严重的欺侮和限制。但是这种限制只有一个结果,它使心怀怨恨的犹太人增多,使其他人意志颓丧,使犹太区成为受挫的雄心和积累的仇恨的容身之所。

斯宾诺莎生在阿姆斯特丹,因此幸而没有遭到大部分亲戚生来就遭到的苦难。他首先被送进犹太教堂(恰当地被称为"生命之树")掌管的学校,学会希伯来文的动词变化以后,就被送到弗朗西斯克斯·阿平尼厄斯·范·登·恩德博士那里,接受拉丁语和科学方面的训练。

弗朗西斯科博士正如他的名字所示,出身于天主教徒家庭,传闻他是卢万大学毕业生,如果你相信城里消息灵通的助祭的说法,他是伪装起来的耶稣会会士,非常危险。不过这是胡说。范·登·恩德年轻时确实在天主教学校待过几年,但他对功课心不在焉。离开家乡安特卫普以后,到阿姆斯特丹开了一所自己的私立学校。

他对教学方法的选择颇有办法,善于想办法使学生们喜欢古文课。阿姆斯特丹的加尔文派自由民不顾他过去与天主教的关系,情愿把孩子托付给他,而且很自豪,因为这个学校的孩子在六韵步诗和拉丁语变格上学得总比别的学校强。

范·登·恩德教小巴鲁克拉丁文,但他热情追求科学领域的最新发现,对乔达诺·布鲁诺崇拜得五体投地,因此不免教了这孩子几样在正统犹太人家里绝不会提及的东西。

小斯宾诺莎跟当时习俗不同,没跟其他孩子一起住校,而是住在家里。他的学识很深,颇使家人惊奇,亲戚们都自豪地叫他小先生,毫不吝啬地给他零用钱。他从不把这笔钱浪费在烟草上,而是用于买哲学书。

有一个作者最使他感兴趣。

这就是笛卡儿。

雷内·笛卡儿是法国贵族，出生在图尔和普瓦提埃的交界地区，一千年前那里曾是查理曼的祖父阻止穆罕默德攻占欧洲的地方。他不满十岁就被送到耶稣会受教育，待了十二年，很惹人讨厌，因为他肯思考，没经过证明的东西就拒不接受。耶稣会会士能调理这种难管的孩子，既不挫伤他们又训练得很成功，他们也许是世界上唯一这样的人。教育的布丁要吃了才知道好坏。如果我们现代教育家学学罗耀拉弟兄的方法，说不定在我们的时代能出几个笛卡儿呢。

笛卡儿二十岁时开始服兵役，他到了荷兰，在那里，纳索的莫里斯曾经彻底完善了他的军事体系，使他的军队成为有志当将军的年轻人的进修学校。笛卡儿前往这位拿骚王公的司令部似乎有点不合常规，一个忠实的天主教徒竟然效力于一个新教首领！这听来就像叛国罪。不过笛卡儿感兴趣的是数学和炮兵，不是宗教和政治。荷兰刚刚和西班牙休战，他就退役了，来到慕尼黑，在巴伐利亚的天主教公爵麾下作战。

但那场战役没有持续太长时间，当时只有拉罗谢尔附近还在进行比较重要的战斗，这个城市是胡格诺派教徒抵抗黎塞留的地方。于是笛卡儿回到法国，想学一点高级攻坚战。可是军营生活使他厌倦了。他决定告别戎马生涯，致力于哲学和科学。

他自己有一笔小收入。他不想结婚，要求不高，只想过一种安静、快乐的生活，他得到了。

我不知道他为什么选中荷兰作为居住地。不过那是个充满印刷商、出版商、书店的地方，只要你不公开攻击现存政府或既定宗教，出版检查的法律就形同虚设。况且，他从未学会他所移居的国家的文字（这种文字对真正的法国人来说本来并不难），所以避开了不必要的伙伴和没用的谈话，能够把全部时间（大约每天二十小时）用在自己的工作上。

对于当过兵的人来说，这种生活太枯燥了。但笛卡儿有生活目的，似乎在自找的流亡日子里自得其乐。随着光阴的流逝，他逐渐相信，世界仍然被深不可测的无知笼罩着，被称作"科学"的东西其实连真正科学的边都不沾，陈旧的错误和荒谬不首先铲平，总体的进步就不可能实现。这可不是小的命题。不过笛卡儿的耐性很好，在三十岁那年，他着手为我们创建一个全新的哲学体系。权当热身，他在原来的计划里加进了几何学、天文学和物理学。在工作中他毫不偏袒，这使得天主教徒宣布他是加尔文派，而加尔文派又骂他是无神论者。

这些喧闹传到他的耳朵里，他也不为之所动。他平静地继续自己的探索，在斯德哥尔摩同瑞典女王谈论了哲学，最后平静地死在城里。

在十七世纪的人心中，笛卡儿主义就如同维多利亚女王时代的达尔文主义，引起了很大轰动。在1680年做一个笛卡儿主义者是可怕的，很不光彩。它表明某人是社会制度的敌人，是索西奴斯教徒，是自认不能与体面人同伍的下等人。这并没能阻止知识界大部分人如饥似渴地接受笛卡儿主义，就像我们的前辈接受达尔文主义一样。但是在阿姆斯特丹的正统犹太人中，没有人提及这类学说。在塔尔穆德和托拉赫也没有人问津笛卡儿主义，因此它也就不存在。然而，它居然存在于一个叫斯宾诺莎的人脑子里，那好吧，只要堂区当局把这事儿查查，采取官方行动，斯宾诺莎自己也跟着一起不存在。

那时阿姆斯特丹的犹太教会刚刚度过一场严重的危机。小巴鲁克十五岁的时候，来了一个名叫尤里尔·艾考斯塔的葡萄牙流亡者。他断然抛弃了在死亡威胁下被迫接受的天主教，又回到前辈的宗教。可是这个艾考斯塔不是一个普通的犹太人，他是一名绅士，习惯帽子上插着羽毛，腰上佩着一把剑，对他来说，那些德国、波兰学校培养出来的傲慢荷兰拉比叫他感到非常不快和吃惊，他也很自傲，从不屑掩饰自己的观点。

在那种小的社会组织里，如此公开的蔑视是不可能被容忍的。一场你死我活的斗争开始了，一方是孤独的梦幻家，半先知半贵族，另一方是无情的法律督导。

结局是悲剧。

首先，艾考斯塔被告到当地警察局，说他是某些渎神小册子的作者，这些小册子否认灵魂不朽。这使他与加尔文派教士发生摩擦。不过事实很快被澄清，控告也撤销了。于是犹太教会把这个犟头的反叛逐出教会，剥夺了他的谋生手段。

这以后，这个可怜的人数月里在阿姆斯特丹街上流浪，直到穷困潦倒和孤独把他逼回到自己的同胞中间。但是他要首先当众认罪，任所有犹太人鞭抽脚踢，然后才能被批准重新入会。这侮辱使他精神失常了。他买了一支手枪，把自己的脑袋打开了花。

自杀事件在阿姆斯特丹市民中引起纷纷议论。犹太团体觉得不能冒险再惹起另一场风波。当有迹象表明"生命之树"的高才生已遭到笛卡儿哲学这一异端学说的污染时，犹太教会就立即行动起来，试图加以遮掩。人们找巴布克谈话，只要他答应听话，去犹太教堂，不再发表或散布任何反对法律的言论，就可以答应每年给他一笔固定收入。

斯宾诺莎最厌恶妥协，他断然拒绝做这种事，结果是，依据著名古老的罚入地狱的惯例，他被逐出教会。那个准则毫不给人思考的余地，全是照搬耶利哥时代的诅咒谩骂。

面对五花八门的咒骂，他不动声色地坐在屋里，从报纸上了解前一天发生的事。甚至当一个《准则》的狂热者想结果他的性命时,他也拒绝离开城市。

这对犹太教士的威信是一个沉重的打击,他们显然把约书亚到以利沙都求遍了也没用,不到六年时间,他们遭到第二次公开蔑视。他们心急火燎地向市政厅提出诉讼,要和市长见面,告诉他这个刚被赶出教会的斯宾诺莎的确是个危险分子,是不可知论者,不信仰上帝,像阿姆斯特丹这样受人尊敬的基督教城市绝不能允许这种人存在。

那些达官贵人按照以往的好习惯,凡事都不插手,而是推给基督教牧师的小组委员会去办理。这个小组委员会研究之后。发现斯宾诺莎并没有做有害于城市法律的事,便如实向市政府的官老爷做了报告。不过他们又觉得一个教派的人能如此团结一致是好事,于是又向市长建议,让这位看上去非常特立独行的年轻人离开城市,等事态平息了再说。

从那以后,斯宾诺莎的生活一直平静无波,就像他从卧室窗口看到的大地一样。他离开了阿姆斯特丹,在莱顿附近的莱茵斯堡村租了一栋小房子。白天擦光学仪器的镜片,夜晚抽着烟斗,根据自己的兴致读点什么或写点什么。他一直没有结婚。谣传说他和拉丁文老师范·登·恩德的女儿有私情,可是斯宾诺莎离开阿姆斯特丹时那孩子才十岁,所以可能性不大。

他有几个挚友,每年至少两次提出要给他一点接济,使他能用全部时间致力于研究。他回答说他感谢他们的好意,但他更愿意独立,除了从一位年轻的笛卡儿主义者那儿每年收下八十块钱之外,他一分钱不要,过着一个真正哲学家清贫的生活。

他有一次机会成为德国的一名教授,但他还是婉拒了。著名的普鲁士国王给他写信,愿意当他的资助人和保护人,他也给予了否定回答,继续过他平静安宁的放逐生活,自得其乐。

在莱茵斯堡住了几年后,他搬到海牙。他的身体一直不太好,半成品镜片上的玻璃屑影响了他的肺。

1677年,他孑然一身孤独地死去了。

使当地教士愤然的是,不下六辆宫廷名流的私人马车把这个"无神论者"送往墓地。当纪念他的雕像落成的时候,倒霉的警察不得不大批出动去保护参加这个隆重仪式的人,以免他们受到嚣张的加尔文宗狂热分子的滋扰

有关他的生平就讲到这儿为止吧。那他的影响呢?他难道只是把没完没了的理论塞进成摞的书里、使用的语言能把奥马尔·卡雅姆气得狂躁的勤奋哲学家吗?

不,他不是。

他取得的成就绝不是靠发挥才智或靠用巧言善辩正确阐述自己的理论。他之所以伟大,主要靠他的勇气。他的同胞们只知道一种规矩,那是在早已被忘却的遥远的黑暗年代里定下的不可更改的一套规矩,那是一套实施精神独裁的体系,是为职业教士准备的,这些人认为只有他们有权解释神的话语。

在他生活的那个世界里,知识自由的思想与政治上的无政府几乎是同义词。

他知道他的逻辑体系既得罪了犹太人,也会得罪非犹太人。

但他从来没有退缩过。

他把所有问题都看作普遍问题,不加区别地归于一种无处不在的意志的体现,它将一直适用,直到最后的审判日,就像创世之时那样。

这样,他为人类的宽容精神做出了巨大贡献。

斯宾诺莎像前面的笛卡儿一样,摈弃了旧宗教设下的狭隘界线,在百万星辰的基石上建立了自己全新的思想体系。

这样一来,他恢复了从希腊和罗马时代就被歪曲的人类的真正形象——世界公民。

第二十二章

新的天国

无需担心斯宾诺莎的书是否会畅销,他的书很像三角学教科书那么有趣,没几个人看完一章的头几句后还能继续读下去。

需要另一种类型的人向人们传播新思想。

在法国,国家一旦转为君主集权制,人们对独立思考和研究的热情便大减。

在德国,三十年战争带来的是贫穷和恐怖,个人的主观能动性至少两百年都未能恢复元气。

因此,十七世纪下半叶,在欧洲大国里唯有英国在独立思考方面有进一步的发展,国王与国会的长期不和增加了不安定的因素,促进了争取个性自由的事业。

首先我们要谈谈英国君主。多年来,这些不幸的国王一直在天主教魔鬼和清教徒深海之间备受煎熬。

天主教臣民(包括许多秘密倾向罗马的圣公会忠实信徒)一直叫嚷要回到英国国王当教皇的仆从的幸福时代。

而清教徒臣民却用另一只眼紧盯着日内瓦,梦想英国有一天没有国王,英国成为窝在瑞士山脉一个小角落里那个快乐共和体的复制品。

可还不仅仅如此。

统治英格兰的人也是苏格兰国王，苏格兰臣民一到宗教问题上就毫不含糊地知道他们需要什么。他们坚决反对良心自由理念的正确性。在他们看来，在新教徒的土地上有其他教派存在，还能自由信仰，这简直是邪恶的。他们坚持认为，不仅天主教徒和再洗礼教徒应该被赶出不列颠群岛，而且索兹尼派、阿米尼乌斯派、笛卡儿主义者，这些所有跟他们观点不同的人都通通应该绞死。

但是，这种三角冲突产生了一个意料不到的结果。一些人想在对立的教派之间保持中立，便不得不缄默寡言，这使他们比以往任何时候都宽容。

如果说斯图亚特王朝和克伦威尔在各自不同的执政时期都坚持所有教派的平等权益，而且从历史上看也确实这么做了，那绝不是由于他们对长老会教徒和高教会教徒有什么感情，或者是他们受到那些教徒的爱戴。他们只是在一个非常困难的交易中争取最好结果。马萨诸塞湾殖民地里的一个教派最后变得权力浩大，这个教训告诉我们，如果一个教派从互相争斗的派别中脱颖而出，对整个国家实行绝对独裁统治，英国的命运将会变成什么样子。

克伦威尔当然达到了为所欲为的境地，但是这个护国公很明智。他知道他的统治是他的铁军维持的，便小心地避免一切会使反对派联手对付他的过人行为或法令。但除了这一点，他说不上有什么宽容思想。

至于可怕的"无神论者"——也就是前面提到的索兹尼教徒、阿米尼乌斯教徒、笛卡儿主义者和其他人类神圣权力的信徒——他们的日子跟以前一样难过。

当然，英国的"自由分子"有一个很大的优势。他们靠近大海，只要晕上三十六个小时的船就能到达安全的避难所——荷兰城市。荷兰城市的印刷厂出版南欧和西欧的犯禁文学，穿越北海就意味着这位有魄力的旅行者得到机会去收取自己的稿费,再看看最近知识界的抗议有没有添加什么新内容。

有些人用这个好机会进行安定的研究和宁静的思索,在这群人中间最闻名遐迩的莫过于约翰·洛克。

他和斯宾诺莎生在同一年。他像斯宾诺莎(也像大多数独立思想家一样)一样,是一个虔诚信教的家庭的儿子。巴鲁克的父母是正统的犹太人,约翰的双亲是正统的基督徒。他们按照各自宗教的严格教规训练孩子,当然他们是好意。不过这样的教育不是摧毁孩子的心灵,就是使他们变成叛逆。约翰同巴鲁克一样,都是那种不轻易服输的人,所以一咬牙,离开了家,另辟蹊径。

到了二十岁,洛克来到牛津,第一次听到笛卡儿的讲话。可是在圣凯瑟琳大街灰尘满布的书摊上他找到其他一些对他胃口的书,譬如托马斯·霍布斯的著作。

霍布斯是个有意思的人物,曾是抹大拉学院的学生,一个不安分的人,去过意大利,跟伽利略谈过话,与伟大的笛卡儿本人通过信,一生的大部分时间都住在欧洲大陆,为的是逃避清教徒的怒火。偶尔他写一本大部头的书,把他对所有可以想到的题目的看法都装进去,用一个引人注目的书名:《利维坦:神权和世俗共和体的实质、形式和权力》。

这本博学的书问世的时候,洛克正在大学里上二年级。这本书对王公的本质特征,他们的权利,特别是他们的职责直言不讳。他的坦率就连彻头彻尾的克伦威尔派也不得不对这本书表示赞同,许多克伦威尔党徒都倾向于宽恕这个一贯抱怀疑态度的人,因为他尽管是个保皇派,却在一本重量不到五磅的书里揭露了保皇派的虚伪。当然,霍布斯不是那种易于划分规类的人。当时的人称他是"不拘于教条的人",这意味着他对基督教伦理体系比对基督教会的律法和教条更感兴趣,坚持认为应允许人们在对待非基本原则问题的态度上有一定的"回旋余地"。

洛克跟霍布斯趣味相投。他一生在说教，却又从心底赞同对生活和信仰应做大度的解释。他和朋友们认为，国家摆脱一个暴君（戴王冠的），如果只是为另一个暴君（戴黑礼帽的）来滥用权力，那还有什么用呢？为什么今天宣布放弃对一伙教士的效忠，明天又去接受另一群牧师定的规矩，而后一群人就跟前面那群人一样盛气凌人、傲慢专横？从逻辑上讲这当然是对的，不过有那么一伙人，对他们来说，"自由人"一旦成功，把僵化的社会体系变成伦理辩论的社会，有些人就会为之而失去饭碗。那些人难道会欢迎这个观点吗？

洛克虽然是一个具有个人魅力的人，有一些有势力的朋友，能保护他不受地方长官的怀疑，但是没过多久，他还是不能再逃避"无神论者"的嫌疑了。

这事发生在1683年秋季，为此，洛克去了阿姆斯特丹。斯宾诺莎已去世五六年了，不过荷兰首都的学术气氛还很自由，洛克有机会学习和写作，而且不受官方的干涉。他很勤奋，在外的四年里写下了著名的《关于宽容的信》，这使他成为我们这本小历史书的主角。在这封信中（在反对者的批评声中变成三封信），他断然否认国家有权干涉宗教事务。洛克认为（这源于另一个流亡者，法国人皮埃尔·贝尔，当时此人正在鹿特丹编撰他那本不可思议的、独立完成的百科全书），国家只是个保护性的组织，由一批人创立和维持，为的是相互间的利益和安全。这么一个组织为什么要发号施令、让人信仰这个而不允许信仰那个，洛克和他的信徒始终没有搞明白。国家没有教人该吃什么，该喝什么，那它为什么要强迫人们拜访这个教会，不拜访那个教会呢？

清教徒主义的不彻底胜利使十七世纪成为一个充满各种奇怪宗教妥协的时代。

威斯特法利亚的和平终止了所有宗教战争。它阐明了一条道理："所有臣民都必须服从统治者的宗教信仰。"于是，在一个小小公国，所有人都是路德教徒（因为当地大公是路德教徒），在另一个公国，所有人又都是天主教徒（因为男爵恰好信天主教）。

洛克争辩说："如果国家对人民灵魂的未来幸福有权指手画脚的话，那么，一半人口注定要下地狱，因为，两个宗教不可能都是正确的（按照宗教手册第一条的说法），生在边界这边的肯定会进天堂，生在那边的注定要下地狱。这样一来，出生时的地理位置便能决定一个人的灵魂能否被拯救了。"

遗憾的是洛克没有在他的宽容计划里包括天主教徒，不过这可以理解。在十六世纪的不列颠百姓眼里，天主教不是宗教形式，而是个政党，从来没有停止颠覆英国的安全，它建造了个"无敌舰队"，还买成桶的火药准备炸掉一个友好国家的议会。

所以洛克宁愿主张把权力交给殖民地的异教徒，也不给天主教徒，而且请他们别再踏上英国的国土。这样做倒不是因为他们的信仰不同，而仅仅是因为他们从事危险的政治活动。

要了解这种看法就必须回溯十六个世纪。一个罗马皇帝曾经定下著名的原则，那就是宗教是个人与他的上帝之间的私事，当上帝觉得自己的尊严受到侵犯，他会知道如何处理的。

英国人在不到六十年里经历了四个政府的变更，还繁荣昌盛起来，他们根据常识多半看到了这种宽容理念的基本实质。

1688年，奥兰治的威廉渡过北海，洛克也紧跟着他坐船来了，同船的还有英格兰王后。从此，他的生活安定无事，高寿到七十二岁才瞑目，成为人们尊敬的作者，不再是吓人的异端者了。

内战是件可怕的事，却有一大好处，那就是净化了环境。

十七世纪的政治纠纷彻底消耗掉英国剩余的精力，当别的国家还在为三位一体说和原罪说打得你死我活的时候，大不列颠的宗教迫害业已停止。间或有一个过于放肆的批评家抨击教会，比如丹尼尔·笛福，这也许会倒霉地触犯法律。不过《鲁滨孙漂流记》的作者被戴上颈手枷，不是因为他是业余神学家，而是因为他是个幽默家。盎格鲁－萨克逊民族历来就是对讽刺疑心不已。假如笛福写的是严肃维护宽容的书，也不至于身受责难。他用题名为"异端者最短的路"的半幽默性小册子来攻击教会的专制时，显示出他是一个完全没有分寸感、毫无优雅感的粗俗之人，只能跟纽盖特监狱的小偷小摸者为伍。

即使是这样，笛福没有走出英伦三岛的范围还属幸运。他从发源地被赶出去以后，在大洋彼岸的殖民地找到了备受欢迎的栖身之地。与其说这应该归因于刚刚搬进那片土地的人们的性格，不如说是因为新世界比旧世界提供了更大的经济机会。

英格兰是个小岛，人口稠密，只是大部分人有立足之地，如果大家不愿意实行古老而体面的规则："平等互换"，那就什么生意都做不了。可是在美洲，它是一个范围不知有多大、财富多得让人难以置信的国家，是一个只住有寥寥无几的农夫和工人的大陆，人与人之间不需要这种妥协。

因此，在马萨诸塞海岸的小小共产团体里，最后发展成自以为公义的正统宗教堡垒。自从加尔文在瑞士西部充当了警察署长和刽子手大人的快乐时光以后，这种情况就再也没有出现过。

在查理河的冰天雪地里第一次住上了人，这是人称"清教徒朝圣前辈"的一小伙人。朝圣者一般是指"一种拜谒圣地的宗教奉献行为"。按照这个意思讲，"五月花"号的旅客并不是朝圣者，他们是英国的瓦匠、裁缝、搓绳匠、铁匠和修车匠，他们是为了逃避可恨的"罗马天主教习俗"，才离开了自己的祖国。

首先，他们渡过北海去了荷兰，当时这地方正处在经济萧条期。我们的教科书一味地把他们继续旅行的愿望归结于不愿让孩子们学荷兰语，不然就会被这个国家同化。这些纯朴的人居然不图报恩，却跑去做什么美国公民。这听起来似乎不可能。其实他们大部分时间都不得不住在贫民窟里，在人口已经很稠密的国家里谋求生路的确很难。据说在美国种烟草的收入远胜于在莱顿梳羊毛，于是，他们乘船去弗吉尼亚，但在路上遭到逆流阻挡，再加上驾船技术不高，碰巧靠上了马萨诸塞的海岸，他们决定留下来，不再乘着漏船到海上的恐怖中去冒险了。

可是，他们虽然避开了溺死和晕船的危险，但仍然朝不保夕。他们大多是英国内地的小城镇的人，没有开创生活的能力。他们的共产主义思想被寒冷击碎，公民的热情被无休止的狂风吹寒，妻子、孩子死于缺乏足够的食物。只有很少的人熬过了三个冬天，他们秉性善良，习惯于家乡的粗鲁而又质朴的宽容。可是由于随后又来了好几千新的殖民者，他们完全被吞没了。那些后来的人无一例外全是更严厉、难以妥协的那一派，他们连续几个世纪把马萨诸塞变成一座查尔斯河上的日内瓦。

他们在那一小块地方艰苦求生，危在旦夕，所以越发觉得要从《旧约》的章节中给自己的一切所思所行找理由。他们与体面的社会和图书一刀两断，悟出了自己的一套奇怪的宗教精神。他们把自己看作是摩西和纪登的后裔，很快摇身一变成为十足的马迦比家族成员。他们没有办法聊慰自己的艰苦乏味的生活，只能相信他们受难是为了唯一真正的信仰，还由此得出结论说，其他的人都是错误的。谁要是含蓄地说清教徒的所作所为并不完全正确，便会由于观点不同而遭到虐待，不是被无情地鞭笞一顿赶到荒野里，就是被割去耳朵和舌头，还要被驱赶出境，除非他们能幸运地找到瑞典和荷兰殖民地作为庇护所。

这块殖民地对宗教自由和宽容事业毫无贡献，它起的作用并不是出于本心，而是以一种迂回而非自愿的方式，这在人类历史发展的过程中屡见不鲜。宗教专制的暴力引起了更为自由的政策的反作用。在差不多两个世纪的教士专制以后，涌现了新的一代。新生代人开始成为所有神权统治形式的头号公敌，这一代人深深相信政教分家的好处，对古老的政教合一的混合体制很不以为然。

有那么一点幸运的是，这个进步来得很慢，直到大不列颠和它的美国殖民地的敌对爆发之前危机才出现。结果是，撰写美国宪法的人不是自由思想者就是旧式加尔文主义的秘密敌人，他们把某些高度现代化的原则纳入宪法里，结果为我们共和国的和平稳定带来了巨大好处。

可是在这以前，新世界在宽容领域里已经经历了一次意想不到的发展。奇怪的是，这个发展出现在天主教社会，就是现在马里兰州的一个地方。

这次有意思的事情的主要人物是卡尔佛特父子，原籍在佛拉芒，但父亲移居英国，为斯图亚特王朝做出了卓越的贡献。他们起先是新教徒，乔治·卡尔佛特做了国王詹姆士一世的私人秘书和总管，但他烦透了当时人们的神学纠缠，便又回到古老的信仰。老的信仰甭管是好、是坏，还是不好不坏，反正它称黑为黑，称白为白，不把每一点教义的决定权交到半文盲的小教士手里。

这个乔治·卡尔佛特似乎多才多艺，他的倒退（在当时是重罪）并没有使他丧失他的皇上主子的恩宠。相反，他被封为巴尔的摩男爵。当他计划建立一个自己的小殖民地来保障受迫害的天主教徒的权益时，还获得了各方帮忙的许诺。他先在纽芬兰试运气，但是他派去的居住者都被人赶出了家门。于是他申请在弗吉尼亚要几千平方英里的土地。谁知弗吉尼亚人是顽固的圣公会教徒，他们也不要这些危险分子做邻居。巴尔的摩男爵又请求赐予位于弗吉尼亚和北部荷兰、瑞典管辖区之间的一片荒野，在接到特许状之前，他已撒手人寰。他的儿子塞西尔继续这件好事，在

1633—1634年间的冬天,"方舟"号和"鸽子"号两只小船在乔治的兄弟伦纳德的命令下,穿过大西洋于1634年3月满载着旅客平安抵达切萨皮克海湾。这个新国家叫马里兰,以法兰西国王亨利四世的女儿玛丽命名。亨利四世本来计划建立一个欧洲各国的联盟,但这计划却被一个发疯的僧人用匕首打破了,玛丽成为英国国王的妻子,可她的丈夫不久就在清教徒臣民手里掉了脑袋。

这个别具一格的殖民地一是没有驱逐印第安邻居,二是给天主教徒和新教徒提供平等机会,度过了好几个困难年头。首先移民区里有很多圣公会教徒,他们是为了逃避马萨诸塞清教徒的专横才来的。后是清教徒侵入这块土地,他们是为了逃避弗吉尼亚圣公会教徒的极端专横。这两伙人都是亡命徒,盛气凌人,都想把自己的"正确信仰"带进这个刚刚给他们安身之地的州。由于"所有会引起宗教狂热的争执"在马里兰的土地上都被禁止,老移民者便有权力让圣公会教徒和清教徒都安安静静的,别惹事。但是,家乡的保皇党和圆颅党的战争爆发不久,马里兰人害怕无论谁赢,他们都会失去过去的自由。因此,1649年4月,查理一世被处死的消息刚刚传来不久,在塞维尔·卡尔佛特的直接倡议下,就通过了著名的《宽容法》。

其中有这样一段,很出色:

"由于宗教对思想的高压统治在所及的范围内常常产生有害的结果,为了该省有一个安宁和平的政府,为了该省居民之间的相互友爱和团结,兹决定,任何人不得以宗教或宗教信仰为理由,对本省所有信仰耶稣基督的人进行干预、骚扰和迫害。"

在一个耶稣会会士掌管重权的国家里,能够通过这样的法案,这说明巴尔的摩家族具有卓越的政治才能和超出常人的勇气。这种宽宏大度的精神深受来访者的赞扬。后来,一伙外逃的清教徒推翻了马里兰的政权,废除了《宽容法》,以他们自己的《宗教相关法》取而代之，规定所有自称是基督徒的人都享有充分的宗教自由，"除了天主教徒和圣公会教徒"。

幸运的是，这个反动的时期并不长。1660年，斯图亚特王朝东山再起，巴尔的摩家族又重新统治马里兰。

对他们政策的又一次攻击来自另一边。圣公会教徒在本国获得了完全胜利，坚决要求他们的教会成为所有殖民地的官方教会，卡尔弗特家族坚持斗争，但他们看到要把新移民者吸引到自己一边是不可能了。经过整整一代人的斗争，这次试验宣告终止。

新教徒胜利了。

不宽容也占了上风。

第二十三章

太阳王

十八世纪一般被看作君主专制时代,在一个奉民主为至宝的时代,专制无论多么开明,也不是理想的政府。

对人类颇怀好意的历史学家很可能讥讽地指点着路易十四,然后让我们自己去做结论。这个聪明的国王戴上王冠的时候,在他继承的国家里天主教和基督徒两派势均力敌。他们经过一个世纪的相互残杀(多是天主教徒占优势),最后终于达成了和平,双方许诺接纳对方为不受欢迎但又不能避免的邻居和同胞。1598年颁布的"永久的和不可撤销的"《南特令》包括双方协议的条款,即:天主教为国教,基督徒可以充分享有信仰自由,不因他们的信仰而受到任何迫害。他们可以建造自己的教堂并担任公职。基督徒还获准掌管法国境内二百个要塞城市,以此表示对他们的信赖。

这种安排当然不可能,胡格诺派教徒也不是天使,把二百多座繁荣的城市和乡村放在敌视政府的政党手中无疑就像我们把芝加哥、旧金山和费城交给民主党人以换取他们接受共和党人的统治一样荒唐。

黎塞留是统治过这个国家的一个聪明人,他看出这一点。经过长期艰苦的斗争,他剥夺了新教徒的政治权利,不过,他虽然是职业红衣主教,却丝毫不干涉他们的宗教自由。胡格诺派教徒不再能与国家的敌人进行单独的外交谈判,不过享受的权利还和从前一样,可以按照自己的心愿唱赞美诗、听布道。

下一个执行类似政策的法国统治者是马萨林,但是他于1661年就死了。年轻的路易十四开始当政,从此,充满好意的时代就此结束。

这个国王很聪明,却又引起了人们的争沦,似乎十分不幸的是,他一辈子只有一次不得不与正派人结交,却落入一个女人手里,这女人是个宗教狂。弗朗索瓦·多比涅是雇佣文人斯卡龙的遗孀,她一开始只是路易十四的七个私生子和蒙特斯庞侯爵夫人的家庭教师,当侯爵夫人的春药开始失效,国王已经偶尔表露出厌烦的时候,这位女教师便取而代之。她与以前所有国王情妇的唯一不同是,在她同意迁往国王的寝宫之前,巴黎大主教为他们的结婚举行了隆重的宗教仪式。

在以后的二十年里,王位后面的权力全抓在这个女人手中,而她又听凭她的忏悔神父的摆布。法国教士从未原谅黎塞留和马萨林对新教徒采取的绥靖态度,现在他们终于有机会毁掉这两位精明政治家的工作了,便毫不迟疑地干起来,因为他们不仅是王后的官方顾问也是国王的银行家。

这是又一个奇怪的故事。

在前八个世纪里,修道院积攒了法国的大部分财富,他们不顾国库开支的与日俱增,拒不向国家交税,这过剩的财富就显得十分重要。而国王陛下的荣光高于他的信誉,颇为庆幸可以利用这个机会充实自己的国库,为此,他给支持他的教士一点好处,作为报答,他被允许随意向教会借钱,想借多少就给多少。

这样一来,"不可改变"的《南特法令》被一项一项地废除了。

起初基督徒还没有被禁除，但胡格诺派忠实教徒的日子难过到不得安宁。据说一些省份里的错误教义很顽固，龙骑兵的人马便去大肆横行，发号施令，很使人讨厌。他们狂吃豪饮，偷走勺子和叉子，打破家具，侮辱安分人家的妻女，就像在被征服的国土上一样无恶不作。那些绝望的东道主跑到法庭上去要求赔偿和保护，却为他们的劳神费事遭到一通嘲笑，还说这是他们自作自受，自己应该知道怎样摆脱这些不受欢迎的来客，重新得到政府的支持。

只有很少的人听从了劝告，到附近的乡间牧士那里接受天主教洗礼。但是大部分朴实的人忠实于他们孩童时期的教义。然而，他们的教堂最终一个接着一个地被关闭，牧师一个接着一个地进了监狱，他们开始明白这下完了。他们不想投降，便决定一走了之，可是刚到边境，才得知谁也不许离境，抓住就被绞死，为逃亡者提供帮助的人将在监狱里度过余生。

显然，当时发生了一些后人永远不会知道的事。

其实自从法老的时候起，所有政府在某个时期都试过"关闭边境"的政策，都以失败而告终。

决意要走的人只要不惜冒各种危险，总能找到出路。成千上万的法国基督徒通过"秘密途径"来到伦敦、阿姆斯特丹、柏林和巴塞尔。当然这些外逃者没有很多钱，但他们是以忠诚肯干而闻名的商人和艺术家，信誉很好，精力又充沛，几年后通常又重新赢得过去在祖国曾有的兴旺发达，而祖国的政府却失去了一种价值巨大的富有活力的经济资产。

如果说《南特法令》的取缔是法国大革命的前奏，并不算夸张。

法国一直是富有的国家。不过，商业和教权主义从未携手共进。

从法国政府拜倒在石榴裙和法衣下那一刻起，她的命运就注定了。写下驱逐胡格诺教徒法令的那支笔，后来也签署了宣判路易十六的死刑。

第二十四章

弗里德里希大帝

德国王族从来也没有因为喜欢平民执政的政府而出名。但是这个家族的人头脑清醒,喜欢藏书和救济穷人,在巴伐利亚人的疯狂品性玷污他们之前,还为宽容的事业做了一些非常有益的贡献。

在某种程度上说这是不得已的结果。德国王族继承了欧洲最穷的地方,那是漫无边际的沙地和森林,只有一半的地方有人住。三十年战争使得那里的居民家破人亡。他们需要人力和资金,以便东山再起。为了得到这些,他们才不管来的人出自哪个种族、哪种教义,以前的身份如何卑贱。

弗里德里希大帝的父亲是个粗俗的家伙,言谈举止就像运煤工人,对酒吧女招待很感兴趣。不过他会见外国逃亡者代表团的时候倒是能彬彬有礼。在处理涉及王国重要统计数字的事情时,他的座右铭是"越多越好",他搜罗所有国家被剥夺特权的人就跟搜罗6.3英尺高的彪形大汉做他的保镖一样耐心细致。

他的儿子跟他的气质截然不同,很有教养。父亲不允许他学习拉丁文和法文,可他偏要研究这两种语言。他喜欢蒙田的散文,讨厌路德的诗歌,喜欢爱比克泰德的智慧以及马克思和恩格斯的一些最重要的著作,讨厌那些天主教的无知。父亲按照《旧约》

中的教义对孩子很严厉（父亲曾命令把儿子最好的朋友拉到他窗前砍头，好让他学会服从），但这没有使儿子倾向于正直的犹太理想，那时路德派和加尔文派牧师都对犹太理想赞不绝口。弗雷德里克把所有的宗教都看成史前的恐惧和无知的残余，信教等于陷入一种被一小撮聪明却又无耻的家伙小心操纵的奴性状态，这些家伙知道怎样充分利用自己的优越地位靠着损人利己来享乐。他对基督教感兴趣，更对基督本人感兴趣，不过却是按照洛克和索兹尼的思路来考虑这个问题，所以至少在宗教问题上是个宽容大量的人，而且可以毫不吹嘘地说，在他的国家里，"每个人都能按照自己的方式得救"。

弗里德里希做出的这个英明论断成为他后来沿宽容路线进行的一切实验的基础。譬如他颁布说，只要传授宗教的人是正直的，过着正派和遵纪守法的生活，那么所有的宗教就都是好的，因此所有的信念都必须享有同等权利，国家不得干涉宗教问题，只应满足于扮演警察角色，维持各教派之间的和平。他的确相信这一点，只要求臣民顺从和忠诚，把对思想和行为的最后评判权留给上帝，"人的良心的唯一知情者——上帝"，他从不对上帝的旨意做哪怕是很小的评论，免得使人们以为他需要人的帮助，也就是用暴力和凶残来推行神圣的目的。

弗里德里希在思想境界比他所处的年代早了好几个世纪，因此，当这个国王赐给天主教臣民一块地，让他们在他首都的正中心建教堂时，当时的人都摇头不止。耶稣会的人从大多数天主教国家被赶了出来，他又挺身保护他们，于是人们开始咕哝一些恶毒的警告。他宣布说道德和宗教是风马牛不相及的两个概念，每个人只要缴税和服兵役，爱信什么就可以信什么时，同时代人已不把他看作基督徒。

由于当时他们恰好住在普鲁士境内，批评家都不敢轻举妄动，因为国王陛下精通警句隽语，只要在王令上加注一条精辟评语，就可以使那些在某些方面没能博得他欢心的人面临着事业的危险。

不过事实上他是一个掌权三十年的开明的专制君主，让欧洲第一次尝到了什么是近乎彻底的宗教自由。

在欧洲的这个偏僻的角落里，新教徒、天主教徒、犹太教徒、伊斯兰教徒、不可知论者生平第一次享有了平等的权利和平等的待遇。喜欢穿红衣服的人不能对穿绿衣服的人称王称霸，反之亦然。那些回到尼西亚寻找精神安慰的人，被迫与那些既和坏人打交道、又能与罗马主教共进晚餐的人保持平静和睦的关系。

弗里德里希真的很满意他的努力成果吗？我很怀疑。当他感觉自己不久于人世时，让人把他忠实的狗叫来。在这最重要的时刻，狗看来是比"所谓的人类"更好的伴侣（国王陛下是一位才华横溢的专栏作家）。

他去世了，这是又一个误入错误世纪的马可·奥勒留，像他伟大的先辈一样，为后人留下了一份过于珍贵的遗产。

第二十五章
伏尔泰

在当今时代里，我们听到许多议论，都是关于新闻广告人员的恶毒努力，许多好人都指责"宣传"是现代魔鬼的一项成功发明，是一种既新奇又拙劣的方法，为的是吸引人们的眼球。不过这种责备已经是老生常谈了。一般认为"宣传"是最近才发明的，但是如果不带偏见地看待过去的事件，就会发现这完全不符合事实。《旧约》中的预言家们，不管大小，都曾是精通吸引老百姓注意力的大师。用新闻业内人士的话说，希腊和罗马的历史是一个长长的连绵不断的"宣传噱头"。其中有些是摆得上台面的，而大部分却是就连百老汇都不会感兴趣的低俗的东西。

精心布置的宣传具有巨大价值，路德和加尔文这样的改革家就深谙此道。我们不能责怪他们。这些人不是生长在路边的羞答答的雏菊，只要谦卑愉快地生长就行。他们非常认真。他们想让自己的观点发扬光大。如果不能吸引众多信徒，又怎么能成功呢？

肯皮斯的托马斯，在一个寺院的安静角落里生活了整整八十年，这种长期的自愿流放，如果及时做宣传（也正是这样做了），就会产生深远的道德影响，人们都会想看看这本用终生的祈祷和冥想写成的小书，销路会很好。但是阿西斯的弗朗西斯或罗耀拉如果希望能在有生之年看到自己的劳动确实成效，那他们一定要采取在现代人看来是马戏团或电影明星的手段来达到目的。

基督教着重强调谦卑，赞扬那些具有谦卑精神的人。但是赞扬这些美德的布道现在之所以能成为人们谈论的一个话题，却是因为当时在宣扬时用了特定的方法。

难怪那些被谴责为与教堂不共戴天的敌人的男男女女，在抗争西方世界的精神专制桎梏时，要学《圣经》的样子，用某种显然是做广告的手段。

我对此稍加解释，是因为伏尔泰就是做免费广告的行家里手，有时不择手段地利用了人们思想上的空虚，因而经常受到抨击。他也许不总是表现得趣味高雅，但被他挽救了生命的人却不这么看。

再说，就像想知道布丁的好坏要通过品尝一样，像伏尔泰这种人的成败应该以他为同胞做出了多大贡献来衡量，而不是由他所喜欢的衣服、玩笑或墙纸来决定。

这个奇怪的人有一天忽然觉得自己很了不起，便说："没有权柄又有什么关系？我手里有笔。"他对了。他有一支笔。他有许多支笔。他是鹅的天敌，因为他使用的鹅毛笔比二十多个一般作家用的还要多。他属于文学巨人行列，独自一人在恶劣条件下写出的作品跟一个体育记者集团写出的一样多。他在肮脏的乡下客栈里伏案疾书。他在冰冷孤独的乡下客房里创作出了无以数计的六韵步诗歌。他的稿纸布满了他在格林威治寄宿的屋子的破地板。他的墨汁溅到普鲁士王宫的地毯上，还用了大量印有巴士底狱监狱长名字的私人信笺。在他玩滚铁环和弹子球的年龄，尼农·德·兰克罗曾送给他一笔数目可观的零用钱，让他"买一些书"，八年后在同一座城市巴黎，我们又听到他向人要大页书写纸和喝不够的咖啡，以便在无法逃脱的死亡长眠来到之前再写完一部书。

他的悲剧、他的生平、他的诗和他在哲学、物理方面的论著都不足以让他在这本书里占据一章。他的十四行诗并不比同时期的几十个诗人写得好。作为历史学家,他的资料并不可靠,而且乏味,他在科学领域的探险也不比我们在周日报上找到的那些好到哪里去。

但他是愚蠢、狭隘、固执和残忍的敌人,由于勇敢而坚强,他的影响一直持续到1914年世界大战开始时。

伏尔泰生活的年代是个走极端的时期,一方面是一个极端自私和腐败过时的宗教、社会和经济制度,另一方面,一群青年男女迫不及待、过于热心地想建立一个太平盛世,但完全没有实际基础,只不过是一片好心罢了。他是个不引人注意的公证员的儿子,体弱多病,诙谐的命运把他扔进了鲨鱼和蝌蚪的大旋涡里,不是沉下去就是游出来。他愿意游出来冲到岸上。他长期同逆境做斗争的方法常常令人怀疑。他乞求、谄媚、充当小丑的角色。但那个时代没有版税制,没有负责联系出版事务的文稿代理人,让从未出过粗制滥造作品的作家投第一块石头吧!

这并不是说,伏尔泰为了几块多余的砖块发愁。他漫长的生涯都在忙于向愚蠢开战,在这个过程中,他经历了太多的失败,因此不在乎被当众打一顿或是挨了人家扔来的香蕉皮这类小事。但他是一个不屈不挠、充满了希望的乐天派。如果他今天在陛下的监狱里消磨了时光,说不定明天就会在驱逐他的同一个宫廷里得到一个名声显赫的职位。如果说他的一生都被迫去听那些愤怒的乡村牧师骂他是基督教的敌人,有谁知道在塞满了情书的碗橱的某个角落里,说不定还躺着一枚教皇赐予的美丽勋章,证明他能得到圣座的赞同,就像他也会招致圣座的不悦。

这一切只需一天的劳作就能解决。

他尽情地领略人间的快乐,用各种色彩斑斓的奇特经历充实自己的每一天、每一月、每一年。

伏尔泰在血统上属于中间阶层。他的父亲，由于缺少一个得体的名称，姑且可以叫作私人信托公司老板，是富裕贵族不公开的多面手管家，照料他们的法律、财务上的利益。因此年轻的啊鲁埃（这是他家的姓氏）习惯于接触比自己的家庭境遇稍微好点的阶层，这在后来的生活中给予了他压倒大多数文学对手的有利条件。他的母亲是一个叫德·奥玛尔德小姐的人。她是一个穷姑娘，没给丈夫带来一分钱的嫁妆，但她名字中有一个小小的"德"，让所有法国人（和所有欧洲人，特别是几个美国人）肃然起敬，她丈夫觉得获得这样的奖赏是相当幸运了。她的儿子也沉浸在被封为贵族的祖辈给他带来的荣耀里，他一开始写作就把带有平民色彩的弗朗梭阿·马利·阿鲁埃改为更具有贵族特色的弗朗梭阿·马利·伏尔泰，但是他如何更改、在什么地方更改了自己的姓氏，还是一个不解之谜。他有一个哥哥和一个姐姐。伏尔泰非常喜欢姐姐，她在母亲去世后一直照料他。但哥哥是詹森教派的忠实教士，操行端正而充满宗教热情，无趣得叫他心烦。他之所以在父亲家中待的时间屈指可数，这也是一个原因。

父亲阿鲁埃不是傻瓜，很快发现他的小"佐佐"将来会是一个惹是生非的家伙。为此他把儿子送到耶稣会，希望他成为一个精通拉丁文六步韵诗和斯巴达式的严于律己的人。虔诚的神父们尽最大的努力开导他，让这位细长腿的学生在流行的语言和已死亡的语言方面都得到了良好的基础训练。但是他们感到不可能根除这孩子的某种"古怪"才能，这从一开始就使他有别于其他的学生。

伏尔泰十六岁的时候，教士们都很乐意让他离开耶稣会。年轻的弗朗梭阿为让父亲高兴，选了法律专业。不幸的是，一个人不可能整天埋头苦读。晚上有许多闲散的时间。为了消磨时光，伏尔泰不是为地方报纸撰写一些滑稽风趣的小故事，就是在附近的咖啡店给他亲密的朋友们朗读他的文学新作。两个世纪前，这种生活被看作是要直接下地狱的。父亲阿鲁埃充分意识到儿子所冒的危险。他求助于一个颇有影响的朋友，为弗朗梭阿在海牙的法国使馆里谋得一个秘书职位。荷兰的首都，当时和现在一样，单调乏味到令人恼火的程度。由于没有事情好做，伏尔泰就开始和一个不特别漂亮的女孩谈恋爱了。女孩的母亲是一个社交界的记者，一个令人生畏的女人。这位夫人希望把自己的女儿嫁给一个更有前途的党徒，她跑去找法国公使，求他在全城人知道这个丑闻之前把危险的罗密欧调走。大使自己已经是自身难保了，不想再找麻烦。他把自己的秘书匆匆忙忙地撵上去巴黎的下一辆公共马车，弗朗梭阿失业了，再次处于父亲的支配之中。

在这种紧急的时刻，阿鲁埃想了一个权宜之计，在宫廷里有朋友的法国人经常这么干。他要求并得到一封"秘密逮捕令"，把信放到儿子面前，让他要么到强制空闲的监狱去，要么写一份到法律学校勤奋用功的申请书。儿子说他愿意走第二条路，并保证做勤奋和用功的模范。他倒是没有食言，勤奋努力地过着自由撰稿人的快乐生活，为小册子写文章，整个镇子都议论纷纷。这当然不符合父亲的口味，于是他决定运用做父亲的权利把儿子从塞纳河的奢侈生活里赶走，让他到乡下的一位朋友家里住一年。

在乡下，天天都有二十四小时的闲暇时间（包括星期天），伏尔泰开始非常认真地学习文学并且创作出了他的第一个剧本。享受了十二个月的新鲜空气和有益身心的单调生活后，父亲允许他回到首都香气缭绕的氛围。他立刻用一系列讽刺挖苦摄政王的文章来弥补失去的时光。其实对于那个卑鄙的老家伙，骂他的那些话一点也不为过，他自然对这种宣传深恶痛绝。以后的文章招来了第二次流放，最后还不得不去巴士底狱待一段时间。但当时的监狱，也就是说为有伏尔泰这种社会地位的年轻人准备的监狱，可不是一个坏去处。你不能离开监狱,但爱干什么就可以干什么。这正是伏尔泰所需要的。巴黎中心的孤独牢房给了他做一些认真工作的机会。他被释放的时候已经完成了好几个剧本,都非常成功,其中一个连续上演了四十五个晚上,破了十八世纪的所有纪录。

这不仅使他赚了一笔钱(他急需钱),而且使他获得了才子的名声,这对准备成家立业的年轻人来说是最不幸的事,因为,从此以后,人们把在林荫大道上或是咖啡馆里开的能在几小时内博得人们欢迎的玩笑都归罪于他。顺便提一句,这也就是他要去伦敦学开明政治学的原由。

1725年,伏尔泰拿古老而一无是处的德·罗昂家族开涮(也许不是他所为),德·罗昂爵士觉得名誉受到了侵犯,必须采取一些行动。当然不可能让古代统治者的后代和一个公证员的儿子举行决斗,于是,他把实施报复的行动交给那些拍马溜须的势利小人。

一天晚上伏尔泰正与父亲的一个主顾苏里公爵一起吃饭,听说外面有人想跟他说句话,他走到门外,就被罗汉爵士的侍从们狠揍了一顿。这件事第二天传遍了整座城市。伏尔泰在打扮得最体面的时候也活像漫画上的丑陋的小猴子。他鼻青脸肿,头上缠满了绷带,成了人们评论的再好不过的话题。只有采取一种非常断然的措施才能挽救他,使他不在滑稽报纸的手里名声扫地。一块生牛排下肚后,伏尔泰派他的决斗证人去找德·罗昂爵士先生,并开始上剑术强化训练课程,为生死决斗做准备。

哎呀,等到大战的那天早晨,伏尔泰发现自己再次被送进监狱了。罗昂这个地地道道的无赖,把这场决斗交给了警察,这位决斗的作家就只能蹲监狱了。亏得有了一张去英格兰的票,伏尔泰被打发向西北方向起程,并且被告知,只要陛下的宪兵不批准,他就不许回法国。

伏尔泰在伦敦和伦敦附近住了整整四年。不列颠王国不是天堂，但相比法国，真有点天堂的味儿。

皇家断头台给这块土地撒下了一道阴影。1649年1月13日是所有高高在上的人永远不会忘记的日子，发生在圣查理国王身上的事也可能（以一种稍有不同的情形）发生在任何把自己凌驾于法律之上的人身上。至于国教，当然官方教堂要享受某种权力和优厚的待遇，但是喜欢在别的地方做礼拜的人也可以平安度日，与法国相比，权力对国务的直接干预几乎可以忽略不计。承认是无神论者的人和一些令人讨厌的不信奉国教的人，偶尔可能得到赏光到监狱里逛一逛，但对路易十五的臣民来说，英国的整体生活状况几近完美。

一七二九年，伏尔泰回到法国，虽然得到允许可以住在巴黎，但他很少利用这个权利。他像一头受惊的动物，愿意从朋友手中接过几块糖，但始终惊恐不安，稍有风吹草动就准备逃之夭夭。他工作特别努力，写了大量作品，根本不管时间和事实，自己选定题目，从利马和秘鲁讲到俄国和莫斯科，写了一系列知识渊博、通俗易懂的历史剧、悲剧和喜剧。四十岁时，他已成为那个时代最成功的文学家了。

另一件事，使伏尔泰接触到了一种不同的文明。

在遥远的普鲁士，善良的弗里德里希国王在土里土气的院子里被一帮土包子簇拥着，哈欠连天，想找到几个能使他快活的人作伴。他非常羡慕伏尔泰，多年来一直想把伏尔泰请到柏林来。但对1750年的法国人来说，移居普鲁士就像移居弗吉尼亚的蛮荒之地一样，直到腓特烈一再提高待遇，伏尔泰才终于屈尊接受邀请。

他来到柏林，矛盾也就开始了。一个普鲁士国王，一个法国剧作家，这两个不可救药的自我中心者住在一个屋檐下不可能不恨对方。经过两年的龙争虎斗，一场无关紧要的争吵就把伏尔泰赶回了他乐意称为"文明"的地方。

不过伏尔泰汲取了一个有益的教训。也许他是对的,普鲁士国王写的法国诗歌的确很糟糕。但国王陛下在宗教自由上的态度无可挑剔,比欧洲任何一个君王都值得称颂。

差不多六十岁的时候,伏尔泰回到了自己的故乡,他没有心情去接受严酷的判决,而法国法庭靠它来维持秩序,人们敢怒不敢言。上帝在创世的第六天赋予了他的最伟大的产品以神圣的智慧之光,而人类却不愿意利用它,这使伏尔泰一生都为之恼火。他痛恨各种形式、各种样子的愚蠢。他把大部分愤恨都发泄在那些"邪恶的敌人"身上,就像加图那样,他一直威胁要摧毁它。这个"邪恶的敌人"就是大众的思维惰性和愚蠢,这些人只要有吃有喝有地方睡就不想自己动脑筋思考。

从孩提时代,伏尔泰就感到自己是被一架巨大的机器驱赶着,这架机器似乎是通过一种完全没有生气的力量,把残酷和固执连在了一起。摧毁或至少掀翻这部机器成了他晚年执迷的念头,而法国政府对这个特殊的魔鬼倒是投其所好,在这个世界上制造了一大堆法律上的丑闻,着实帮了伏尔泰的大忙。

第一件事发生在 1761 年。

在法国南部的图卢兹城里住着一个叫吉恩·卡拉斯的店主,是个新教徒。图卢兹一直是个虔诚的城市。那儿的新教徒不能担任官职,不能做医生,不能做律师,不能开书店,也不能做接生婆。天主教徒不得雇新教徒做仆人,每年八月二十三、二十四日,全体居民要用隆重的赞美盛宴和感恩来纪念杀戮新教徒的圣巴塞格梅大惨案。

尽管环境不太妙,卡拉斯跟邻里保持着和睦的关系,他有一个儿子皈依了天主教,但父亲仍然善待这个孩子,还对人们说,他完全可以让孩子们自己选择喜爱的宗教。

但是吉恩家发生了一件不可外扬的丑事，关于他的大儿子麦克·安东尼。麦克是个不幸的人。他想做律师，但这个职业不对新教徒开放，他是一个虔诚的加尔文宗教徒，拒绝改换门庭。思想斗争使他患了忧郁症，最后病魔深深地摧残了这位年轻人的思想。他开始为父母背诵汉姆雷特的著名独白，他独自长时间散步，跟朋友在一起时常常谈到自杀的好处。

这样过了一段时间，一天晚上，家里人正在招待一个朋友，这个可怜的孩子溜进父亲的储藏室，拿了一根捆扎行李的绳子，在门柱上悬梁自尽了。

他父亲几小时以后发现了他，他的大衣和背心整整齐齐地叠放在柜台上。

家里人绝望了。在那时，一个自杀的人的尸体要面朝下赤裸着被拖过所有街道，然后绑在门外的绞刑架上，让鸟把尸体吃光。

卡拉斯一家是有身份的人，不能忍受这种耻辱，他们聚在一起商量该做什么，怎么做。这时一个邻居听到了这场混乱，报告了警察。丑闻迅速传开了，这条街上马上挤满了愤怒的人群，他们大声呼喊要求处死老卡拉斯，"因为他谋杀了儿子，不让他皈依天主教。"

在小城市里是无奇不有的，在十八世纪法国的偏狭渊薮里，无聊就像黑色墓布沉沉地盖在整座城池上，因而最无知离奇的故事也有人相信，它们能使人们如释重负似的松一口气。

最高行政官在这种怀疑的气氛中深知自己的职责，立刻逮捕了全家人、他们的客人、仆人和最近到过他们家的所有人。他们把犯人送到镇公所，给他们戴上镣铐，扔到专门关押怙恶不悛的敌人的地牢里，第二天对他们进行了审查。所有人讲的都一样，麦克·安东尼怎样不露声色地进了家门，然后离开房间，他们都以为他又去独自散步了，等等，等等。

这时候，图卢兹的神父开始插手此事，在他们的帮助下，事情变成这个嗜血的胡格诺派教徒杀了自己的孩子，因为他要树立真正的信念。他嗜血成性，因为儿子要转回到真正的信仰，就杀死了他。

熟悉现代侦破方法的人们会认为官方一定要利用当天对谋杀现场的调查结果。人们都知道麦克·安东尼身强力壮，他二十八岁，父亲六十三岁。父亲不经搏斗就能把儿子吊到门框上的可能性微乎其微。但没有一个市议员理睬这种细枝末节，他们忙着安排受害者的尸体。因为麦克·安东尼的自杀现在被认为应当受到殉教者的待遇，尸体在礼堂里停放了三个星期，被穿白服的忏悔者们按最隆重的仪式埋葬了。他们出于一些不可思议的原因把已死去的加尔文主义看作自己组织的成员，把他经过防腐处理的尸体送到大教堂，那阵势和盛况就跟为大主教或赞助当地长方形教堂的富翁送葬一样。

在这三个星期中，图卢兹的良民受到城里每个讲坛的敦促，要求他们为反对卡拉斯和他一家人做任何形式的见证，最后大众报刊彻底抛出了这个案件，审判在麦克自杀的五个月之后开始了。

当时一个审判官灵机一动，提出应该到这位老人的铺子里去看看他所描述的那种自杀是否可能，但他被驳回了，以十二比一的票数通过对卡拉斯的判决，把他放在轮式刑车上施以酷刑。

他被带到行刑室，吊住腕关节，使他的脚离地一米高，然后拉扯他的身体直到四肢"脱臼"（引述官方报告）。由于他拒不承认自己根本没有犯过的罪行，就又被放了下来，灌了大量的水，一会儿他的身体就"比平时大了一倍"。他还是否认自己的罪行，就又被抬上死囚车送到刽子手那里，要把他胳膊和腿都撕开。在后来的两个小时里，他心灰意冷地躺在铁砧上，地方官和教士们还继续喋喋不休地用问题打扰他，老人以超凡的勇气继续宣称自己无罪，主审官被这个一口咬定的谎言搞得恼怒异常，无可奈何，只得判他绞刑。

直到这时，老百姓的愤怒才平息下来，其他家庭成员没有被杀。卡拉斯的遗孀被剥夺了所有财产，允许她隐居起来，在忠心耿耿的用人的陪伴下，忍饥挨饿地度日。孩子们全都送到修道院去了，只有最小的儿子是个例外，哥哥自杀时他恰巧在尼姆的学校读书，他很明智地跑到了日内瓦。

这个案子引起了好多人的关注。伏尔泰居住在费内的城堡里（很方便地建在瑞士边境附近，几分钟的步行就可以到达外国领土），听到了这个案件，但一开始他拒绝穷源究委。他一直与瑞士的加尔文主义的牧师们不和，他们也把矗立在他们自己城里的那个小小的私人戏院视为明目张胆的挑衅，是恶魔的建筑。因此，伏尔泰在目空一切的心境下写道，这个所谓的新教殉难者并不能激起他的任何热情，因为，如果说天主教徒不好，那些可怕的、傲慢的胡格诺派教徒抵制他的戏剧就更坏了。而且，在他看来（许多人也这样认为），十二位德高望重的法官不可能平白无故判一个无辜的人死得这么惨。

这位费内的圣贤对所有人都来者不拒，几天后从马赛来了一个商人，他在审判期间正好在图卢兹。他向伏尔泰提供了一些第一手的资料。他这才终于了解了这桩罪行的恐怖。从那以后，他再也不能坐视不管。

勇气有许多种，但一等功勋是应该留给那些举世无双的人的，他们单枪匹马，敢于面对整个社会，他们敢在高等法院的判决书已经下来，整个社会都承认判决的公正合理性时仍然高声呼唤正义。

伏尔泰清楚地知道，如果他敢于控告图卢兹法庭合法但不公正的死刑判决，大风暴就会降临，所以他像一个职业律师那样精心准备这个案子。他访问了卡拉斯家跑到瑞士的孩子。他给每个可能知道内情的人写信。他还雇用了辩护人来检查和修改他的结论，以免自己由于满腔怒火和义愤而丧失了理智。当他认为一切都准备就绪后，他开始战斗。

首先，伏尔泰推动每一个在法国有影响的人（他认识他们中大部分人）给国务大臣写信，要求修正卡拉斯案件。然后他开始寻找卡拉斯的遗孀，找到她以后，又慷慨解囊把她带到巴黎，他还为她雇了最好的律师看顾她。这位女人的精神完全垮了，她虚弱地祈祷在她死之前能把女儿弄出隐修院，除此之外，她再没有任何希望。

然后，伏尔泰又和卡拉斯的信奉天主教的儿子取得了联系，帮助他逃出学校，到日内瓦找他。最后，他把所有事实都公布在一本小册子上，小册子题名为"关于卡拉斯一家的原始文件"，里面包括所有这场灾难幸存者写的信，一点也没有涉及伏尔泰自己。

后来，在修改这个案件过程中，伏尔泰还是审慎地躲在幕后，但是他的宣传造势工作做得如此出色，卡拉斯一家的事成了欧洲所有国家的所有家庭的事，各地成千上万的人（包括英国国王和俄国女皇）都为帮助被告而捐款。

最后伏尔泰打了一生中最艰苦的一仗，并取得了胜利。

当时，声名狼藉的路易十五占据着法国王位。幸亏他的情妇对耶稣会和他们所做的一切（包括他们的教会）都深恶痛绝，因此站到了伏尔泰一边。但国王把自己的安适生活看得比任何事情都重，人们对一个死了的默默无闻的新教徒喋喋不休，叫他厌烦透顶。当然国王只要不签署新的判决，大臣就不敢采取行动，只要大臣不轻举妄动，图卢兹法庭就安然无事。他们认为自己坚不可摧，用高压手段不让伏尔泰和他的律师们接近判决的原始文件。

在这可怕的九个月里，伏尔泰积极踊跃地做着鼓动工作，终于在1765年3月,大法官要求图卢兹法庭交出所有关于卡拉斯案件的记录,并提议进行新的判决。当这项决定公之于众时,吉恩·卡拉斯的遗孀和最后回到她身边的两个女儿,都来到了凡尔赛。年后,特别法庭开庭,查实吉恩·卡拉斯是由于一项他没有犯过的罪被处死。人们经过巨大的努力,总算说服国王赐给卡拉斯的遗孀和孩子们一小笔抚恤金。此外,处理卡拉斯案件的地方官们都被解了职,这件事很委婉地向图卢兹人民暗示,这种事情不许再重演了。

虽然法国政府对这件事可以采取委婉的态度,但是法国人民的内心里却激起了愤怒。伏尔泰突然意识到这并不是独此一桩的误判案,还有许多像卡拉斯这样无辜的人在受苦受难。

1760年,图卢兹附近一位新教徒乡绅在家招待了一位来访的加尔文宗的牧师。由于这是个骇人听闻的罪行,他被剥夺了财产并被处罚做船苦工。他一定是个非常强壮的人,因为十三年后他居然还活着。别人告诉了伏尔泰他的困境。伏尔泰知道了他的境况,又开始活动,把这个不幸的人救出监狱,带到瑞士;妻子儿女也在那儿靠政府施舍度日。伏尔泰一直照料他们全家,直到劝服国王交出一部分没收的财产,批准这一家人回到废弃的家宅。

下一个是绍蒙的案件,一个在新教徒户外团契上遭到逮捕的可怜人,为了这一桩罪恶,他被判无期徒刑,但是后来经过伏尔泰的多方调解,他被释放了。

然而这些案件对于下面所发生的情况来说,不过是一桩小事。

地点还是在法国屡遭蹂躏的朗格多克,自彻底消灭了阿尔比派和瓦尔多派异教势力以后,剩下的是无知和偏见的荒野。

在靠近图卢兹附近的一个村庄里,住着一位名叫瑟文的老新教徒,很受人们的尊敬,靠研究中世纪法律谋生。这在当时是一个赚钱的营生,因为封建司法制度已经烦琐复杂到连租约看上去都像所得税报表似的。

瑟文有三个女儿。最小的是个从不省事的傻子,沉溺于苦思冥想。1764年3月,她离家出走,父母四处寻找,音信全无,几天之后,地区的主教告诉瑟文说,他的女儿拜访了他,表示要当修女,现在她在一个女修道院里。

几百年的迫害已经使法国这个地方的新教徒的精神完全崩溃了。瑟文毕恭毕敬地回答说,在这个糟糕的世界里,每件事都会有好报,并温顺地接受了不可避免的命运。可是,可怜的孩子不习惯修道院的环境,丧失了最后一点理智,胡搅蛮缠,叫人不得安宁,修道院让她回到自家人身边。那时她的精神非常沮丧,四周总是有可怕的声音和魔鬼,她的父母很担心她的生命。没过多久她又失踪了。两个星期后。人们从一口旧井里打捞出她的尸体。

当时吉恩·卡拉斯的案件正在受审,对新教徒的造谣和诽谤大家都相信。瑟文一家还记得发生在无辜的吉恩·卡拉斯身上的事情,便决定不再重蹈覆辙。他们逃了,越过阿尔卑斯山,历经艰险,在一个孙儿冻死的情况下终于抵达瑞士。但他们走得有点晚了。几个月之后,父母被定为谋杀女儿罪(缺席判罪),并判处绞刑。女儿们被宣判目睹父母的死刑,然后终身流放。

卢梭的一个朋友把这个案件告诉了伏尔泰,他一处理完卡拉斯的事情,就把精力转到西尔旺案上。当时,妻子已死,剩下的就是为丈夫平反。伏尔泰用了整整七年的时间做这项工作。图卢兹法庭又一次拒绝提供资料,拒绝交出任何文件,伏尔泰只好又一次开始宣传,请求普鲁士的弗里德里希、俄国的凯瑟琳、波兰的波尼亚托夫斯基捐款,直到迫使国王问津这件事为止。终于在伏尔泰七十八岁的高龄,在这个冗长案件持续了八年后,瑟文被宣判无罪,幸存的人得到允许重返家园。

第二个案件就这样结束了。

第三个案子接踵而来。

1765年8月,在离亚眠不远的阿布维尔城,路边的两个十字架被无名氏捣毁了。三个少年被怀疑犯了渎圣罪,所以下令把他们抓起来。其中一个逃到了普鲁士,剩下的两个被抓住了。这两个人中,大一点的名叫巴尔骑士,人们怀疑他是无神论者。人们在他的书堆里发现了一本《哲学辞典》,所有思想自由的大师都汇集在这本著名的辞典里,这一点就很值得怀疑。法官决定查查这个年轻人的过去。当然,他跟阿布维尔案没有瓜葛,但上一次他不是在宗教游行队伍经过时没有下跪、脱帽致敬吗?

巴尔回答说是的,但是当时他正忙着赶乘一辆公共马车,没有冒犯的意思。

法官便拷打他,他由于年轻,不能像老卡拉斯那样忍受痛苦,马上承认自己毁掉了其中一个十字架,这样由于他"刻意不虔诚地走在圣体面前而不下跪、不脱帽,唱亵渎神明的歌,对渎神的书有倾慕的表示",还有类似性质不尊敬的罪行,被判处了死刑。

判决非常残忍(要把他的舌头用烧得通红的铁块撕下来,右手要被砍掉,然后用文火慢慢烧死,所有这一切仅仅是在一个半世纪以前!),激起了民众的非议。即使他犯了起诉书上列举的种种罪行,也不能用这种惨绝人寰的方法来屠杀一个少年!人们向国王请愿,大臣们被请求缓刑的呼声包围了。但是国家动荡不安,必须杀一儆百,巴尔受了和卡拉斯相同的折磨后,被送上断头台斩首了(作为特例开恩)。他的尸体,连同他的《哲学辞典》以及我们的老朋友拜勒的一些书,都在大庭广众之下被刽子手们付之一炬。

对于那些害怕索兹尼、斯宾诺莎和笛卡儿的不断增长的影响的人们来说,这是一个令他们欢欣雀跃的日子。它表明,对于那些误入歧途的年轻人来说,如果偏离了对错之间的狭窄小径,追随一小撮激进的哲学家,这便是不可避免的结局。

伏尔泰听说后就接受了挑战。他已快过八十岁生日了,但他还是以过去的热情义无反顾地投入到这个案件中。

巴尔由于"亵渎"而被处死。首先,伏尔泰去寻找是否存在一条法律规定犯有此罪的人要判处死刑,结果什么也没找到,接着他又询问他的律师朋友们。他们也找不到这样的法律。人们渐渐地明白了,是法官们用他们邪恶的狂热"发明"了这个虚构的司法事件,以便干掉犯人。

在处决巴尔的时候,到处都是不堪入耳的谣言。现在出现的这场风暴迫使法官们不得不审时度势,所以,有关第三名年轻犯人的审讯一直未结案。至于德拉巴尔,他一直未能平反昭雪。复审案件拖拉了许多年,到伏尔泰去世的时候还没有结果。但他击出的那些重拳开始发挥作用,即使不是捍卫宽容的,至少也是反对不宽容的重拳。

由于爱搬弄是非的老妇人的煽动和腐朽法庭的判决而发起的官方恐怖行为即将终结。

怀有宗教企图的法庭只有在黑暗中偷偷摸摸地行事才能成功。伏尔泰采取的攻击手段是这种法庭无法抵御的。

伏尔泰打亮了所有的灯,雇用了庞大的乐队,邀请大家来参加,逼着他的敌人做出最恶劣的表演。

结果,敌人什么也没做。

第二十六章

百科全书

有三种不同流派的政治家。第一种人主张的学说是这样的:"我们这个星球上挤满了可怜的愚昧无知的人,没有独立思考能力,如果被迫要独立做出决策,他们就会痛苦不堪。因此会被第一个游说的政客引入歧途。如果这些老百姓受某个头脑清醒的人统治,对整个世界来说不仅是一件好事,而且他们自己也会感到幸福得多,因为他们无须再为议会、选票事宜操心,可以全心致力于自己的车间、孩子、廉价小汽车和菜园。"

这一学派的信徒们成了皇帝、巨头、酋长、大主教,他们几乎不把工会当作文明必不可少的组成部分,他们努力工作,修筑公路、营房、大教堂和监狱。

第二种政治思想流派倡导者有如下的议论:"普通人是上帝的最高尚的发明,上帝有权力做一个统治者,他具有无与伦比的智慧、审慎和高尚的动机,完全有能力照看好自己的利益。但当涉及处理敏感复杂的国务时,人们借以统治世界的委员会办事效率低却是尽人皆知的。因此人们应该把执政的事情交给几位可以信赖的朋友,他们用不着总惦记养家糊口,所以能把全部时间用于为人们造福。"

不用说，这种灿烂理想的鼓吹者在逻辑上就是寡头政府、独裁者、第一执政官、护国公的候选人。

他们拼命地工作，修筑公路和营房，但把大教堂变成监狱。

但是第三种人是人民。他们用严肃的科学眼光观察人，以人类的本来面目来接纳人类。他们喜欢人的好品质，也了解其局限性。他们通过对过去事件的长期观察，认为一般的人只要不受感情或自私心的影响，就的确能竭尽全力做正确的事情。但是他们不对自己抱任何虚假的幻想。他们知道生长的自然过程非常缓慢，要想加快人们智慧的增长就像要加快潮流或季节的进程一样，只能是枉费心机。很少有人邀请他们担任公职，但一有把这些想法付诸实践的机会，他们就修筑道路、改善监狱，把可用的余款用于建设学校和大学。这些坚定不移的乐观主义者相信，正确的教育将会逐步消除世界上遗留下来的部分年代已久的弊病，因此这样的事业应不遗余力地予以鼓励。

作为实现这个理想的最后一个步骤，他们通常会撰写百科全书。

像其他许多展示伟大智慧和巨大耐心的东西一样，第一部具有百科全书性质的书源于中国。中国的康熙皇帝想用一部五千零二十卷的百科全书博得臣民的欢心。

第一个向西方引进百科全书的是薄林尼，出版了三十七卷的一套已心满意足了。

基督教时代的最初一千五百年在启蒙的方面没有搞出一点有价值的东西。圣奥古斯丁的同乡，一个叫费利克斯·卡佩拉的非洲人，浪费了一生中的大量时间撰写一部他坚信是真正杂学宝库的书。为了便于人们记忆那些他罗列的有趣事实，他用诗体来表述。这是一大堆可怕的误传，却被中世纪以后的十八代子孙记住了，他们把这些玩意儿当成了文学、音乐和科学领域的定论。

两百年后，一个叫伊西多尔的塞维利亚主教写了一部全新的百科全书，从此，百科全书以每一百年两本的速度增长起来。这些书的情况如何，我一无所知。蛀书虫（家畜里最有用的）可能担当了我们的解放者。如果这些卷帙浩繁的书还被允许存留在地球上，地球上就没有其他东西的立足之地了。

最后，在十八世纪上半叶，欧洲经历了声势浩大的求知运动，百科全书的供应者迎来了名副其实的天堂。这些书和现在的一样，通常是由一贫如洗的学者们编写的，他们靠每星期八美元过活，劳苦钱还不够买纸和墨水的。英国是出产这类文学作品的伟大国家，所以，一个住在巴黎名叫约翰·米尔斯的英国人自然会想到把热销的伊弗雷姆·钱伯斯的《通用辞典》翻译成法文，以便到国王路易的臣民那里去兜售，发财致富。出于这个目的，他和德国的一位教授合作，然后又和国王的印刷商雷伯莱顿打交道，让他做实际的出版工作。长话短说，雷伯莱顿发现了这个小小的生财之道，就故意敲诈他的同伙，把米尔斯和那个条顿医生赶走以后，便为了自己而继续盗印。他把即将出版的著作称为《艺术与科学的万能百科全书辞典》，并发行了一系列漂亮的内容简介，勾起了人们强烈的购买欲，很快，他就得到一份密密麻麻的订购人名单。

然后，他雇用了法国中学的一名哲学教授做总编辑，买了大量的纸张，准备坐享其成。不幸的是，等一部大百科全书并不是雷伯莱顿想得那样简单。这位教授只拿出了笔记而不是一篇篇文章，订购人纷纷叫嚷着要求看到第一卷，局面很快失去了控制。

在这紧急时刻，雷伯莱顿想起了几个月前出版的颇受欢迎的《通用医药辞典》。他立即把这个医药手册的编辑叫来，当场雇用了他。这样，一本专科的全书就变成了《百科全书》。这个新编辑就是丹尼斯·狄德罗，这份雇用文人的活儿结果成为十八世纪为人类启蒙所做的最重要的贡献。

狄德罗那时三十七岁，他的生活既不安逸也不幸福。他拒绝去做所有法国有志青年应该做的事情——上大学。他一离开耶稣会的老师，就到巴黎当一个文人。经过短时间啼饥号寒的生活（遵守这样一条原则：两人挨饿跟一人挨饿一样不花钱），他娶了一位女士，结果是一位既非常虔诚又不依不饶的悍妇，这种结合并不是像有人认为的那样罕见。但是他得养活她，就不得不做各种各样稀奇古怪的工作，编辑各种各样的书，从《关于美德与价值的探讨》到名声扫地的修改薄伽丘的《十日谈》。然而在他心里，这个拜勒的学生还是忠于他的自由思想。不久政府（遵循局势紧张时期政府的做法）发现这个并不使人讨厌的年轻作者，他对《创世记》第一章描述的创世故事持严重怀疑的态度，是一个重要的异教徒。结果，狄德罗进了温森监狱，几乎被关了三个月。

直到从监狱被释放以后，狄德罗才当了雷伯莱顿的雇工。狄德罗是当时最善于雄辩的人。他在这个由他负责的项目里看到了终生难遇的机会。仅仅修改钱伯斯的旧资料简直是降低身份。当时正处于轰轰烈烈的思想活跃时期，太好了！让所有文章都出自每一项人类活动的最杰出权威之手吧。

狄德罗热血沸腾了，他竟然做通了雷伯莱顿的工作，放手让他统管并不加以时间限制。然后，他列出了一个同他合作的人员名单，抽出一张大纸，开始写"A：字母表的第一个字母"，等等，等等。

二十年以后，他写到了Z，工作完成了。然而，没有一个人像他那样在如此不利的条件下工作。雷伯莱顿提高了他刚雇狄德罗时所投入的原始资本，但付给主编的年薪从未超过五百美元。至于那些应该提供帮助的人，唉，我们都知道会是怎样一种情况。他们要不就是当时很忙，要不就是下个月再说，或者得去乡下探望祖母。所以，尽管教会和政府的官员们的谩骂使他感到痛苦，但他不得不亲自承担大部分工作。

现在他的百科全书的版本非常罕见了。这倒不是因为许多人想要这套书，而是因为许多人乐得摆脱它。一个半世纪之前这本书就作为毒害非浅的激进主义表现形式被怒吼声吞没了，而在今天读起来却像喂婴儿的器官一样单调无害。但在十八世纪保守教士的眼中，这套书就像吹起了毁灭、无政府主义、无神论和混乱的战斗号角。

当然，人们进行了那种司空见惯的谴责，指责总编辑是社会和宗教的敌人，是一个无恶不作，不信上帝、家园和神圣家庭纽带的恶棍。但1770年的巴黎仍然是一个发展过快的村庄而已，人们之间都很了解。狄德罗不但主张生活的目的应该是"做好事，寻找真理"，而且也真正实践了自己的座右铭。他敞开大门招待饥饿的人，为人类利益每天工作二十个小时，并除了一张床、一个写字台、一卷纸之外别无他求。这个纯正、朴实、努力工作的人是这些美德的典范，而这正是高级教士和君王们明显缺少的，因此要从这个角度攻击他不容易。于是官方就想方设法找他的麻烦，建立了一个谍报网，对他的办公室周围无休止地进行刺探，突袭他的家，没收他的笔记，间或查禁他的全部工作。

然而这些障碍都不能阻抑他的热情。工作终于完成了，《百科全书》真的按狄德罗所期望的那样竣工了。它把那些或多或少感受到新时代精神、知道世界亟待进行大检修的人凝聚起来。

那么，这个丹尼斯·狄德罗究竟是谁？但他毕竟还是狄德罗，穿着一身褴褛的衣服，每星期聪明的朋友霍尔巴西男爵请他去饱餐一顿的时候，他就高兴得手舞足蹈。一个为他的书卖了四千套而得意扬扬的家伙，他仅仅就是这样一个人吗？他和卢梭、达兰贝尔、杜尔哥、爱尔维修、沃尔涅、孔多塞，还有其他许多人是同时代的人，所有这些人都比他享有高得多的声誉。但是如果没有《百科全书》，这些杰出人物根本就不可能施展他们的影响力。这已经不只是一本书了，它是社会和经济的纲领。它告诉我们当时领导人的真实思想。它具体陈述了不久之后就统治了整个世界的那些思想。它是人类历史上的决定性时刻。

有耳朵有眼睛的人都知道，法国已经到了紧要关头，必须采取一些严厉措施才能避免即将到来的灾难，然而这些有耳朵有眼睛的人却拒绝这样做。他们全都非常固执地坚持和平只能靠严格执行梅罗文加王朝的一套废弃了的法律来维护这个论调。当时这两个党派势均力敌，都保持着原样，这却导致了奇怪的复杂情况。同样一个法国，在大洋此岸的保卫自由运动中起了引人注目的作用，它给乔治·华盛顿先生（共济会成员）写了最亲切的信，并且为本杰明·富兰克林部长先生安排了愉快的周末晚会，别人称富兰克林是"不可知论者"，我们称他为朴素的无神论者。这个屹立在大西洋岸边的同一个国家又是各式各样进步的仇敌，只有在它把哲学家和农民通通逼入辛苦而食不果腹的生活境地时，才表现出一点不带偏见的民主意识。

最后，天翻地覆的变化到来了。

然而变化的方式却是出乎意料，为庶民破除精神、社会桎梏的战斗并不是由奴隶本人而是由一小群公正无私的人开展起来的，新教徒对他们恨之入骨，就像天主教压迫者痛恨他们一样。那些无私的人的唯一指望就是期待所有诚实的人都能进天堂。

十八世纪保卫宽容事业的人很少属于某个特殊的派别。为了个人行事方便，他们有时也参加一些可以把宪兵从写字台前赶开的表面上的宗教活动。但就内心世界而言，他们是生活在公元前四世纪雅典或中国孔夫子时代的人。

非常遗憾的是，他们对同时代人顶礼膜拜的东西颇为不屑，认为这不过是过去遗留下来的，虽然没什么害处却很幼稚的东西。

他们很少注意古代民族的历史，尽管西方世界出于某种难以名状的理由把这段历史从所有巴比伦人、亚述人、埃及人、赫梯人、迦勒底人的记录中挑选出来，作为道德和习俗的行动指南。但是大师苏格拉底的真正信徒们只倾听自己良心的呼唤，根本不管后果，他们无所畏惧地生活在早已变得懦弱的世界。

第二十七章

革命的不宽容

在1789年8月一个值得纪念的夜晚,法兰西王国这座标志着达官显贵的荣誉和平民百姓的痛苦的大厦,终于倒塌了。

那天晚上天气闷热,一星期来人们的怒火不断上涨,国民议会沉浸在真正充满兄弟般情谊的狂欢中。只是到了这个群情激昂的时刻,特权阶层才交出了他们花了三个世纪获得的古老权力和特权;那以后,任何想建立平民自治政府的打算都要把这些理论当作立国之本。

就法国而言,这意味着封建制度的消亡。如果贵族真正是"aristoi",即社会上最具有进取心的人,他们勇敢地担起领导权,决定着这个普通国家的命运,而且也得到了生存的机会。贵族们都甘愿退出公职,在政府的不同部门里做一点冠冕堂皇的教士工作就心满意足了。他们现在只适合在纽约的第五大街上喝喝茶,或在第二大街上经营餐馆。

旧的法兰西死亡了。

我不知道这到底是好事还是坏事。

但是它死了,随它一起死亡的还有隐形政府里最肆无忌惮的形式。自从黎塞留时代以来,教会一直把这种统治强加在涂了圣油的圣·路易斯的子孙们身上。

毫无疑问,人类又获得了一次历史上前所未有的机会。

冲天的热情激励着所有诚实的男男女女,这不言自明。

大同世界已经很近,甚至可以说已经到来了。

独裁政府的专横及其种种邪恶都要干净彻底地从公正的地球上涤荡干净。

前进吧,祖国的后代,专制时代一去不复返了!

诸如此类的话语不胜枚举。

帷幕落下来了,社会的许多不公正现象被清除干净,重新洗牌改组。但是这一切过去以后,我们又看到了面熟的"不宽容",它穿上了无产阶级的裤子,梳着罗伯斯比尔式的发型,跟公诉人肩并肩地坐在一起,享受它邪恶的晚年生活。

十年前,有人宣称只靠上帝恩典支撑起来的权力机构也有错的时候,"不宽容"便会把他们送上断头台。

现在,谁要是坚持认为人民的意志并不一定总是上帝的意志,"不宽容"也会把他们推向死亡的道路。

这是一个多么可怕的玩笑!

然而这个玩笑(跟这一类公众幻想如出一辙)却换来了一百万无辜旁观者的鲜血。

不幸的是,我要说的话并不是我的原创,人们可以在许多古典著作的优雅而风格迥异的文字中找到同样的思想。

在人类的精神生活方面,一直明显地存在、而且很可能会永远存在着两种完全不同的人类。

少数人没完没了地学习和思考,认真寻求自己的不朽灵魂,终于能够得出中庸的哲学结论,使他们超然于红尘纷扰之上。

但是大多数人并不满足精神上的"低度酒",他们想找些能刺激精神、烫坏舌头、割断食管、使他们突然坐起来振奋一下的东西。那"东西"是什么倒无关紧要，只要能起到上述作用，只要能轻而易举地搞到，多多益善。

历史学家似乎不懂得这个事实，这使许多人大失所望。愤怒的民众刚刚摧毁了过去的城堡（当地的希罗多德们和塔西佗们适时而积极地报道了此事），就马上让泥瓦匠把旧城堡的废墟运往城市的另一端，重新建起一个地牢，它和旧堡垒一样卑鄙、暴虐，一样用于迫害和实行恐怖的目的。

恰好在这个时候，一些自尊心很强的民族终于摆脱了"永无过失的人"强加在他们头上的枷锁，他们却接受了"永无过失的书"发出的指令。

就在旧掌权人装扮成仆从骑着马疯狂逃往边境时，自由党进入了这座被遗弃的宫殿，他们穿上被丢下的皇袍，毫不迟疑地犯下同样的大错，又迫使他们的前任背井离乡。

这一切都令人沮丧，但这是我们历史的真相，必须告诉大家。

毫无疑问，那些对法国动乱负有直接责任的人都有着良好的愿望，《人权宣言》制定下来这样的原则，不得干预任何公民依照自己的观点，"哪怕是宗教见解不同"，安静地寻求自己的道路的自由，只要他的观点不扰乱由各项法令和法律制定的社会秩序就行。

然而这并不是说所有的宗教派别都享有同等的权力。自那以后，人们对新教信仰开始持宽容态度，新教徒不会因为不和天主教徒在同一个教堂里做礼拜而被叨扰，但天主教仍然是官方教派，是占"统治地位"的国教。

米拉波在认识政治生活本质的方面有准确无误的本能，他知道远近闻名的让步仅仅是个折衷方案，他竭力想把一场社会大灾难转变成一场个人革命，但壮志未酬身先死。许多贵族和主教很后悔他们在八月四日晚上做出的宽宏大量的表示，便开始采用设置障碍的方法，这给他们的国王主子造成了致命的后果。直到两年以后的1791年（任何切实可行的目的都因耽搁了这两年而泡汤），所有宗教派别，包括新教徒和犹太人在内，才获得完全平等的地位，被宣布在法律面前享有同等的自由。

从那以后，角色开始转换。法国人民的代表给这个前途无量的国家制定了宪法，要求教士们无论具有什么信仰，都必须宣誓忠于这个新政体，就跟他们的同胞——教师、邮政人员、灯塔看守人、海关官员等一样，要把自己严格视为国家的公仆。

教皇庇护六世反对这样做。新宪法对神职人员的规定直接违反了自1516年以来法国与教皇之间签订的所有神圣条约。但是议会没有时间考虑先例或条约这类不足挂齿的小事。教士要么宣誓效忠宪法，要么退职饿死。有少数几个主教和牧师无可奈何地接受这个条件，他们交叉手指，履行了宣誓手续。但是绝大多数教士是老实人，他们拒绝发假誓。他们已经迫害了胡格诺教派许多年，现在他们又效仿胡格诺派，开始在废弃的马厩里做弥撒，在猪圈里给圣餐，在乡村树篱后面布道，深夜偷偷摸摸地到过去堂区教民的家去家访。

一般来说，他们比新教徒在类似的情况下过的生活好得多，因为法国的秩序已散乱不堪，连采取对付宪法的敌人的敷衍了事的措施都顾不上。由于他们似乎都不想冒上断头台的危险，所以那些杰出的神职人员一般被称为是拒绝宣誓的倔强分子，他们很快就壮着胆子要求官方承认自己是"能够容许的教派"，并要求得到特权。而在过去的三个世纪里，也正是他们坚决拒绝把这些特权交给自己的同胞加尔文教徒。

在1925年的我们隔了这么远的安全距离看来，当时的局面不乏黑色幽默。但是官方当时并没有就他们的要求采取明确的措施，因为议会已经很快被极端的激进分子完全控制了。由于法庭的背信弃义,加上国王陛下愚蠢地与外国结盟,结果在不到一个星期的时间里就引起了从比利时海岸到地中海海滨的惊恐慌乱,它造成1792年9月2日到17日期间一系列的大屠杀。

从那时起,革命注定沦落为恐怖统治。

饥饿的民众开始怀疑自己的领袖正在搞一个大阴谋,要把国家出卖给敌人。这时哲学家们循序渐进、逐步变革的努力化为乌有。下面发生的剧变在历史中不足为奇。在这样大的危机之中,处理事务的权力很容易落在无情无义的人手里,认真学习历史的学生都很熟悉这种情况。但是,剧中的主角居然是道学者、模范公民、百分之百的杰出道德典范,这的确出人意料。

等法国开始明白了新主人的真正本质,已经为时太晚了,那些在协和广场断头台上徒劳发出过时警告之辞的人便是证明。

到此为止,我们从政治、经济、社会组织的角度研究了所有的革命,但是只有等历史学家变成了心理学家,或者心理学家变成了历史学家,我们才真正能够解释和懂得那些在国家危难时刻操纵国家命运的黑暗势力。

有人认为世界应由甜蜜和光明来统治。有些人认为人类只尊重一个东西:蛮横力量。从现在起几百年后,我们可能会在这二者之间做出一个选择。然而有一点似乎是肯定的,在社会学的试验室里,法国革命是所有试验中最伟大的,它是暴力的完美典范。

一些人想通过理智建立一个更具有人性的世界,但他们不是不是死了,就是被人处死了。处死他们的人恰恰就是他们助其功成名就的人。随着伏尔泰、狄德罗、杜尔哥、孔多塞这些人的销声匿迹,新至善论的无知倡导者变成了国家命运的名正言顺的主人,他们把这项崇高的使命弄成一个烂摊子。

在他们统治的初期,胜利掌握在宗教的敌人手里,这些人出于某些原因,痛恨基督教的象征。他们在过去教士专权的日子里默默地忍受了很大痛苦,一见到法袍就痛恨不已,一闻到熏香就会想起久已忘却的愤怒。还有些人认为可以借助数学和化学来反对上帝本人的存在。他们联合起来,开始摧毁教会和它的作品。这是一项毫无希望的,充其量只是忘恩负义的任务,但它是革命心理的一个特点,正常的变成了不正常的,不可能的事变成了每天发生的事。于是一纸法律公文就废除了基督的旧历,废除了万圣节,废除了圣诞节和复活节,废除了星期和月份,把一年分成十天为一周期,第十天定为新的异教安息日。接着,又出现了一张废除崇拜上帝的声明,使世界没有了主心骨。

但这持续的时间并不长。

无论雅各宾派如何在简陋的房间里滔滔不绝地辩解,数星期后,这种虚无缥渺的主张还是很不得人心,大部分人连两个星期就忍耐不了。旧上帝满足不了人们的要求,那为什么不效仿摩西和穆罕默德,发明一个能满足时代需要的新上帝呢?

于是出现了理性女神!

她的真实地位以后再来确定,当时她是一个标致秀丽的演员,得体地穿着希腊长袍,就完全符合了人们的要求。这个女士是从前任国王的芭蕾舞团舞蹈演员中找到的,在一个适当的机会,她被人们很隆重地送到了旧信仰追随者早已抛弃了的巴黎圣母院的高大祭坛上。

至于圣母,她数世纪以来一直温柔地注视着那些倾诉心灵伤痛的人们,耐心地、理解地注视着他们。现在她也消失了,在被送进石灰窑变成灰浆之前,被一双怜爱的手匆忙地藏了起来。她的位置被自由女神的雕像取代。这是一个业余雕塑家的得意之作,用白色的石膏随便雕塑而成。但这并没有完,巴黎圣母院还见识过其他发明。在唱诗班所处位置的中部,竖起了四个柱子和一个屋顶,它们象征着"哲学圣殿",在国家的重大日子里就成为新舞神的宝座。当这个可怜的女孩子不主持仪式、不接受追随者的崇拜时，哲学圣堂就高高燃起"真理的火炬"，把世界启蒙之烈焰高高举起，直到最后的时刻。

但"最后的时刻"不到六个月就来临了。

1794年5月7日早晨，法国人民得到官方通知，上帝重新得到承认，灵魂的不朽又一次被公认为是一条信仰。六月八日，新上帝（那是用已故的让-雅克·卢梭遗留下的二手材料匆忙建成的）正式向盼望已久的信徒们亮相了。

罗伯斯比尔身着一件崭新的蓝色马甲，发表了欢迎词。这位名不见经传的、三流乡镇出身的法律职员成为革命的最高祭司。更有甚者，一个可怜的精神错乱的修女凯瑟琳·泰奥特竟被千百万的人拥戴为上帝的真正母亲，因为她刚刚宣布了救世主即将到来，还透露了救世主的名字，这就是马克西米利安·罗伯斯比尔。就是这个马克西米利安穿着自己设计的奇形怪状的制服口若悬河地四处演说，向上帝保证说，主的那个小小的世界从此将一切太平。

为了确保万无一失，两天后他又通过了一项法律，法律规定，所有被怀疑犯有叛国罪的人和异教徒（二者被等同起来，又一次跟过去的宗教法庭如出一辙）都将被剥夺所有形式的辩护权。这个措施非常奏效，在后来的六个星期中，就有一千四百多人在断头台倾斜的刀下掉了脑袋。

剩下的事情是众所周知的。

罗伯斯比尔认为自己是他所认为美好的东西的完美化身，以他疯狂的逻辑推理，他无法容忍其他不太完美的人跟他共存于这个星球上。随着时间的推移，他对罪恶的仇恨扩展到如此的地步，置法国于濒临人口灭绝的边缘。

最后，由于担心自己的性命，道德的敌人反戈一击。经过一场短暂的殊死搏斗，这个正直得可怕的信徒遭到了毁灭。

从这以后，法国革命的力量很快削弱了。法国民众所采纳的宪法承认所有宗教的存在，给予这些宗教同等权利和特权。至少共和国官方不再管宗教方面的事情了。那些希望成立教堂、公理会和联盟的人可以随心所欲地去做，但是必须在支持自己的教士和牧师的同时，承认国家拥有最高权力，个人拥有完全自由的选择权。

从那时起，法国的天主教徒和新教徒开始和平共处、相安无事。

天主教会从未承认过自己的失败，这倒是真的。它继续诋毁政教分家的原则（1864年12月8日的教皇庇护九世的法令），并且支持那些妄图颠覆共和国体制恢复君王制或帝国的政党，以图东山再起重掌大权。但这些战斗通常只在某个大臣夫人的起居室里进行，或是在退休将军的猎兔小屋里进行，跟着起哄的也不过是将军野心勃勃的岳母。

他们为趣味读物提供了极好的素材，但只是无可奈何地发现自己大势已去。

第二十八章

莱　辛

　　1792年9月12日，法国革命军队和君主之间发生了一场战斗，君主的军队想要镇压这场可怕的造反运动。

　　这是一次战果辉煌的胜利，但胜者不是联盟军。联盟军的步兵在瓦尔密村滑溜溜的山坡上施展不开。战斗变成了接连不断的炮战，革命军队对保皇派发起的是更为猛烈的轰击，后者只能是节节败退。参加这场战斗的有一个名叫歌德的人，是世袭魏玛公爵的助手。

　　几年后，这位年轻人发表了他描述当时的回忆录。站在洛林齐膝深泥泞中的时候，他一下子变成了一个预言家。他预言经过这场炮战，世界再也不会是原来的样子了。他说得对。在永远值得记忆的那天，受上帝垂青的君主权力被扔进了垃圾堆。人权运动的参加者们并没有像人们预想的那样像鸡一样逃之夭夭。他们挺着枪，穿过山谷，翻越高山，直到把"自由、平等、博爱"的理想带到欧洲最遥远的角落，把他们的马匹带到整个欧洲大陆每一个城堡和教堂里。

　　我们写一写这样的言辞倒是毫不费力。这场革命的领袖都死了一百五十年了，我们可以尽情地拿他们开涮，甚至可以感谢他们为这个世界带来了诸多好事。

但是从那些日子里熬过来的男男女女——他们曾在某一天的早晨聚在自由之村的下面高兴地跳舞,但在接下来的三个月里却像老鼠似的被人追到他们自己城市的下水道里躲藏——这些人是不可能用事不关己的态度来看待城市剧变问题的。他们一从地窖和阁楼里爬出来,梳理一下乱得像鸡窝似的假发,就开始采取措施避免这种灾难卷土重来。

但是为了对抗敌手的成功,他们必须首先掩盖过去。不是宏观世界历史意义上的模糊的过去,而是他们个人的"过去",也就是他们偷偷摸摸地阅读伏尔泰先生文集、公开赞扬《百科全书》的过去。现在他们把伏尔泰先生的书堆放在阁楼里,把狄罗德先生的书卖给了废品贩子,把曾经虔诚拜读过的揭示真理的小册子扔进了煤箱。为了掩盖可能暴露他们曾在自由主义领域里逗留过的蛛丝马迹,他们用尽了一切可能的方法,他们可以说是费尽心机。

当所有这些文字材料遭到仔细销毁后,这些忏悔的人忽视了一件事,这比那些众说纷纭的谣传更糟糕,那就是舞台。他们曾经为《费加罗的婚礼》说了整车整车的恭维话,却宣称他们决不相信人人平等的可能性,这未免有些幼稚。他们曾为"聪明的南森"流过泪,所以现在也无法再证明自己一直坚持认为宗教宽容是政府软弱的表现。

这出戏和它的成功所证明的与他们所说的恰恰相反。

这出著名的、反映十八世纪后期公众情感的重头戏是一个德国人写的,一个叫戈思霍尔德·伊弗雷姆·莱辛的人。他是一名路德派牧师的儿子,在莱比锡大学攻读神学。但是他不愿意以宗教为职业,经常逃学。父亲听说此事后把他召回家,把两个选择摆在他面前,要么立刻退学,要么积极攻读医学系。戈思霍尔德当医生的兴趣并不比当牧师大,他保证做到父亲的每项要求。他虽然又回到莱比锡,却继续为一些他喜爱的演员朋友们做保借贷。后来这些人从城里跑得无影无踪了,莱辛为了避免因负债而被捕,不得不匆忙逃到维滕贝格。

他的逃跑意味着长时间的步行和忍饥挨饿的开始。他先来到柏林,花了几年时间为一些剧评报纸写收入微薄的文章。后来他又给一个准备做环球旅行的有钱朋友当私人秘书。他们刚一起程,七年战争就爆发了。这个朋友被迫从军,乘第一班驿递马车回家去了。莱辛又失了业,流落在莱比锡城里。

但莱辛是个善于交际的人,不久又找到了一个新朋友,名叫艾德华·克里斯蒂娜·克莱斯特。这位朋友白天做官,晚上写诗,那是一颗敏感的心灵,让这位饥肠辘辘的前神学家看到了一种正在慢慢影响这个世界的新精神。但是克莱斯特在库内道夫战役中被打死了,莱辛被逼到了山穷水尽的地步,不得不做了一名专栏作家。

接着,莱辛又为布雷斯勒(现弗罗茨瓦夫)城堡的指挥官做了一段时间的私人秘书。由于驻防生活很无聊,他就认真钻研起斯宾诺莎的著作来消遣。斯宾诺莎的作品在这位哲学家死后一百年后终于开始流入其他国家。

然而,这毕竟不能解决安身立命的问题,莱辛已经四十岁了,需要有个自己的家。他的朋友们建议任命他当皇家图书馆的管理员。但是许多年前发生的事已经使莱辛成为了受普鲁士宫廷欢迎的人。他第一次访问柏林时就结识了伏尔泰。这个法国哲学家是个极为慷慨的人,一点没有架子。他允许这个年轻人借阅当时已经准备出版的《路易十四的世纪》的手稿。不幸的是,莱辛匆忙离开柏林时,把这份手稿(完全是不小心)塞进了他自己的行李。伏尔泰本来就对吝啬的普鲁士宫廷的劣质咖啡和硬板床很恼火,便马上大喊大叫说自己被盗了,那个年轻的德国人偷走了他最重要的手稿,警方必须监视边界等等,样子完全像一个客居国外的激动万分的法国人。几天后,邮递员送来丢失的文稿,附带了莱辛的一封信。在信中,这位率直的条顿青年把胆敢怀疑他诚实的人狠狠地数落了一通。

这场发生在巧克力罐里的风波应该很容易被人们遗忘,但在十八世纪,咖啡壶在男女生活中起着重要的作用,直到二十年以后,弗里德里希国王仍然不喜欢他那位惹人生厌的法国朋友伏尔泰,所以也就不同意莱辛到宫廷来。

莱辛告别了柏林,来到汉堡。这里有个谣传,说要新建一个国家剧院。但是这项规划未能实现,绝望中的莱辛硬着头皮接受了世袭不伦瑞克大公爵的图书馆管理员的职位。那时他居住的沃尔芬比特尔城不算是大城市,但是大公爵的图书馆在德国却是首屈一指的。它存有一万多部手稿,其中包括宗教改革历史上最重要的手稿。

无聊当然是恶意中伤和流言蜚语的主要源泉。在沃尔芬比特尔,一个原艺术评论家、专栏作家、戏剧理论家的身份本身就足以引起人们的猜疑,莱辛不久就再次陷入困境。这倒不是因为他做了什么事,但是有人传闻他干了些事情,例如发表攻击老派路德宗神学正统思想的系列文章。

这些布道(它们用于布道)实际上是汉堡一位前任教长撰写的,但是布伦斯威克大公爵对于在他的领地里开展一场宗教战的前景惶恐不安,便命令他的图书馆管理员谨慎行事,避开一切争论。莱辛按照主人的要求做了,但没人说不能用戏剧的形式探讨这个问题,于是,莱辛着手以舞台形式来重新评价他的观点。

在小镇子娱乐室里诞生的这出戏叫《智者纳坦》。这个主题非常古老,我在前面提到过它。喜欢古典文学的人能在薄伽丘《十日谈》中找到它,在那里它被称为《三个指环的悲惨故事》,情节如下：

很早很早以前，伊斯兰教的一位王子想从他的一个犹太臣民那儿榨取一大笔钱。但他没有正当理由剥夺这个可怜家伙的财产，便想出了一条诡计。他派人把这个受害者找来，对他的学识和智慧大加赞赏一番，然后问他，在三种流传最广的宗教——伊斯兰教、犹太教、基督教中哪一种是真理。这个令人尊敬的老人没有正面回答王子，而是说："噢，伟大的苏丹，让我给您讲个小故事吧！从前，一个有钱人，他有一个非常漂亮的戒指。他在遗嘱里写道，他死的时候，哪个儿子手上戴着这个戒指，哪个儿子就能继承他的全部财产。他的儿子也立下同样的遗嘱，孙子也不例外。这枚戒指若干世纪以来数次易手，一切都很正常。但是最后有一个主人，他有三个儿子，他都很喜爱，简直无法决定哪一个应该享有这无价之宝。于是他到一个金匠那里，让他做了两个和自己手上的一模一样的戒指。他临终时躺在床上，把三个孩子都叫来，为每个人祝福，他们也都认为自己是那个戒指的继承人。父亲的葬礼完毕后，三个孩子都宣布自己是继承人，因为他们都有那个戒指。纷争由此而起，最后这件事被提交给法官处理。由于这三个戒指一模一样，连法官也无法确定哪个是真的，所以这个案件就拖了下来，一拖再拖，一直拖到世界末日。阿门。"

莱辛用这个古老的民间故事来证明他的信念：没有一种宗教可以垄断真理。人的内心世界比他表面上遵奉某种规定的仪式和教条更有价值，因此，人们的职责是用爱和友善去容忍对方，任何人都没有权利居高临下，自以为是完美的化身，说："我比其他人强，因为只有我拥有真理。"

不过，这种在1778年还大受欢迎的思想，这时在小诸侯国里却不得人心。小诸侯在大风暴中都极力设法保住残存的财产和牲畜，为了恢复他们丧失了的声望，他们把土地拱手交给警察管辖，并指望依赖他们谋生的教士充当精神国民军,帮助警察重新建立法律和秩序。

这场不折不扣的反动完全成功了,那些试图按照五十年前的宗教宽容的模式重新塑造人们思想的努力以失败而告终。结果也不可能不是这样,事实是,所有国家的大多数人厌倦了革命和动乱,厌倦了议会、徒劳无益的演说、毁灭工商业的税收形式。他们想要和平,不惜一切代价的和平。他们想做生意,想坐在自己的客厅里喝咖啡,不再受到住在家里的士兵的骚扰,不再被迫喝令人作呕的从橡树上挤出的汁。如果能享受到这种幸福愉快的生活,他们就宁愿容忍一些小小不言的不方便,比如向穿戴上有黄铜纽扣的人敬礼,在每个皇家信箱面前深深鞠躬,把官方扫烟囱工的助手称为"先生"。

但是这种谦卑的态度完全是出于需要,在经历了长期动乱后需要喘口气。那些动乱的年代里,每天早晨都能看到新的制服、新的政治讲台、新政策和既属于上帝又属于平民的新统治者。然而,单从这种一般的奴性状态、从对上帝任命的主人的高声欢呼中,就断定他们在内心深处已经忘了被伟大士官的欢快鼓声敲入脑海和心灵的新理念,那就大错特错了。

他们的政府具有所有反动独裁者都固有的玩世不恭的思想,主要要求表面的循规蹈矩和秩序,对于人们的精神生活倒毫不介意,所以平民百姓就享有了很大程度的自由。星期日平民百姓挟着一大本《圣经》去教堂,一周剩余的时间便可以随心所欲地思考。但他们必须保持缄默,不发表个人意见,发表言论之前要仔细看一看,先要保证沙发底下或是炉子后边没藏有暗探。不过他们尽管可以兴致勃勃地谈论当日发生的事情,然后当经过仔细审查、彻底消毒的报纸告诉他,他的主子为了确保领地的和平,为了恢复1600年的状况而采取一些愚蠢措施时,他们就又会凄惨地摇摇头。

他们的主子所做的一切正是公元一年以来相似地位的人在不完全了解人类天性的历史时,在相似情况下一直做的事情。这些主人命令搬走装饼干的大桶,因为有人站在上面发表了攻击政府的激烈言辞,以为这样就能摧毁言论自由。只要有可能,他们就把出言不逊的讲演家送进监狱,从严宣判,不料却成就了这些可怜家伙烈士的名声。其实在大多数情况下,这些家伙不过是读了几本他们无法理解的书和小册子的弱智。

受到这种例子的警告,许多人有意回避公园,到昏暗的酒馆或过分拥挤的城市的客栈去发牢骚,因为他们确信在这里有谨慎的听众,他们的影响比在公共讲台上更大。

上帝以其智慧赋予某人一丁点权力,又时刻害怕因此而丧失自己的官方声望,世界上没有什么事情比这更可怜的事了。国王失去王位后可以对这个不幸遭遇一笑了之,因为这不过是乏味生活中的一个有趣插曲。不论他是戴上男仆的褐色圆顶礼帽,还是戴上他祖父的王冠,他总还是一个国王。一个三流市镇的市长一旦失去小木槌和官衔徽章,就只不过是一位普通的张三李四,一个可笑的自以为是的人,一个被人们嘲笑跌入困境的人。因此,谁要是胆敢接近当时的掌权人而没有明显向他表示应有的尊敬和崇拜,就等着灾难降临到他的头上吧。

但是那些在市长面前不低头的人,那些用地质学、人类学、经济学手册和学术巨著来公开质疑现行秩序的人,他们的处境却糟不可言。

他们会立即被不光彩地剥夺掉谋生手段,然后被从他们散布有毒教条的镇子里赶出去,妻子和儿女全要由邻居们照看。

这种反动精神的爆发,给认真探索我们许多社会弊端之根由的诚实人带来了巨大的不便。然而时间是伟大的洗衣工,它早已把地方警察能够在这些和善学者的制服上发现的污迹去除了。今天普鲁士的弗里德里希·威廉能够被人记住，主要因为他对伊曼纽尔·康德的教诲横加干预（康德这个危险的激进分子教导人们，我们自己的行为准则必须值得被转变成普遍规律。这些教义据警察记录，只吸引了一些"嘴上无毛的年轻人和无所事事的胡侃者"）。昆布兰公爵之所以总是臭名远扬，就是因为他作为汉诺威的国王，流放了一位名叫雅各布·格利姆的人，这个人在一份《国王陛下违法取消国家宪法》的抗议上签过字。梅特涅的名声也不好，因为他把怀疑之举伸进了音乐领域，一度还审查过舒伯特的音乐。

可怜的奥地利！

既然奥地利已经死亡而且消失了，整个世界都喜欢这个"欢快的帝国"，忘记了这个国家曾经有过积极的学术生活，有一些东西更胜于体面有趣的乡村集市上的物美价廉的酒、劣质雪茄和最诱人的华尔兹，作曲家和指挥家不是别人，正是约翰·施特劳斯本人。

进一步看，我们可以说，在整个十八世纪中，奥地利在传播宗教宽容方面起了非常重要的作用。宗教改革发生后不久，新教徒就在多瑙河和喀尔巴阡山之间富饶的省份找到了用武之地。但是当鲁道夫二世成为皇帝，这一切就都变了。

这位鲁道夫是西班牙菲利普的德国化身，一个对异教徒出尔反尔的统治者。不过，他虽然受教于耶稣会士，却懒惰成性，这倒使他的帝国免于政策上的剧烈变动。

等到斐迪南被选做皇帝，这种事就发生了。他当君主的主要资格是，他在哈布斯堡皇室中是唯一有好几个儿子的人。在他早年统治时期，他拜谒过著名的天使传报宫，这栋建筑被一群天使于1291年整个从拿撒勒移到达尔马提亚，后又移到意大利中部。斐迪南在宗教热情的爆发中发誓要把他的国家变成百分之百的天主教国家。

他恪守诺言。1629年，天主教又一次被宣布为奥地利、施蒂里亚、波西米亚、西里西亚的唯一官方宗教。

与此同时，匈牙利与这个奇怪的家族建立了裙带关系。这个家族每娶一名新妇都能把欧洲大量的财产占为己有，于是，斐迪南便着力把新教徒从马扎尔人集中居住的地区赶出去。但是，由于特兰西瓦尼亚的唯一神教派教徒和土耳其异教徒的支持，直到十八世纪下半叶还能保持宗教信仰的独立性，而到那时，奥地利本土已发生剧变。

哈布斯堡皇室是教廷的忠实支持者，然而，即便他们的头脑再迟钝，也终于无法忍受教皇对他们事务的不断干预，也乐得冒险一试，制定一项违反罗马意愿的政策。

在本书的前部我曾提到过，有许多中世纪的天主教徒认为教会体制是完全错误的。评论家们评论说，在殉道者的时代，教会是真正的民主机构，因为它是由年长者和主教掌管的，而这些人又是由教区居民推选的。他们认可罗马主教的地位，因为他声称是彼得使徒的直接继承人，在宗教会议享有特权。但是他们坚持认为这种权力只是一种荣誉性的，因此教皇就不应该认为自己高于其他主教，并且不应把自己的影响伸展出应有的范围。

教皇利用各种训令、诅咒、逐出教会的惩罚来对付这种思想，结果数名勇敢的宗教改革者付出了生命，因为他们为教会的权力下放而战斗。

这个问题一直没有明确解决，后来在十八世纪中叶，这种思想被有钱有势的特利尔主教的代理主教给复苏了。他叫约翰·范·抗泰姆，但他以拉丁文的笔名弗布罗纽斯而著称。他得益于非常自由的教育，在鲁汶大学待了几年后，他暂时离开国人，去了莱顿大学。他到达那里时，正值纯加尔文主义的老城堡开始被怀疑城堡内部有自由派存在。等到法律部成员杰勒德教授有了允许进入神学界、并发表赞扬宗教宽容的理想的讲演的时候,这种怀疑就得到公开的罪证了。

至少可以说,他的推理方法是有独创性的。

他说:"上帝是万能的,他可以制定出对所有人民在任何时间任何情况下都适用的科学定律。所以,只要他想做,就能在宗教问题上轻易地把所有人的思想统一起来。我们知道他没这么做。因此,如果我们用武力迫使别人相信自己是正确的,我们就违背了上帝的明确旨意。"

很难说抗泰姆是否受到伊拉斯谟的直接影响。但在抗泰姆的著作里能找到相似的伊拉斯谟式的唯理主义,后来他在主教权限和分散罗马教皇权限的问题上发展了自己的思想。

他的书立刻遭到罗马的谴责(1764年2月),这一点不足为奇。但这时玛丽亚·泰雷兹支持了抗泰姆,因为这符合她的利益。他发起的这场运动被称为费布罗尼主义或主教统治主义,它继续在奥地利蓬勃发展起来,最后成型为《宽容法令》,玛丽亚·泰雷兹的儿子约瑟夫二世在一七八一年十月十三日把它赐予了自己的臣民。

约瑟夫是他母亲的大敌、普鲁士的弗里德里希的化身,他有在错误时刻做出正确事情的惊人天赋。在过去的两百年里,奥地利的小孩一直受到恐吓说,如果不立刻睡觉就会被新教徒捉走。这样一来,要让孩子们再把新教徒(他们都知道这些人长着角,拖着一条长长的黑尾巴)当作亲如手足的兄弟姐妹是根本不可能的。同样,可怜、诚实、勤奋、易犯错误的约瑟夫总是被那些高薪厚禄的主教、红衣主教和女执事的伯父、伯母和表兄妹包围着,因此能突然爆发出勇气做这件事,应当说是精神可嘉。在天主教统治者中,他第一个大胆地宣布宽容是治理国家的切实可行的道理的。

三个月后，他做了一件更加惊世骇俗的事，1782年2月2日，他颁布了著名的有关犹太人的法令，把仅仅是新教徒和天主教徒才享有的自由扩展到这些直到现在才认为自己是幸运儿的犹太人那里，他们得到允许可以和基督徒的邻居们呼吸同样的空气。

我们应该在这儿停笔了，让读者相信与人为善的工作还在继续，奥地利现在成了那些希望按用自己的良心行事的人们的天堂。

我希望这是真的。约瑟夫和他几位大臣的境界突然提升到通情达理的高度。可是，奥地利农民有史以来一直接受的教育都认定犹太人是他们的天敌，新教徒是反叛者和背教者，所以他们不可能克服视犹太人和新教徒为天敌的根深蒂固的偏见。

杰出的《宽容法令》已经公布一个半世纪了，那些不属于天主教会的人的情况跟十六世纪时一样糟糕。从理论上说，一个犹太人或一个新教徒可以指望当首相或被任命为军队总司令。但实际上，就连皇室的擦鞋匠也不会跟他们共进晚餐。

关于这份纸上谈兵的法令就讲到这儿吧。

第二十九章

汤姆·佩恩

在某个地方流传着一首诗歌,它的大意是,上帝以神秘的方式活动,创造着奇迹。

对于研究过大西洋沿海地区历史的人来说,这个说法的真实性了然于胸。

十七世纪的前五十年,美洲大陆北部住着一批对《旧约》理想崇拜得五体投地的人,不知内情的访客会以为他们是摩西的追随者,而不是基督的信徒。寒冷、暴戾的大西洋把这些开拓者与欧洲国家隔断了,他们在美洲大陆建立了一种恐怖的精神统治,这在马瑟父子疯狂的宗教迫害中达到顶峰。

乍一看,要说这些令人起敬的绅士对宽容倾向颇有功绩似乎是不可能的,而这宽容倾向在英国与从前殖民地之间的敌对情绪爆发前的《美国宪法》和其他许多文件里又讲得明明白白。然而,事情往往是这样,十七世纪的压迫是那样可怕,人们必定会做出的激烈反应,有利于自由思想的发展。

这并不是说,所有的殖民主义者都突然开始向往索兹尼的文集,不再用罪恶之地和罪恶之城的故事来吓唬孩子们。但是他们的头目几乎无一例外都是新思潮的代表,都是些有能力有计谋的人,他们自己的宽容思想都建筑在"羊皮纸构筑的平台"之上,新的独立民族的大厦就要在这上面拔地而起。

如果这些人针对的是一个统一的国家,此事也不会成功。但北美的殖民情况向来很复杂,瑞典的路德宗开发了部分地区,法国移民了一些胡格诺教徒,荷兰的阿米尼乌斯派占据了大片土地,英国的各教派不时地拥入哈得孙湾与墨西哥湾之间的荒野,建立起自己的乐园。

这有助于各种宗教的发展,在一些殖民地,各教派之间取得了良好的平衡,那里的人们不得不接受一种尚未成熟的、初步的相互宽容模式。要是在一般情况下,他们非揪断彼此的脖子不可。

对那些从别人争吵中坐收渔翁之利的体面绅士来说,这种发展极不受欢迎,在新仁慈精神出现多年后,他们仍然在为维持旧的正直理想而战斗。虽然他们没捞着什么,却成功地使年轻人疏远了一种信条,这个信条似乎是从比它野蛮的印第安邻居的仁慈善良的概念借用来的。

我们国家幸运的是,那些长期为自由而战、承受主要战斗冲击的人就属于这一小部分勇敢的异端分子。

思想在轻快地传播开来,甚至一只小小的八十吨重的双桅帆船就足以传播使整个大陆陷入混乱的新见解。十八世纪的北美殖民者没有雕像和豪华钢琴,但他们不缺书籍。十三个殖民地里的有识之士开始意识到这个大世界已出现动荡,这在星期日的布道里是听不到的,于是,书贩子成为他们的预言家。他们虽然不公开脱离已有的教士,表面的生活也没什么改变,但是时机一到,他们马上就表示自己是特兰西瓦尼亚老王储的最忠实信徒,那个老王储拒绝迫害唯一神论的臣民,理由是上帝已经明确地给了他做三件事的权力:"能够从无到有地进行创造,预知未来,支配人的良知。"

当需要制定一个将来治理国家的具体的政治和社会纲领时,这些勇敢的爱国者就把自己的思想写入文件,摆在公共舆论高级法庭面前。

如果弗吉尼亚善良的公民知道他们洗耳恭听的一些讲演是受不共戴天的敌人——持自由思想者的启发,他们一定会被吓得魂不附体。然而最成功的政治家托马斯·杰弗逊本人就是一个很有自由观点的人,当他说宗教只能用道理和说服力来管理,不能用武力或暴力时,当他又说所有的人都有同等权利按照自己的良知来信仰宗教时,他仅仅是在重复以前伏尔泰、拜勒、斯宾诺莎和伊拉斯谟所想所写的东西。

后来人们又听到如下异端学说:"在美国谋求任何公职都不需要把宣布信仰作为条件";或者说:"国会不能制定涉及建立宗教的法律,不能制定涉及禁止自由崇拜的法律。"美国的反叛者们默许了这种做法。

这样一来,美国成为第一个宗教和政治明确分离的国家,成为第一个公职候选人接受任命时不用出示主日毕业证的国家,第一个就法律而言人们可以自由敬拜或不敬拜任何神灵的国家。

但是这里就像在奥地利(在这个问题上,其他地方都一样)一样,平民百姓比领袖们落后得多,领袖们稍微有一点偏离旧路,他们就跟不上趟了。不仅许多州把一些限制性规定强加于不信奉主导宗教的人身上,而且以纽约人、波士顿人或费城人自居的公民还继续对不同意见者表现出不容忍的态度,好像他们从未读过一句本国宪法一样。对于汤姆·佩恩来说,所有这些不久就都降临到他的头上。

汤姆·佩恩为美国的事业做出过伟大的贡献。

他是美国独立战争的宣传员。

论出身,他是英国人;论职业,他是水手;论本能和受训情况,他是一个反叛者。

他访问各移民区的时候已经四十岁了。在伦敦时,他遇见了本杰明·富兰克林,接受了"西行"的建议。1774年,怀揣着本杰明的亲笔推荐信,他坐船到了费城,帮助富兰克林的女婿理查德·贝奇创办了《宾夕法尼亚公报》。

汤姆是个老牌的业余政治家,他收集了关于美国人不满情绪的凌乱材料,把它们融入一本小册子中,篇幅不长,写得却很亲切。小册子通过一般"常识",使人们相信美国的事业是正义的,值得所有爱国者为此精诚合作。

这本小册子马上就传到英国,传到欧洲大陆,许多人有生以来第一次知道有个"美国民族",这个民族完全有权利、有神圣的义务对宗主国发动战争。

独立战争刚一结束,佩恩就回到欧洲,告诉英国人民统治他们的政府的种种蠢行。那时纳河岸发生了可怕的事情,英国人正忧心忡忡地注视着英吉利海峡对岸的事态发展。

一个叫埃德蒙·伯克的人吓破了胆,刚刚发表了《法国革命回顾》。佩恩马上用义愤填膺的《法国革命回顾》作为回击,结果英国政府通令他应为叛国罪而受审。

与此同时,他的法国崇拜者们选他进入国会。佩恩对法文一窍不通,却是个乐观主义者,他接受了这项荣誉,来到了巴黎。他在这儿一直住到受罗伯斯比尔怀疑为止。佩恩知道自己随时有可能被捕或砍头,他急忙写完一本包括他人生哲学的书,名叫《理性时代》。在他被投入监狱之前,书的第一部分出版了,第二部分是在十个月的刑期里完成的。

佩恩认为,真正的宗教——他称之为"人性的宗教"——有两个敌人,一个是无神论,另一个是盲信主义。但是他在表达这个思想时受到了大家的攻击,1802年他回到美国,遭到人们无情的白眼,仇恨之深,他死后一百多年里还被人称为"肮脏的无神论者"。

说实话,他倒是没遭遇什么不幸,没有被绞死、烧死或车裂而死。只是大家都不理睬他,当他壮着胆子要出门时,大家就怂恿小孩子向他伸舌头。他死时已是一个愤懑难当、被人遗忘的角色,纯粹靠写愚蠢的攻击其他独立革命英雄的政治短文聊以自慰。

对于一个辉煌的开端来说,这似乎是最不幸的结局。

但这是近两千年的历史中屡屡发生的典型事情。

公众的不宽容情绪发泄完毕后,个人的不宽容又开始了。

官方死刑已结束,而私刑又开始粉墨登场。

第三十章

最后一百年

　　如果我在十二年前写这本书的话一定很容易。"不宽容"这个词在大部分人的脑海里几乎完全跟"宗教不宽容"等同起来,历史学家写"某某人是宽容的捍卫者",那么大家都认为他毕生都在抵抗教会的弊端和反对职业教士的暴虐。
　　然后战争爆发了。
　　世界产生了翻天覆地的变化。
　　我们得到的不是一种不宽容的制度,而是十几种。
　　不是只有一种人类自相残杀的残酷制度,而是有一百种。
　　社会刚开始摆脱宗教偏执的恐怖,又得忍受更为痛苦的种族不宽容、社会不宽容以及诸多较小形式的不宽容。对于它们的存在,十年前的人们连想都没想过。
　　许多善良的人直到最近还生活在愉快的幻想之中,认为发展就像一个不用上弦,只需偶尔赞许一下的永动时钟,这想法似乎太可怕了。
　　他们悲伤地摇着头,嘟囔着"空,空,空!!"他们抱怨人类本性所表现的令人讨厌的固执,人类一代接一代地受到挫折,但总是什么都没学会。
　　直到完全绝望的时候,他们加入到人数激增的精神失败主义者行列，依附于这样那样的教会（他们把自己的负担转移到别人身上），用最令人悲哀的语调宣布自己失败了，并且拒绝参与任何社会活动。

我不喜欢这种人。

他们不仅仅是懦夫。

对未来人类来说，他们还是叛徒。

话说到这里，有没有解决的办法呢？解决的办法又应该是什么呢？

我们对自己要诚实。

根本没有解决的办法。

起码在当今的世界上是没有的，在这个世界上，因为人们急功近利，希望借助数学或医药公式，或国会的一个法案，迅速而又舒舒服服地解决地球上的所有困难。但是，如果我们习惯于用永恒历史观来看待问题，知道文明不是从二十世纪开始和结束的，我们就会感到些许希望。

现在我们听到许多失望的恶性循环（如"人类从来就是这样""人类会一直是那个样子""世界从来没变过""情况和四千年前的完全一样"），都是不符合事实的。

这是一个视觉上的错误。

进步的道路常常中断，但是，如果我们把情感上的一切偏见置于一边，对近两千年（因为只有这段时间我们多少拥有一些较为详细的资料）做一个清醒的论断，就会注意到，发展虽然缓慢，却是毋庸置疑的，事情总是从几乎无法形容的残忍和粗野状态走向较为高尚较为完善的境界，就是世界大战这种可怕错误也不能动摇这一坚定信念。

人类具有难以置信的生命力。

它的寿命比神学长。

总有一天，人类的寿命还能超过工业时代。

它经历了霍乱和瘟疫，残酷迫害和清教徒法规，一定能学会克服困扰当今世界的精神弊病。

一向吝于袒露秘密的历史揭示了自己的秘密，它已经给我们上了伟大的一课。

人类亲手制造的东西，人也可以将它毁灭。

这是一个勇气的问题，然后是教育的问题。

当然这听起来像是老生常谈。最后这一百年来，我们不乏"教育"对耳朵一味灌输，直到我们厌倦了这个词。我们向往过去，那时的人既不会读也不会写，但能把自己的剩余智力花在独立思考上。

我这里说的"教育"不是指纯粹的事实积累，这被看作是现代孩子们必须有的精神库存。我所考虑的是对现状的真正理解，这种理解来源于慷慨仁慈地认识历史。

在这本书中我已经力图证明，不宽容是集体防御本能的体现，一群狼不容忍一只与众不同的狼（它太强或太弱），就一定要除掉这个不受欢迎的伙伴。

在一个吃人的部落里，谁的癖性要是会激怒上帝，给整个村庄带来灾难，部落就还会容忍他，他们会野蛮地把他赶进荒野。

在希腊联邦里，谁要是胆敢向共同体兴旺发达的基础提出疑问，他就不可以在这个神圣的国度里久居，在一次可悲的不宽容爆发中，这位冒犯众怒的哲学家被仁慈地判处饮鸩而死。

古罗马如果允许几个满怀好意的热心者去践踏自从罗穆卢斯以来就不可缺少的某些法律，那它就不可能生存下去，因而它只得违背自己的意愿去做不宽容的事情，而这恰恰与其高姿态的开明政策传统背道而驰。

教会实际上是这个古老帝国版图上的精神继承人，为了持续生存，必须要求哪怕最卑贱的公民都得无条件地绝对服从，因而它被迫走向镇压与凶残的极端，致使许多人宁可忍受土耳其人的残酷，也不愿生活在基督教的仁慈下。

那些反抗教会暴政的起义者受到重重阻碍，但是他们要想维持自己的生存，就必须对所有的精神革新或科学试验表示不宽容。他们以"宗教改革"的名义犯下了（或试图犯下）跟敌人同样的错误，敌人正是因为这些错误才丢掉权力和势力的。

多少个时代过去了，生命本来是光荣的历程，却变成了一场可怕的经历，这种变味的生活起因于人类的生存一直笼罩在恐惧之中。

我重复一遍，恐惧是不宽容的根源。

无论迫害的方法和形式是什么，它都来自恐惧，迫害的激烈程度反映了那些竖立绞架、往火刑柴堆扔木头的人的焦虑程度。

我们一旦认清了这个事实，解决困难的办法不言自明。

人们在没有恐怖笼罩的时候，就会强烈倾向于公义和公正。

迄今为止，人们很少有机会实践这两个美德。

但是我认为，我活着看不到这两个美德得到实现，也没有什么要紧。这是人类发展的必经阶段。人类这个种族很年轻，年轻得不能再年轻。要求在几千年前才开始独立生活的哺乳动物具备这些只有随着年龄和经验的增长才能获得的美德，看来似乎是强人所难。

而且，它会使我们的思想出现扭曲。

当我们应该有耐心的时候，它使我们变得急功近利。

当我们应该表示怜悯时，我们却恶语相加。

在撰写这样一本书的最后几章时，有个相当大的诱惑，那就是去扮演悲哀预言家角色，做一点业余的说教。

上天千万不能让我这样做！

生命是短暂的，而说教总是很长。

用一百个字表达不了的意思，还是不说为好。

我们的历史学家犯了一个重大的错误。他们高谈阔论史前时代，告诉我们希腊和罗马的黄金时代胡乱评价所谓的黑暗时期，还创作了歌颂比过去繁华百倍的摩登时代。

如果这些饱学之士感知到某些特点不符合他们描绘的美丽图景，他们就会说几句低声下气的道歉话，嘟嘟囔囔地说。很不幸，这种不理想的情况是过去野蛮时代的残余，但时机一到，到一定的时间就会消失，就像公共马车会在火车头之前让位一样。

说得好听，但不是真实的。自认为是悠久历史的继承人，或许可以满足我们的虚荣心。如果我们知道自己是什么人，不过是古时住在山洞里的人的当代化身，是叼着香烟、驾驶着福特汽车的新石器时代的人，回家的时候可以乘电梯的人，那对我们的精神健康倒更好些。

只有在这时候，我们才能向那个还隐藏在未来山岭中的目标迈出第一步。

只要这个世界还被恐怖笼罩，谈论黄金时代，谈论摩登时代和发展，就完全是徒劳的。

只要不宽容是我们的自我保护法则中必不可少的一部分，要求宽容简直就是在犯罪。

若是等到屠杀无辜战俘、焚烧寡妇、盲目崇拜书本这样的不宽容成为笑话，宽容一统天下的日子就到了。

这可能需要一万年，也可能需要十万年。

但是，那一天会来的，它将紧随人类有史以来获得的第一个胜利——人类战胜恐惧的胜仗后到来。

韦斯特波特

康涅狄格

1925 年 7 月 19 日